복 있는 사람

오직 여호와의 율법을 즐거워하여 그 율법을 주야로 묵상하는 자로다.
저는 시냇가에 심은 나무가 시절을 좇아 과실을 맺으며 그 잎사귀가 마르지 아니함 같으니
그 행사가 다 형통하리로다. (시편 1:2-3)

성도의 삶

Sinclair B. Ferguson
The Christian Life

성도의 삶

싱클레어 퍼거슨 지음 | 장호준 옮김

복 있는 사람

성도의 삶

2010년 10월 11일 초판 1쇄 발행
2025년 3월 14일 초판 8쇄 발행

지은이 싱클레어 퍼거슨
옮긴이 장호준
펴낸이 박종현

(주) 복 있는 사람
서울특별시 마포구 연남동 246-21 (성미산로 23길 26-6)
Tel 723-7183(편집), 723-7734(영업·마케팅)
Fax 723-7184
hismessage@naver.com
영업 마케팅 723-7734
등록 1998년 1월 19일 제1-2280호

ISBN 979-11-7083-224-9

The Christian Life
by Sinclair B. Ferguson

Copyright ⓒ 1981 by Sinclair B. Ferguson
Originally published in English under the title *The Christian Life: A Doctrinal Introduction*
Published by The Banner of Truth Trust
3 Murrayfield Road, Edinburgh EH12 6EL, UK
First published 1989 by The Banner of Truth Trust.
All rights reserved.

Translated and used by the permission of The Banner of Truth Trust
through the arrangement of rMaeng2, Seoul, Korea.
Korean Copyright ⓒ 2010 by The Blessed People Publishing Co., Seoul, Korea.

이 책의 한국어판 저작권은 알맹2 Agency를 통해 The Banner of Truth Trust와 독점 계약한 (주) 복 있는 사람이 소유합니다. 저작권법에 의하여 한국 내에서 보호를 받는 저작물이므로 무단 전재와 복제를 금합니다.

나의 가장 소중한 친구
도로시에게

차례

서문 __ 9

서론 __ 13

1장 삶을 위한 지식 __ 15

2장 파괴된 하나님의 형상 __ 29

3장 은혜로운 구원 계획 __ 41

4장 하나님의 부르심 __ 55

5장 죄를 깨달음 __ 71

6장 거듭남 __ 85

7장 그리스도를 믿는 믿음 __ 107

8장 참된 회개 __ 119

9장 칭의 __ 135

10장 **하나님의 자녀됨** __153

11장 **그리스도와의 연합** __169

12장 **선택** __185

13장 **종식된 죄의 지배** __209

14장 **그리스도인의 싸움** __225

15장 **죄 죽이기** __243

16장 **성도의 견인** __261

17장 **그리스도 안에서 죽음** __281

18장 **영화** __295

주 __311

서문

이 책의 서문을 쓰게 되어 얼마나 기쁜지 모릅니다. 이 책은 아주 뛰어난 저작일 뿐 아니라, 우리에게 꼭 필요한 내용을 담고 있습니다. 한 현자는 말하기를, 그리스도인의 삶은 세 개의 다리가 받치고 있는 탁자와 같다고 했습니다. 여기서 말하는 세 개의 다리란 교리doctrine와 체험experience과 실천(순종, practice)을 가리킵니다. 이 중에 하나라도 빠지거나 온전치 못할 경우 우리는 그리스도인으로서 바로 설 수 없습니다. 하지만 이제까지 나는 이 세 가지를 고루 갖추지 못한 그리스도인들을 많이 보아 왔습니다. 교리에만 몰두하는 사람들(칼뱅주의자라고 일컫는 사람들이 주로 이런 경향을 보입니다)이 있는 반면, 어떤 사람들은 체험에만 집착하고(은사주의자들이 주로 그렇게 합니다), 또 다른 사람들은 행동하고 실천하는 데만 골몰합니다(대의를 내세우는 사람들이 주로 그렇습니다). 교리와 체험과 실천이 함께 어우러진 온전한 그리스도의 형상을 찾아보기가 참 어렵습니다. 우리의 주님이요 선생이요 리더이신 성령을 영화롭게 하려는 노력이 균형을 잃으면 말만 무성하고 분주할 뿐, 실제로는 오히려 성령을 소멸시키고 그 속에서 생명이나 능력은 거의 찾아볼 수 없게 됩니다. 이런 의미에서 성경이 말하는 그리스도인의 삶의 원천과 본질과 모양의 근본으로 돌아가는 것이야말로 가장 적합한 치료책입니다. 퍼거슨 박사가 쓴 이 책이 바로 그런 치료책입니다.

여기 **신학**이 있습니다. 그렇다고 너무 놀라지 마십시오. 퍼거슨 박사는 어디에 내놓아도 손색이 없는 스코틀랜드 전통의 탁월한 신학자입니다. 그는 어렵고 복잡한 신학적 용어로 우리를 무색하게 하지 않습니다. 장 칼뱅 John Calvin이나 존 오웬 John Owen과 같은 선배들이 그랬던 것처럼(다른 사람은 더 거명하지 않겠습니다), 자신의 판단과 분별의 바탕이 되는 학문적 지식을 드러내지 않으면서도 분명하고 신뢰할 수 있는 성경 주석의 형태로 우리 앞에 모든 것을 펼쳐 놓습니다. 그가 제시하는 것은 과정에 있어서는 **성경** biblical 신학이고, 결론에 있어서는 역사적이고 성숙하고 지혜롭고 심원하기까지 한 **개혁주의** reformed 신학입니다. 성경에서 비롯된 요점과 주제들을 워낙 능숙하게 다루기 때문에 마치 이제까지 접해 본 적이 없는 전혀 새로운 주제를 다루는 것처럼 신선하고 흥미롭게 다가옵니다. 하지만 칼뱅의 「기독교강요 *The Institutes of the Christian Religion*」 제2권과 3권, 그리고 성령과 그리스도인의 삶에 관한 존 오웬의 글을 읽어 본 사람이라면 퍼거슨 박사가 이 책의 아이디어를 어디서 가져왔는지 짐작할 수 있을 것입니다. 더구나 성경의 가르침을 통찰력과 지혜로 평범한 사람들의 상황에 적용하는 그의 신학은 **실제**

적이기까지 합니다. 예수님께서는 베드로에게 그분의 양을 먹이라고 하셨지 그분의 기린을 먹이라고 하지 않으셨습니다. 퍼거슨 박사는 모든 것을 하나하나 이해하기 쉽게 핵심만 꼭꼭 집어 제시합니다. 그러므로 이 책은 이제 막 그리스도인으로서의 삶을 시작한 사람들에게 큰 유익이 될 뿐 아니라, 믿음생활을 오래 해온 사람들 역시 이 책을 통해서 더 온전해지고 성숙하게 될 것입니다.

시대에 맞지 않는 오래된 가르침이라고 불평하지 마십시오. 시대에 맞느냐 맞지 않느냐가 중요한 것이 아닙니다. 정말 중요한 것은 성경과 삶의 실체에 부합하느냐 하는 점입니다. 나는 이 책이 바로 그런 책이라고 생각하기에 고마운 마음으로 열렬히 추천하는 바입니다. 계속해서 이어질 퍼거슨 박사의 저작들을 기대합니다.

리젠트 칼리지에서

J. I. 패커Packer

서론

기독교 교리를 다루는 책에 대한 수요는 밀물과 썰물이 교차하는 바다의 조수와도 같습니다. 그리스도인들이 책이나 설교를 비롯한 여러 가지 방편을 통해 많은 교리적 가르침을 받아들이고 이해하는 때가 있는 반면, 언제 그랬냐는 듯이 금세 또 체험에 대한 관심이 커져 그리스도인의 체험에 관한 다양한 책들이 바로 다음 날 교회로 밀려듭니다. 이 둘 사이에서 좀처럼 균형을 잡기가 어렵습니다.

하지만 지난 몇 십 년 동안 그리스도인들 사이에서 그리스도인 체험의 근간이 되는 견고한 토대를 얻고자 하는 새로운 열망이 일어나는 것을 보았습니다. 사람들이 찾는 설교와 신앙서적에 미세한 변화가 감지되기 시작했고, 그리스도인의 체험과 밀접한 교리를 배우고자 하는 새로운 열망이 일어나고 있습니다.

이렇게 흥미진진한 상황에 이 책이 조금이라도 일조할 수 있었으면 하는 것이 나의 간절한 바람입니다. 나는 의도적으로 이 책의 주제들을 선별했습니다. 너무 익숙하고 평범한 기독교 가르침이라 할 수도 있겠지만, 그리스도인의 삶만큼 모든 그리스도인에게 공통적 관심을 일으키는 주제는 없기 때문입니다. 각 장의 주제는 그 속성상 모든 그리스도인이 이미 공통적으로 경험하고 있는 것입니다. 기독교 교리를 공부하고자 하는 사람은 누구라도 이 책을 확실한 출발점으로 삼을 수 있습니다.

「성도의 삶 The Christian Life」은 그리스도인의 체험에 관한 모든 것을 세세히 설명하는 매뉴얼이 아닙니다. 신학 교과서에서 '구속의 적용'이라고 부르는 것까지만 이 책의 범위로 잡았습니다. 그러므로 교회와 성례, 성경과 기도에 대한 교리를 다룰 때 일반적으로 논의되는 주제들은 건드리지 않았습니다. 이런 주제들은 다음에 다룰 기회가 있을 것입니다.

각 장에는 성경이 광범위하게 인용되어 있습니다. 특정 성경 구절을 좀 더 상세히 연구하기 위해 인용한 성경 본문들은 특별한 언급이 없는 한 NIV 성경 New International Version을 사용했습니다. 성경을 곁에 두고 이 책에서 인용하고 있는 성경 본문을 참고하면서 읽어 가면 더 많은 유익이 있을 것입니다.

이 책을 쓰는 동안 격려를 아끼지 않은 분들께 감사드립니다. 특히 초고를 읽고 유익한 조언을 해준 로버트 혼과, 타이핑을 기꺼이 도와준 앨리슨 헤어, 서문을 써 준 J. I. 패커에게 감사드립니다. 특별히 나의 가족들에게도 고마움을 전합니다.

싱클레어 퍼거슨

1장

삶을 위한 지식

처음 하나님의 말씀을 가르치기 시작하면서 그리스도인들에게 가장 필요한 것은 '더 깊은 복음의 진리'를 아는 것이라고 생각했습니다. 그러나 나 자신의 경험과 (다른 이들의) 삶을 통해 이런 생각이 얼마나 잘못된 것인지 아는 데는 그리 오래 걸리지 않았습니다. 예로부터 전해 내려온 복음의 근본 진리야말로 '더 깊은 복음의 진리'(만약 그런 것이 있다면)라는 사실을 깨닫기 시작한 것입니다. 여기서 말하는 복음의 근본 진리란 신학적 유희나 사치가 아닌 그리스도인의 삶에 꼭 필요한 것을 말합니다. 그리스도인이라 자처하는 우리 가운데 많은 이들이 성경이 가르치는 교리의 근본 뼈대조차 제대로 이해하지 못하고 있다는 생각에 마음이 여간 불편한 게 아니었습니다. 많은 그리스도인들이 신약의 메시지가 의미하는 근본 원리를 잘 알고 있다고 자부하지만, 어린아이와 같은 이해에 머무는 경우가 얼마나 많은지 모릅니다.

이런 형편을 고민하기 시작하면서 사도 바울이 당면했던 상황도 우리가 직면한 상황과 별반 다르지 않다는 것을 알게 되었습니다. 바울은 로마서와 고린도전서를 쓰면서 "너희가 알지 못하느냐"는 질문을 연발합니다(롬 6:3, 16, 7:1, 고전 3:16, 5:6, 6:2, 3, 9, 15, 19, 9:13, 24). 바울은 계속해서 초대교회 성도들이 반드시 알고 있어야만 했던, 그러나 이미 잊어버렸거나 제대로 알지 못하는 진리에 호소한 것입니다.

그리스도인으로 살아가는 데 기독교 교리가 얼마나 중요한지 깨닫는 것이 그리스도인으로 자라가기 위한 가장 중요한 성장점 가운데 하나입니다.

이런 사실은 목회를 하면서 자주 확인할 수 있습니다. 우리 대부분은 본성적으로 무엇을 배우기보다는 일하는 것을 더 좋아합니다. 생각하기보다는 무엇을 하려고 듭니다. 그러나 성경과 교회사를 통해 알 수 있는 사실은 대개 '생각하는 사람'이 '가장 탁월한 실천가'가 된다는 것입니다! 교회와 자신의 삶에 가장 실제적인 영향을 끼친 사람들의 삶이 어떠했는지 생각해 보십시오. 비록 세련되지는 못했다 할지라도, 그들 대부분이 기독교 진리를 배우는 학생이었다는 사실을 발견하게 될 것입니다. 위대한 신학자와 순교자와 탁월한 설교자에서부터, 평범하지만 영적인 능력을 가진 평신도에 이르기까지 그들은 거의 한결같이 성경의 교리를 연구하고 배우는 사람들이었습니다. 우리의 본성적인 마음에는 불합리하고 모순적으로 들릴 수도 있지만, 분명한 영적 실체 가운데 하나는 그리스도인의 실제적인 삶은 깨달음과 지식에 기반을 두고 있다는 사실입니다.

그리스도인의 위상을 완벽하게 간추린 말씀인 잠언 23:7이 이 사실을 잘 말해 줍니다. "무릇 그 마음의 생각이 어떠하면 그의 사람됨도 그러하니"(새번역). 삶을 영위하는 방식을 결정하는 중요한 요소는 무슨 생각을 어떻게 하느냐 하는 것입니다!

이런 확신이 신약성경의 모든 가르침의 토대가 된다는 사실을 증명하기란 어렵지 않습니다.

예수님의 가르침

예수님은 산상수훈을 통해 실제적인 기독교가 무엇인지 가르쳐 줍니다. 산상수훈을 실제적인 것으로 여기지 않는 사람들도 있지만, 사실 산상수훈은 처음부터 마지막까지 우리가 날마다 부닥치는 삶의 실체를 말하고 있습니다! 이 말씀은 우리가 어떻게 살아야 하는지, 우리의 행실 이면의 동기가 얼마나 중요한지, 기도는 어떻게 해야 하는지, 염려하지 말아야 할 이유가 무엇인지에 대한 가르침 외에도 많은 다른 실제적인 문제들을 다룹니다. 그렇다면 이런 삶의 실체를 떠받치는 토대는 무엇입니까? 예수께서는 하나님이 누구신지 알고, 그분이 사람들을 어떻게 대하시는지를 아는 것이라고 말씀하십니다. 하나님을 우리의 아버지로 알고(우리가 그분의 자녀인 것을 알), 우리가 구하기도 전에 우리에게 있어야 할 것을 그분께서 아신다는 사실이 기도의 중요한 동기가 된다고 합니다. 그리스도께서 우리에게 주신 기도의 모범은 교리의 근간입니다. 하나님의 아버지되심, 하늘에 계심, 하나님의 거룩, 하나님의 이름, 하나님 나라와 그분 나라의 도래, 하나님 뜻의 본질, 날마다 역사하시는 하나님의 섭리, 죄사함, 유혹의 문제, 마귀의 실재! 하나님 나라의 삶을 그린 산상수훈은 어느 모로 보나 교리 설교입니다. 하나님을 아는 지식과 그분의 성품과 일하심에 대한 바른 이해가 모든 실제적인 그리스도인의 삶의 토대가 됩니다.

예수님의 다른 위대한 설교들도 마찬가지입니다. 마태복음 24-25장, 마가복음 13장과 누가복음 21:5-36에는 흔히 '작은 계시록'이라고 하는 종말에 대한 설교가 나옵니다. '종말에 일어날 일들'을 가르치신 것입니다. 특기할 만한 것은 주님의 이 가르침이 아주 실제적인 반향을 불러일으키고 있다는 사실입니다. 그리스도께서 자신을 따르는 적은 무리에게 가르치신 것은 단순히 지식만이 아니었습니다. 그들이 처한 상황이 어떻든지 바로 그 자리에서 참된 그리스도의 삶을 살라고 가르치셨습니다.

다락방에 모인 열한 제자들에게 하신 예수님의 마지막 설교에서 이 점은 더 분명히 드러납니다(요 13-17장). 예수님은 큰 어려움을 앞두고 계셨습니다. "마음이 괴로우"셨습니다(요 13:21, 새번역). 제자들 또한 큰 어려움과 긴장 가운데 근심하고 두려워했습니다(요 14:1, 27). 이런 상황에서 예수께서 하신 일은 무엇입니까? 이런 상황에 어떻게 대처하십니까? 예수님은 오늘날 우리가 기독교의 가장 고상하고 위대한 교리로 여기는 것에 집중하셨습니다!

예수님의 생각은 삼위일체의 교리에까지 솟구쳐 오릅니다. "내가 아버지께 구하겠으니 그가 또 다른 보혜사를 너희에게 주사 영원토록 너희와 함께 있게 하리니 그는 진리의 영이라"(요 14:16-17).

"너희가 나를 알았더면 내 아버지도 알았으리로다.…… 나를 본 자는 아버지를 보았거늘…… 내가 아버지 안에 거하고…… 아버지께서 내 안에 계셔서"(요 14:7, 9, 10). "무릇 아버지께 있는 것은 다 내 것이라. 그러므로 내가 말하기를 그가 내 것을 가지고 너희에게 알리시리라 하였노라"(요 16:15). 또한 하나님의 영광에 주목하십니다. "지금 인자가 영광을 받았고 하나님도 인자로 말미암아 영광을 받으셨도다. 만일 하나님이 그로 말미암아 영광을 받으셨으면 하나님도 자기로 말미암아 그에게 영광을 주시리니 곧 주시리라"(요 13:31-32). "아버지여, 때가 이르렀사오니 아들을 영화롭게 하사 아들로 아버지를 영화롭게 하옵소서"(요 17:1). "아버지여, 내게 주신 자도 나 있는 곳에 나와 함께 있어 아버지께서 창세전부터 나를 사랑하시므로 내게 주신 나의 영광을 그들로 보게 하시기를 원하옵나이다"(요 17:24).

우리는 어떻게 이런 말들에 담긴 부요함을 찾을 수 있습니까?

우리가 주목해야 할 요점은, 실제적인 필요가 있을 때 예수님은 우리가 '교리'라고 꼬리표를 붙여 등한시하는 이 위대한 진리를 토대로 제자들은 물론 스스로를 위로하고 격려했다는 사실입니다. 마치 "오직 이렇게 탁월하고 고귀한 사실을 이해하고 붙드는 사람만이 인간이 경험하는 깊은 나락에서도 견고하게 설 수 있다"라고 말씀하시는 것 같습니다. 이런 사실에 비추어 볼 때, 우리의 실제적인 삶에서 기독교 교리가 얼마나 중요한지 알 수 있습니다.

이런 교리가 우리의 영적인 체험의 근간을 이룰 수 있도록 하기 위해서는 개인적으로 우리가 교리를 어떻게 대하고 있는지 재고해 보아야 합니다. 너무나 오랫동안 너무나 많은 그리스도인들이 '교리'를 비실제적이고 딱딱하고 이론적인 것으로 치부해 왔습니다. 만약 (인류 역사상 가장 실제적인 삶을 사신) 그분이 가르치신 교리를 외면한다면, 우리는 결코 그분께 순종할 수 없습니다. 예수님은 우리의 삶을 붙들어 주고 은혜로 채워 주고자 교리를 가르치셨기 때문입니다.

바울의 가르침

다음과 같이 말한 사람을 실제적이지 않은 사람으로 치부할 수 있겠습니까?

> 그들이 그리스도의 일꾼이냐 정신없는 말을 하거니와 나는 더욱 그러하도다. 내가 수고를 넘치도록 하고 옥에 갇히기도 더 많이 하고 매도 수없이 맞고 여러 번 죽을 뻔하였으니 유대인들에게 사십에서 하나 감한 매를 다섯 번 맞았으며 세 번 태장으로 맞고 한 번 돌로 맞고 세 번 파선하고 일 주야를 깊은 바다에서 지냈으며 여러 번 여행하면서 강의 위험과 강도의 위험과 동족의 위험과 이방인의 위험과 시내의 위험과 광야의 위험과 바다의 위험과 거짓 형제 중의 위험을 당하고 또 수고하며 애쓰고 여러 번 자지 못하고 주리며 목마르고 여러 번 굶고 춥고 헐벗었노라. 이 외의 일은 고사하고 아직도 날마다 내 속에 눌리는 일이 있으니 곧 모든 교회를 위하여 염려하는 것이라(고후 11:23-28).

바울은 무엇 때문에 마음이 이렇게 눌려 있을까요? 대답은 하나입니다. 하나님의 성품과, 그리스도의 사역과, 하나님 역사의 본질과, 내주하시는 성령의 능력을 그가 너무나 잘 알고 있었기 때문입니다. 그의 생애는 진리를 체험한 데서 뿜어져 나오는 능력으로 수놓아졌습니다. 초대교회를 향한 그의 호소가 이토록 통렬하고 애절한 이유가 여기 있습니다. 그는 지금 이렇게 묻고 있는 것입니다. "제대로 이해하고 깨닫기만 하면 전혀 다른 삶을 살게 될 것이라는 사실을 왜 모르는가?" 로마서 12:1-2에 대한 J. B. 필립Philip 번역이 바울의 이런 마음을 잘 드러내고 있습니다.

> 나의 형제들이여, 여러분에게 간청합니다. 분명한 하나님의 자비하심을 힘입고 자기 몸을 하나님께서 받으실 만한 구별된 산 제사로 드리십시오. 이것이 바로 지각 있는 예배입니다. 우리가 살아가는 이 세상이 자기 틀에 따라 여러분의 생각을 멋대로 찍어 내도록 내버려 두지 말고, 하나님께서 여러분의 생각을 속에서부터 새롭게 빚으시도록 하십시오. 그러면 여러분을 향한 하나님의 뜻이 선하고 하나님의 마음에 꼭 맞을 뿐 아니라, 참된 성숙이라는 목표를 향해 여러분을 이끌어 가고 있는 것을 삶 속에서 알게 될 것입니다.

그리스도께 헌신된 삶을 사는 데 필요한 모든 핵심 요소가 여기에 다 나와 있지만, 그중에서도 가장 놀라운 말은 "그리스도인들아, 지성을 사용하라!"는 호소일 것입니다. 우리의 삶을 "지각 있는 예배"로 하나님께 드리라는 것입니다. "하나님께서 여러분의 생각을 속에서부터 새롭게 빚으시도록" 해야 합니다.

하나님의 자비하심에 눈을 활짝 열 때만이 엄밀히 구별된 그리스도인으로서 열매 맺는 삶을 살 수 있습니다. 하나님의 자비하심을 이해하고 누릴수록 우리는 그리스도를 위해 더 온전한 삶을 살게 됩니다. 그렇다면 하나님의 자비하심은 무엇이고, 우리는 그것을 어떻게 알 수 있습니까? 바울의 모든 서신들 가운데 가장 교리적인 부분이라고 인정받고 있는 로마서 1-11장이 바로 하나님의 자비하심에 관한 서술입니다! 이 본문에 나온 바울의 가르침과 씨름하다 보면 우리의 구원에 나타난 하나님의 은혜가 얼마나 광대한지에 대해 눈을 뜹니다. 본문에서 들려주는 대로 하나님이 우리를 위해 얼마나 기막힌 일들을 이루어 주셨는지 맛보고 이 은혜의 샘에 깊이 잠기노라면, 실제적인 그리스도인의 삶과 구별됨이 더욱더 의미심장하게 다가옵니다.

로마서 서두에서 바울은 그리스도인에게 교리는 결코 선택적이거나 특수한 것이 아니라는 사실을 분명히 합니다. 오히려 그리스도인에게 근본적으로 필요한 것이 교리입니다. 로마서 6:17에서 바울은 그리스도인을 "교훈의 본form of doctrine"을 전해 받은 사람들로 말합니다. 여기서 '본form'은 거푸집이나 틀을 말합니다. 나는 어렸을 때 고무틀에 회반죽을 부어 파리스(그리스 신화에 나오는 트로이의 왕자) 상을 만드느라 많은 시간을 보낸 적이 있습니다. 생각처럼 잘 되지 않았습니다! 부드러운 회반죽을 거푸집에 붓고 굳기를 기다렸습니다. 코가 없는 어릿광대 같은 우스꽝스러운 모양이 나오기가 일쑤였지만, 나는 어릿광대 만들기를 얼마나 재미있어 했는지 모릅니다! 그러다가 거푸집의 모양을 그대로 본뜬 작품이 나올 때면 그 기쁨은 말로 다 할 수 없었습니다. 바울이 마음에 그렸던 바가 바로 이것입니다. 그는 지금 이렇게 말하고 있는 것입니다. "너희가 그리스도인이 되었을 때, 하나님께서는 그 은혜로 너희 삶을 이 '교훈의 본'을 따라 완전히 새로운 모양이 되게 하시려고 녹이셨다." 복음 교리는 우리의 삶이 그리스도의 형상을 따라 지어져 가도록 하는 거푸집입니다.

어떤 면에서 로마서는 이 거푸집의 중심 윤곽을 제공한다고 할 수 있습니다. 로마서는 그리스도 안에서 우리에게 주어진 하나님 은혜가 어떤 모습인지 보여줍니다. 이 가르침을 이해하기 시작할 때 비로소 우리 삶과 일상에는 이 은혜의 강력한 자국이 남기 시작합니다. 이것이 우리 삶의 방식을 결정짓습니다. 그럼에도 불구하고 많은 그리스도인들이 이전과 별 다를 바 없이 사는 것은 기독교 진리를 제대로 이해하지 못한 채 살아가기 때문이 아닙니까? 안타깝게도, 많은 경우에 그것은 사실입니다! 우리와 동시대를 사는 세상 사람들과 우리 삶은 크게 다르지 않습니다. 복음 교리가 우리에게 확실히 각인되어 있지 않은 이상 우리가 세상에 남길 수 있는 흔적은 거의 없거나 아예 없다고 보아야 합니다. 하나님의 능력으로 무엇인가를 일구어 낸 사람들은 한결같이 진리에 대해 분명히 이해하고 있었습니다. 스스로를 단순히 하나님의 말씀을 배우는 학생으로 생각했던 그들은 이런 자세를 두고 '교리적'이라며 비하하지 않았을 것입니다. 이들이 한결같이 하나님의 손에 붙들린 유용한 도구로 살 수 있었던 것은, 그들 모두가 예외 없이 성경의 교리를 잘 이해하는 사람들이었기 때문입니다.

또한 이것은 사도 바울이 자신의 어린 동역자 디모데에게 성경의 가치와 특징을 말하면서 강조한 교훈입니다.

> 그러나 너는 배우고 확신한 일에 거하라. 너는 네가 누구에게서 배운 것을 알며 또 어려서부터 성경을 알았나니 성경은 능히 너로 하여금 그리스도 예수 안에 있는 믿음으로 말미암아 구원에 이르는 지혜가 있게 하느니라. 모든 성경은 하나님의 감동으로 된 것으로 교훈과 책망과 바르게 함과 의로 교육하기에 유익하니 이는 하나님의 사람으로 온전하게 하며 모든 선한 일을 행할 능력을 갖추게 하려 함이라(딤후 3:14-17).

성경과 교훈과 훈련을, 모든 선한 일을 위해 준비된 그리스도인 용사의 삶의 실재와 연관 짓는 바울을 보십시오. 오늘날과 같은 종말의 때에 모든 교리는 이처럼 중대하고 실제적인 가치를 담고 있습니다. 교리는 우리의 생각을 성경에 부합하는 거푸집으로 만들어 주고, 이런 생각의 거푸집이 우리 삶을 형성해 갑니다.

실제적인 교리

계속해서 우리는 주저하지 않고 교리적인 내용을 다루어 갈 것입니다. 그러나 이것이 곧 체험의 중요성을 과소평가한다는 말은 아닙니다. 오히려 그 반대입니다. 하나님의 은혜 가운데 지성이 자라갈수록 하나님께서 그리스도 안에서 우리를 위해 이루신 모든 일을 깨달아 그분을 더 사랑하게 되고, 우리의 마음도 그만큼 더 넓어집니다. 더불어 우리를 향한 하나님의 사랑도 더 풍성하게 체험합니다. 체험을 무시하는 것이 곧 교리를 제자리에 갖다 놓은 것으로 착각해서는 안됩니다. 영적인 체험을 무시하지 말고 오히려 그것을 환영해야 합니다. 하지만 교리를 확인해 주는 체험이라야 궁극적으로 우리에게 유익이 됩니다.

다음 장들에서는 그리스도인의 삶과 관련된 교리들을 살펴볼 것입니다. 그렇기 때문에 이 책은 성경에 나온 모든 교리를 망라하는 조직신학 입문서가 아닙니다. 이 책은 우리에게 어느 정도 익숙한, 그리스도인의 체험을 해석해 주는 교리들을 성경적으로 설명하려고 했습니다. 이 진리들을 통해 우리는 구원의 위대함에 눈뜨게 되고, 이 시대 그리스도인들에게 만연해 있는 그리스도인이 되어도 별수 없다는 자괴감과 열등의식으로 괴로워하지 않게 될 것입니다. 그러나 무엇보다도 이 교리들은 성품을 빚어 가고 삶을 변화시킵니다. 그리스도인의 삶을 자라게 하고 더욱 빛나게 하는 열쇠가 됩니다.

오늘날 많은 그리스도인들이 배울 수 있는 좋은 기회를 그 어느 때보다 더 많이 누림에도 불구하고, 수 세기 전의 주일학교 어린이들보다 기독교 교리를 더 모른다는 사실은 불가사의한 일입니다. 당시 아이들은 무슨 말인지 제대로 알지 못한 채 교리문답을 배웠을 것이라고 반문할 수도 있지만, 그것은 사실이 아닙니다. 지난날 그리스도인의 성품의 됨됨이와 오늘날 우리 그리스도인이 가지고 있는 상대적으로 열악한 삶의 수준의 차이는 바로 여기서 비롯된 것이라고 할 수 있습니다. 미국의 저명한 신학자인 벤저민 워필드 Benjamin B. Warfield가 들려주는 이 절묘한 이야기는 기독교 교리가 사람의 성품과 삶을 형성하는 데 얼마나 탁월한지 잘 보여줍니다.

미국 육군의 한 장교에게서 들은 이야기다. 큰 소요와 격렬한 폭동이 빈발하던 시절에 그는 서부의 한 큰 도시에 머물고 있었다. 위협적인 군중들이 날마다 거리를 점거하고 있었다. 어느 날 길을 가던 중 자기를 향해 걸어오는 한 남자를 보았다. 당당한 풍채에 깃든 평온함이 돋보이는 사람이었다. 그의 그런 모습에 왠지 모를 신뢰가 갔다. 주변의 소요와 명확히 대비되는 그의 모습이 무척 인상 깊어 그의 곁을 지나치면서 이 장교는 무심코 고개를 돌려 그 사람을 쳐다보았다. 공교롭게도 그 역시 뒤를 돌아보았고 이 둘은 눈이 마주쳤다. 그 낯선 사람은 즉시 이 장교에게 다가와 집게손가락을 그의 가슴에 대고 다짜고짜 이렇게 묻는 것이 아닌가. "사람의 제일 되는 목적이 무엇입니까?"(웨스트민스터 소요리문답의 첫 번째 질문이다.) 뜬금없는 질문에 암구호를 대듯 그 장교는 이렇게 대답했다. "사람의 제일 되는 목적은 하나님을 영화롭게 하고, 그를 영원토록 즐거워하는 것입니다." 그러자 그 사람은 이렇게 말했다. "아! 역시. 당신을 보는데 어린 시절에 소요리문답을 배웠을 거라는 생각이 들었습니다!" 그러자 그 장교도 이렇게 응수했다. "그래요, 저도 당신을 보면서 그렇게 생각했습니다."[1]

우리가 이해한 기독교 교리대로 우리의 삶은 일구어져 갑니다. 심지어 우리가 의식하지 못하는 행동과 태도에도 영향을 미치기 시작합니다. 기독교 교리가 우리 삶을 빚어 갑니다. 우리가 예배하는 하나님이 기독교 교리를 통해 드러납니다. 하나님 아들의 사랑과 성령의 역사를 깨닫도록 비추어 줍니다. 그리스도인의 삶이 솟아나는 샘이 됩니다.

2장
파괴된 하나님의 형상

J. C. 라일Ryle 주교는 다음과 같이 정선된 언어로 자신의 유명한 책, 「거룩Holiness」을 시작합니다.

> 기독교에서 말하는 거룩이 무엇인지 바로 알고 싶다면, 죄라고 하는 엄청난 주제를 고찰하는 데서부터 시작하십시오. 건물을 높이 올리려면 기초를 깊이 파야 합니다. 기초가 잘못되면 치명적인 해를 입기 때문입니다. 거룩에 대한 잘못된 견해들은 주로 인간의 타락에 대한 그릇된 이해에서 비롯되는 경우가 많습니다. 그러므로 먼저 죄에 대한 몇 가지를 분명히 언급하고, 거룩에 대해 계속해 가는 것이 옳을 것입니다.
>
> 구원에 이르게 하는 기독교의 뿌리는 죄에 대한 바른 지식이라는 것이 명백한 진리입니다. 이 지식이 없는 칭의, 회심, 성화에 대한 가르침은 "언어와 명칭"(행 18:15)의 문제에 불과할 뿐, 그 어

떤 깨달음도 주지 못합니다. 하나님께서 어떤 사람을 그리스도 안에 있는 새로운 피조물이 되게 하실 때 가장 먼저 그 마음을 조명하여 자신이 죄책 아래 있는 죄인이라는 사실을 보게 하시는 것도 바로 이 때문입니다.[1]

얼마나 지당한 말입니까! 교리적으로 옳을 뿐 아니라 실제적인 그리스도인의 체험에도 꼭 들어맞는 말입니다. 그리스도인이 되기 전에 우리가 어떤 존재였는지 제대로 이해할 때, 그리스도 안에서 새로운 피조물이 되는 일이 얼마나 엄청나고 장엄한 것인지 비로소 알 수 있습니다. 죄책과 부패에 빠지지 않았더라도 사람은 여전히 하나님의 사랑과 인자하심을 필요로 했을 것입니다. 우리는 복음을 통해 우리의 상황이 무한히 심각하고 절박하다는 것을 알게 됩니다. 먼저 하나님의 은혜가 필요한 이유를 알아야만 그리스도인의 삶에서 일어나는 하나님의 역사를 제대로 깨닫습니다.

죄의 결과

성경은 우리와 하나님의 관계, 이웃과의 관계, 우리를 둘러싼 세상과의 관계, 자기 자신과의 관계가 무너졌음을 많은 다양한 표현을 통해서 진술합니다. 죄는 하나님께서 정하신 표적이나 목표를 빗나간 것이고, 우리가 지어진 목적인 하나님의 영광에 이르지 못하는 것입니다(롬 3:23). 바른 길을 버리고 영원한 심판자 앞에서 죄인으로 발견되는 것입니다. 의롭고 자애로운 왕에 대한 반역자로 드러나는 것입니다(롬 3:10-18).

성경은 인간의 비참한 상태를 네 가지 중요한 말로 설명합니다.

1. **어그러진 하나님의 형상.** 창세기 1:26-27은 인간의 삶에 대해 원래 하나님께서 가지신 계획이 어떤 것이었는지 보여줍니다. 인간은 하나님의 형상을 가진 자입니다.

> 하나님이 이르시되 우리의 형상을 따라 우리의 모양대로 우리가 사람을 만들고 그들로 바다의 물고기와 하늘의 새와 가축과 온 땅과 땅에 기는 모든 것을 다스리게 하자 하시고 하나님이 자기 형상 곧 하나님의 형상대로 사람을 창조하시되 남자와 여자를 창조하시고.

교회사를 통틀어 "하나님의 형상"에 대한 많은 견해들이 있었습니다. "하나님께도 물리적이고 육체적인 특징이 있는가? 인간에게서도 삼위일체적인 하나님의 특성을 찾을 수 있는가? 사람이 이성적으로 생각하고 구두로 의사소통을 하는 것처럼 하나님께서도 사람들에게 소리 내어 말씀하시는가?" 인간에게 있는 "하나님의 형상"이란 하나님께서 사람을 지으시되 모든 피조물을 의로 통치하시는 자신의 거룩한 성품과 권위를 반영하도록 하셨다는 의미일 것입니다. 이런 면에서 인간은 하나님을 닮았습니다.

하나님께서 사람을 이 땅에서 하나님의 성품을 반영하는 하나님의 대리자로 살도록 세상에 두셨다는 것은 정말 놀라운 사실입니다. 창세기를 여는 처음 몇 장에는 이 사실에 대한 소리 없는 경탄이 느껴집니다. 하나님께서는 사람으로 생육하고(창 1:28), 다스리고(창 1:26), 하나님처럼 창조적으로 일하게 하셨습니다(창 2:15).

그러나 창세기 3장을 보면 이 모든 것을 뒤틀어 놓는 잘못된 일이 일어나 하나님의 은혜로운 계획이 방해를 받습니다. 처음 죄를 지은 순간부터 악독한 질병이 인간 삶의 전 영역으로 퍼져 갔습니다. 동산에서 하나님을 피해 숨고(창 3:8-10), 부부 사이의 관계는 서로 물고 뜯는 추한 것이 되어 버렸습니다(창 3:13-17). 땅도 저주를 받아 사람의 수고는 즐거움이 아니라 버거운 짐이 되었습니다(창 3:17-19). 인간이 가진 하나님의 형상에 변화가 일어나 이런 슬픈 일들이 초래되었습니다.

이 부분을 두고 신학자들은 흥미로운 토론을 벌입니다. "성경에서 인간은 더 이상 하나님의 형상이 아니라고 가르치는가? 아니면 형상이 남아 있기는 하지만 심하게 손상되었다고 하는가?" 많은 면에서 볼 때 후자가 더 비참하다는 생각이 듭니다. 우리는 보통 하나님의 형상을 완전히 잃어버리는 것보다 더 큰 재앙은 없을 것이라고 생각합니다. 그러나 그보다 더 큰 재앙이 있습니다. 하나님의 위대함과 영광을 반영해야 할 하나님의 형상이 오히려 그 모든 것을 왜곡시킨다면 어떻게 되겠습니까? 하나님의 영광을 반영하지 못하고 하나님과 정반대되는 모습을 나타낸다면 어떻게 되겠습니까? 하나님의 형상이 하나님을 대적하는 형상이 되면 어떻게 되겠습니까? 본질적으로 이것은 타락한 인간이 하나님을 모욕하고 그분께 맞서는 것입니다. 자유와 기쁜 순종 가운데 살라고 하나님께서 아낌없이 부어 주신 모든 것을 가지고 자신을 지으신 분을 대적하는 반역의 무기를 삼았습니다. 날마다 매 순간 하나님께서 주신 호흡으로 죄를 지었습니다. 인간 죄의 크기는 구원이 얼마나 절박한지를 잘 보여줍니다. 하나님께서는 우리가 상상하는 것보다 훨씬 더 간절히 잃어버린 것을 회복하기를 바라십니다. 이런 사실이 하나님의 구원하시는 목적의 경이로움을 더합니다. 하지만 새로운 피조물이 자리하기 위해서는 먼저 옛 것이 지나가야 합니다. 잃어버린 하나님의 영광을 나누어 가질 소망이 있으려면, 아담 안에서 잃어버린 것이 그리스도 안에서 반드시 회복되어야 합니다. 장 칼뱅보다 이런 입장을 더 잘 견지한 사람도 없습니다.

> 애초에 아담은 거울과 같이 하나님의 의를 반사하도록 하나님의 형상으로 창조되었으나 죄로 인해 그 형상은 사라져 버렸다. 그러나 이렇게 잃어버린 하나님의 형상은 그리스도 안에서 반드시 회복되어야 한다. 고린도후서 3:18이 말하는 것처럼, 경건으로 거듭난다는 것은 다름 아닌 그 속에서부터 하나님의 형상으로 새로워지는 것이다. 그러나 두 번째 창조를 위해서는 첫 번째 창조보다 훨씬 더 풍성하고 강력한 하나님의 은혜가 필요하다.…… 아담이 잃어버린 하나님의 형상은 그리스도 안에서 반드시 우리에게 회복되어야 한다. 중생의 목적은 오류에 빠진 우리가 원래 지음 받은 목적으로 돌이키는 것이라고 바울이 가르치는 이유가 여기 있다.[2]

2. **죄와 사망의 권세 아래 있는 인간.** 창세기에는 일찌감치 죄와 사망에 대한 경고가 나옵니다. 창세기 2:17의 명령으로 인간은 하나님

앞에서 견습기간에 들어갔습니다. "선악을 알게 하는 나무의 열매는 먹지 말라. 네가 먹는 날에는 반드시 죽으리라." 하지만 뱀으로 가장한 사탄이 하나님과 인간의 관계를 무너뜨리기 위해 나타났습니다. 사탄은 인간이 사망의 지배 아래 들어갈 수도 있다는 하나님의 말씀을 부정했습니다. "너희가 결코 죽지 아니하리라"(창 3:4). 그뿐 아니라, 그들이 동산에 머무는 것을 하나님이 눈치라도 주는 것처럼 하나님의 선하심에 의문을 제기했습니다(창 3:4-5). 창세기 3장의 나머지 부분에는 유혹에 굴복하는 슬픈 인간의 모습이 나옵니다. 4장에서 우리는 죄가 우리 문 앞에 도사리고 앉아 우리를 노릴 것이라는 사실을 발견합니다(7절). 이처럼 죄는 야수와 같이 웅크리고 앉아서 죄에 속수무책인 희생자들을 물어뜯을 기회를 노리고 있습니다. 예수님도 죄에 대해 똑같은 진술을 합니다. "죄를 짓는 사람은 누구나 다 죄의 노예이다"(요 8:34, 공동번역). 바울도 로마서에서 사람은 노예처럼 죄의 지배 아래 있다고 강조합니다. 로마서 5:12-6:23에서는 '그 죄 The Sin'라는 말을 사용하여 죄를 인격으로 취급합니다.

죄의 결과로 인간은 무기력해졌습니다. 아무리 의지가 강한 사람이라도 "원하는 바 선은 행하지 아니하고 도리어 원하지 아니하는 바 악을" 행합니다(롬 7:19). 바로 다음 장에는 죄의 결과가 역력히 드러납니다.

육신의 생각은 사망이요 영의 생각은 생명과 평안이니라. 육신의 생각은 하나님과 원수가 되나니 이는 하나님의 법에 굴복하지 아니할 뿐 아니라 할 수도 없음이라. 육신에 있는 자들은 하나님을 기쁘시게 할 수 없느니라(롬 8:6-8).

3. **하나님 앞에서 죄인인 인간.** 앞에서 두 가지로 언급한 인간의 상태는 죄가 인간의 삶에 초래된 결과입니다. 하지만 성경은 죄로 인해 하나님과의 관계 역시 틀어졌다고 강조합니다. 인간은 죄인입니다. 죄로 인해 비참한 삶을 살아야 할 뿐 아니라 하나님의 정죄 아래 있습니다.

로마서를 통해 이 사실을 분명히 알 수 있습니다. 로마서 2:1-16에서 바울은 하나님께서 우리 삶을 판결하시는 원리가 무엇인지를 보여줍니다. 하나님의 심판은 항상 진리와 삶의 실재를 따라 이루어진다고 말합니다(2절). 행한 대로 이루어지고(6절), 그 받은 계시의 빛에 따라 심판을 받습니다(12-15절). 이 심판은 예수 그리스도가 집행하고(16절), 사람 마음에 있는 모든 은밀한 것을 대상으로 합니다. 이 말씀은 심판하시는 하나님의 관대한 태도를 가리키는 것으로 해석되기도 합니다. 그러나 이런 해석은 하나님과 바울을 오해한 것입니다. 바울은 이 부분에서 하나님 목전에 있는 모든 사람의 죄책을 밝히고 있습니다. 우리 죄의 진정한 본질이 무엇인지를 분명히 하고 있습니다. 우리는 의롭다 함을 받을 만한 공로가 전혀 없습니다. 하나님께서 주신 빛을 따라 살지 못했습니다. 그리스도께서 사신 삶의 기준으로 볼 때 우리는 모두 죄인입니다. 이렇게 하나님의 심판은 진리를 따라 이루어집니다! 심판의 기준이 되는 그 어떤 원리에 비추어 봐도 우리는 유죄라고 바울은 주장합니다. 모든 사람이 마지막 심판대에 서는 심판의 날에는 어떤 변명도 안 통합니다. 모든 사람의 말문이 막히고 모두가 하나님 앞에 정죄를 받습니다(롬 3:19).

바울은 지금 모든 사람이 큰 죄책감에 빠진다는 의미로 말하는 것이 아닙니다. 죄책감이 있고 없고는 중요하지 않습니다. 바울은 지금 인간 심리학이 아닌 하나님의 평결을 말하고 있습니다. 그리고 이 평결에는 더 끔찍한 일이 따릅니다. 불의와 불경건을 따라 하늘로부터 오는 하나님의 진노를 짊어져야 합니다(롬 1:18). 사랑의 사도 역시 그리스도 없이는 "하나님의 진노가 그 위에 머물러 있다"라고 말합니다(요 3:36).

4. 사탄의 권세 아래 있는 인간. 하나님 계시의 빛이 밝을수록 이와 대비되는 어둠은 더 명확해진다고 성경은 말합니다. 빛은 어둠의 본성을 드러냅니다. 마귀의 권세를 드러내는 데 있어서도 이것은 틀림없는 사실입니다. 사탄과 그가 하는 일에 대한 언급이 구약성경에 나옵니다. 사탄의 특징과 악한 목적도 드러납니다. 그러나 오직 그리스도의 온전한 빛을 통해서만 사탄의 정체가 적나라하게 드러납니다. 이 세상 풍조와 가치의 지배를 받는 인간은 죄 가운데 생명 없는 삶을 살 뿐 아니라 마귀의 지배 아래 있다고 에베소서 2:1-4은 말합니다. 우리는 이처럼 마귀의 지배 아래 있는 인간의 상태를 밝게 드러내 주는 말씀을 신약성경에서 봅니다. 요한은 한 걸음 더 나아가 사탄을 "세상의 임금"이라고 하는 예수님의 말씀을 강조하면서 온 세상이 그의 권세 아래 있다고 합니다(요일 5:19, 요 12:31,

16:11). 사탄의 뜻을 따르고 죄의 노예로 있으면서도 스스로를 자유인으로 믿고 살아가는 인간의 잘못된 자기 이해야말로 비극 중의 비극입니다.

그렇다면 복음이 말하는 인간의 근본적인 필요는 무엇입니까?

첫째, 죄로 인해 뒤틀어진 하나님의 형상을 회복하기 위해서는 그리스도께서 우리를 재창조하셔야 합니다. 둘째, 하나님을 향한 자유로운 삶을 위해서는 죄의 권세에서 벗어나야 합니다. 셋째, 그리스도를 기뻐하는 종으로 우리 삶을 그분께 드리기 위해서는 사탄의 권세에서 건짐을 받아야 합니다. 넷째, 죄로 인한 하나님의 끔찍한 진노와 상관없이 용서받은 죄인으로 살아가려면 하나님의 진노에서 구원을 받아야 합니다.

구원

복음만이 우리의 필요를 만족시킵니다. 이것이 바로 복음의 영광입니다. 우리가 아직 죄인 되었을 때에 복음이 우리에게 와서, 이전에 그릇 행한 모든 것을 바로잡고 하나님의 형상을 회복시킵니다. 그뿐 아니라 복음은 우리가 이미 그리스도의 재림과 더불어 드러날 그리스도의 온전한 형상을 입었다고 선언합니다(요일 3:1-3). 무엇보다도 가장 놀라운 것은, 하나님께서 지금의 우리를 들어 타락 이전에 에덴동산을 거닐던 아담과 같이 되게 하실 뿐 아니라, 그가 에덴에서 하나님의 명령에 순종했을 경우 누렸을 모습으로 만드신다는 사실일 것입니다. 복음은 타락하기 이전의 순수한 아담 정도가 아니라, 하나님을 따라 모든 완전 가운데 계시는 그리스도와 같이 되게 합니다. 이것이 바로 그리스도께서 베푸시는 구원의 진수입니다. 이것이 바로 우리가 신약성경에서 발견하는 모든 기독교 교리와 체험의 근간이 됩니다(롬 8:29).

그렇다면 그리스도께서는 이런 놀라운 구원을 우리에게 어떻게 주십니까? 그리스도는 둘째 아담이자 마지막 아담으로 이 세상에 오셨습니다(고전 15:45, 47). 우리는 성령의 능력으로 온전한 하나님의 형상이신 그분께 이끌려 죄의 권세를 꺾으신 그분의 죽음에 참여합니다(롬 6:10). 그분이 우리의 죄책을 다 담당하신 것을 아는 우리는 그분의 날개 아래서 하나님의 진노를 피합니다(갈 3:13). 우리로 하나님의 의가 되게 하기 위해서 죄를 알지도 못하신 그분이 우리의 죄가 되셨습니다(고후 5:21). 우리를 하나님께로 인도하려고 의로운 자가 불의한 자를 대신해 죽었습니다(벧전 3:18). 십자가에 달려서 사탄을 이기시고 우리의 원수로 드러나게 하셨습니다(골 2:15). 우리는 그분의 이름으로 이깁니다(계 12:10). 그리스도는 우리의 지혜와 의로움과 거룩과 구속입니다(고전 1:30). 그분은 우리가 필요로 하는 모든 것을 은혜로 주십니다.

그렇다면 이제 우리가 대답해야 할 두 가지 질문이 남습니다. 이 두 질문에 대한 대답이 앞으로 이어질 모든 내용의 핵심입니다.

첫째, 그리스도께 참여하고 그분께 있는 구원을 받는 길은 무엇인가입니다. 그리스도인의 삶을 시작하는 것에 대해 성경이 뭐라고 하는지를 보면서 이 질문에 대답해 갈 것입니다.

둘째, 그리스도의 은혜와 성품을 삶에서 나타내려면 어떻게 해야 하는가입니다. 성화와 그리스도인의 삶에 대한 성경의 가르침을 살펴보면서 이 질문의 답을 모색해 볼 것입니다.

3장
은혜로운 구원 계획

기독교 교리를 공부하는 사람들은 구원의 계획, 혹은 구원의 순서에 대해 이야기하곤 합니다. 하나님께서는 거의 변함없는 일정한 양식을 따라 사람을 다루신다고 말합니다. 한마디로, 하나님께는 분명한 계획이 있습니다. 물론 이 말이 하나님의 방식이 판에 박혔다거나, 하나님께서 사람을 컴퓨터 프로그램의 숫자처럼 다루신다는 말은 아닙니다. 하나님의 형상으로 회복되는 죄인들은 궁극적으로 동일한 필요를 가지고 있기 때문에, 근본적으로 비슷한 방식으로 하나님의 은혜를 체험하게 된다는 말입니다.

하나님께서 이 땅에서 그분 독생자의 삶을 얼마나 주도면밀하게 이끄셨는지를 생각해 보면, 하나님의 계획이 지극히 인격적이라는 것을 알 수 있습니다. 성육신은 우연히 된 것도 아니고, 하나님이 뒤늦게 부랴부랴 생각해 낸 것도 아닙니다. 예수님의 삶은 우연이 아닙니다. 예수님은 그분 삶의 목적과 여정을 거듭 언급했습니다.

예수님은 지금 자신이 준비해 가는 모든 일이 성취될 특별한 시간이 있고, 자신은 바로 그 시간을 향해 가고 있다고 믿었습니다. 그리고 그것을 즐거워했습니다. 하나님의 시간표를 자각하고 어떤 일에서는 뒤로 물러나기도 했습니다(요 2:4, 7:30, 8:20, 12:23, 27). '수난의 여정'에 들어가면서는(요 13-21장) "자기가 세상을 떠나 아버지께로 돌아가실 때가 이른 줄 아시고"(요 13:1) 이렇게 기도했습니다. "아버지여, 때가 이르렀사오니"(요 17:1).

초대교회 성도들은 주님의 삶과 그분의 고난을 이렇게 이해하고 회고했습니다. 무엇보다도 그분의 죽음은 전혀 우연이 아니었습니다. 사도 베드로는 오순절 설교에서 이 사실을 직시합니다. "그가 하나님께서 정하신 뜻과 미리 아신 대로 내준 바 되었거늘"(행 2:23). 얼마 후에 박해가 시작되고 나서 이들이 하나님께 드리는 기도에서도 동일한 사실이 계속 강조됩니다.

> 과연 헤롯과 본디오 빌라도는 이방인과 이스라엘 백성과 합세하여 하나님께서 기름 부으신 거룩한 종 예수를 거슬러 하나님의 권능과 뜻대로 이루려고 예정하신 그것을 행하려고 이 성에 모였나이다(행 4:27-28).

하나님의 계획

모든 그리스도인이 하나님을 계획을 가지신 분으로 믿는 것은 아주 중요합니다. 우리 하나님은 그분의 마음에 세우신 계획대로 일하십니다. 하나님이 우리 삶에 멍에를 씌우신다고 생각하고 좌절해서는 안됩니다.

하나님이 그분의 자녀에 대해 세우신 계획에는 분명한 목적이 있다고 성경은 여러 모양으로 분명하게 밝힙니다. 하나님께서 그리스도 안에서 우리를 위해 이루신 일들의 온전한 깊이를 헤아리기 위해서는 반드시 이 구원 계획을 살펴보아야 합니다. 칭의justification, 중생regeneration, 성화sanctification 등과 같이 그리스도인의 삶과 밀접한 위대한 성경적 용어들이 갖는 의미를 살펴보기 전에, 먼저 이 교리와 그것이 기술하는 체험이 서로 어떻게 관계되는지 알아야 합니다.

물론 여기에는 위험도 따릅니다. 가장 눈에 띄는 위험은 하나님의 은혜와 그 은혜가 우리 삶에서 역사하는 방식을 깨달은 것만 가지고 은혜를 체험했다고 착각하는 것입니다. 그러나 진리를 체계적으로 아는 것과 진리의 능력을 인격적으로 맛보는 것은 전혀 다릅니다. 또 다른 위험은 성경이 명백히 밝히지 않는 부분들을 자기가 알고 있는 방식에 꿰맞추려는 것입니다. 그러나 이런 위험에도 불구하고, 하나님의 은혜와 계획을 살핌으로써 우리는 많은 유익을 얻을 수 있습니다. 가장 큰 유익은 하나님께서 우리의 삶을 어떻게 바라보시는지에 대한 조망을 얻는 것입니다. 하나님의 은혜에 대한 우리 자신의 제한되고 미미한 체험을 넘어서 하나님이 우리를 향해 품고 계시는 목적의 광대함을 봅니다. 그러면 우리도 바울이 말한 것과 같이 "우리의 구원이 처음 믿을 때보다 가까웠음"(롬 13:11)을 알고 그 구원의 위대함을 알게 됩니다!

신약성경에는 전체 구원을 각기 다른 관점에서 조망하는 본문이 세 개 나옵니다.

1. 로마서 8:28-30

우리가 알거니와 하나님을 사랑하는 자 곧 그의 뜻대로 부르심을 입은 자들에게는 모든 것이 합력하여 선을 이루느니라. 하나님이 미리 아신 자들을 또한 그 아들의 형상을 본받게 하기 위하여 미리 정하셨으니 이는 그로 많은 형제 중에서 맏아들이 되게 하려 하심이니라. 또 미리 정하신 그들을 또한 부르시고 부르신 그들을 또한 의롭다 하시고 의롭다 하신 그들을 또한 영화롭게 하셨느니라.

나중에 이 본문을 다시 자세히 볼 것이기 때문에, 지금은 중요한 부분만 간단히 짚고 넘어가겠습니다. 우선, 바울이 여기서 "뜻"이라고 부르는 하나님의 구원 계획은 하나님의 자녀에게 큰 격려가 됩니다. '뜻', '미리 아심', '부르심', '칭의', '영화'와 같이 신학적으로 중요한 말들은 신학을 즐기는 사람이 말 맞추기 퍼즐을 하듯 재미로 선택한 것이 아닙니다. 말 맞추기 퍼즐은 노래로 바꿀 수 없지만, 이 말들은 그 자체로 노래가 됩니다. 이 말들 가운데는 힘찬 행진곡 비트를 담고 있는 것도 있습니다. 이런 말들을 신학적 토론거리로만 여긴다면 우리는 성경을 심각하게 잘못 이해하고 있는 것입니다.

본문이 무엇이라고 합니까? 간단히 말해서, 무엇보다 우선하는 하나님의 뜻을 벗어날 수 있는 방법은 전혀 없다는 것입니다. 나와 내 주변에서 일어나는 그 어떤 일도 하나님을 놀라게 할 수 없습니다. 오히려 하나님께서는 그 모든 것이 나에게 복이 되게 하십니다. 색색의 실로 한 땀 한 땀 수를 놓는 장인처럼, 하나님은 이 모든 것을 가지고 마침내 모든 사람이 탄복해 마지않을 섬세한 그림을 수놓아 가십니다. 아무것도 보이지 않는 것 같은 암담한 때에는 이런 사실만으로도 큰 위로가 됩니다.

바울은 하나님 마음에 있는 생각을 설명하려고 합니다. 하나님은 왜 모든 일이 합력하여 선이 되게 하십니까? 대답은 분명합니다. 우리를 그리스도와 같이 되게 하는 것이 하나님의 궁극적인 목적이기 때문입니다. 자녀들이 하나님의 형상을 온전히 회복하는 것이 그분의 뜻입니다! 이 위대한 일을 위해 하나님은 온 우주에 있는 모든 것을 총동원합니다. 우리 안에 예수님의 성품을 이루기 위해 우리에게 기쁨과 슬픔의 이유가 되는 모든 일을 사용합니다. 하지만 문제는 남습니다. 이토록 모자라고 추한 재료가 어떻게 하나님의 영광스러운 걸작으로 마무리될 것이라고 확신할 수 있습니까? 그리스도를 따르는 자들이 제각각 다르지만 그들 모두에게 항상 동일하게 적용되는 진리가 있습니다. 하나님께서 그들을 미리 아셨고 작정하셨다는 사실입니다. 그들을 하나님 나라로 부르셨고 의롭게 하셨습니다. 이들이 바로 영광의 날에 아들의 형상을 덧입게 될 자들입니다.

본문은 우리에게 몇 가지 분명한 참조점을 제공합니다. 바울의 말은 모든 그리스도인에게 적용됩니다("하나님을 사랑하는 자"). 이들의 공통점은 하나님께서 그들을 미리 아셔서 예정하시고 부르시고 의롭다 하시고 영화롭게 하셨다는 데 있습니다. 바울 사도는 지금 하나님의 은혜가 미치는 범위를 펼쳐 보이고 있습니다. 하나님의 구원의 계획 안에서 그것이 온전히 펼쳐진 모습을 볼 수 있습니다. 우리를 향한 하나님의 사랑은 시간이 있기 전부터 있었고, 시간의 마지막 해가 저물 때까지 확장됩니다.

> 누가 감히 그리스도와 그분의 사랑에서
> 우리를 갈라놓을 수 있으며
> 땅과 하늘을 묶고 있는
> 거룩한 사슬을 끊을 수 있겠는가?
>
> 시련이 닥치고 두려움이 엄습하고
> 흑암의 날들이 덮친다 해도
> 모든 위험에도 아랑곳하지 않고
> 그분으로 말미암아 넉넉히 모든 것을 이기네.
>
> 사망이나 생명이나 세상이나 지옥이나
> 시간의 그 어떤 위협으로도
> 우리를 그의 마음에서 지우지 못하고
> 우리를 향한 그의 사랑을 사그라지게 하지 못하네.

은혜의 계획을 이루는 근본적인 요소를 제대로 이해했을 때 비로소 이런 아름다운 확신을 할 수 있다는 것을 알아야 합니다.

2. 에베소서 1:3-14

> 찬송하리로다. 하나님 곧 우리 주 예수 그리스도의 아버지께서 그리스도 안에서 하늘에 속한 모든 신령한 복을 우리에게 주시되 곧 창세전에 그리스도 안에서 우리를 택하사 우리로 사랑 안에서 그 앞에 거룩하고 흠이 없게 하시려고 그 기쁘신 뜻대로 우리를 예정하사 예수 그리스도로 말미암아 자기의 아들들이 되게 하셨으니 이는 그의 사랑하시는 자 안에서 우리에게 거저 주시는 바 그의 은혜의 영광을 찬송하게 하려는 것이라. 우리는 그리스도 안에서 그의 은혜의 풍성함을 따라 그의 피로 말미암아 속량 곧 죄사함을 받았느니라. 이는 그가 모든 지혜와 총명을 우리에게 넘치게 하사 그 뜻의 비밀을 우리에게 알리신 것이요 그의 기뻐하심을 따라 그리스도 안에서 때가 찬 경륜을 위하여 예정하신 것이니 하늘에 있는 것이나 땅에 있는 것이 다 그리스도 안에서 통일되게 하려 하심이라. 모든 일을 그의 뜻의 결정대로 일하시는 이의 계획을 따라 우리가 예정을 입어 그 안에서 기업이 되었으니 이는 우리가 그리스도 안에서 전부터 바라던 그의 영광의 찬송이 되게 하려 하심이라. 그 안에서 너희도 진리의 말씀 곧 너희의 구원의 복음을 듣고 그 안에서 또한 믿어 약속의 성령으로 인치심을 받았으니 이는 우리의 기업의 보증이 되사 그 얻으신 것을 속량하시고 그의 영광을 찬송하게 하려 하심이라.

로마서 8장을 노래로 부를 수 있다면, 이 구절들은 더 말할 나위도 없습니다! 심지어 이 말씀에는 "영광의 찬송이 되게 하려 하심이라"는 후렴도 따릅니다. 로마서 8:28-30과 같이 이 말씀도 하나님의 영원한 경륜을 드러내는 본문이기 때문에 많은 연구가 이루어졌습니다. 하지만 신학자들처럼 본문을 연구하기에 앞서, 먼저 신자로서 이 명랑한 빛에 한껏 취해 봅시다! 본문을 합당하게 연구하는 신학자들의 연구는 신자가 누리는 기쁨을 무디게 해서는 안됩니다.

    에베소서에서 바울은 로마서와는 전혀 다른 방식으로 구원에 접근합니다. 로마서는 하나님의 정죄와 진노 아래 있는 인간의 근원적인 필요에서 시작합니다. 인간의 필요에서 시작해 하나님께서 은혜로 이 필요를 채우신 것과 이 필요를 채우는 원천이 그리스도 안에서 우리의 소유된 것을 차례로 설명하고 나서, 이 모든 일을 결국 하나님의 영원하신 뜻으로 돌리는 환희의 찬가를 끝으로 로마서 중심부인 8장을 마무리합니다. 반면에 에베소서는 구원의 계획을 시작으로 (로마서 8장에 나오는 대로 부르심, 칭의, 영화로 이끄는 예정과 미리 아심과 같은) 다양한 구원의 역사를 하나하나 묘사하기보다는 이 구원 계획의 그리스도 중심성을 이야기해 나갑니다. 로마서 8장에서는 위대한 교리들이 사슬처럼 서로 연결되어 있지만, 에베소서 1장에는 그리스도를 축으로 난 바퀴살처럼 뻗어 있습니다. 우리는 그리스도께 참여함으로 복을 받고 택하심을 입고 자녀들로 예정되고 은혜를 입고 비추임을 받고 포함되고 인치심을 받습니다. 그러나 여기서 강조점이 오직 기독론적인 것만은 아닙니다. 오히려 바울은 우리가 그리스도의 것이 되었을 때 누리게 되는 은혜의 충만함을 묘사합니다. 더구나 바울은 여기서 우리가 로마서 8:28-30에서 주목한 것에 또 다른 측면을 덧붙입니다. 에베소서 1:13-14에서 바울은 복음의 부르심을 통해 믿음이 생긴다고 말합니다. 그리고 성령을 받는 것은 예수님을 믿는 자들이 누리는 체험이라고 말하는 것 같습니다. 이런 식으로 바울은 하나님의 뜻에 대해 우리가 가진 원래의 그림을 넓혀 가기 시작합니다. 이런 식으로 로마서 8:30을 읽는다면 다음과 같이 읽을 수 있습니다. "택하시고 미리 정한 그들을 부르셨다. 이렇게 택하심을 받은 이들은 말씀을 통해 부르심을 받고 믿어 의롭게 되고 성령으로 인치심을 받았다. 이들은 또한 영화롭게 된다."

3. 요한복음 1:12-13

> 영접하는 자 곧 그 이름을 믿는 자들에게는 하나님의 자녀가 되는 권세를 주셨으니 이는 혈통으로나 육정으로나 사람의 뜻으로 나지 아니하고 오직 하나님께로부터 난 자들이니라.

이 말씀은 요한복음과 요한일서의 공통된 특징인 거듭남의 교리가 요한복음에서 처음 언급되는 본문입니다.

바울과 마찬가지로 요한도 믿음으로 그리스도를 영접한다고 말합니다(골 2:6-7). 바울의 말에 덧붙여 요한은 양자됨의 특권을 주는 믿음이 역설적으로 하나님께서 주시는 거듭남의 열매라고 합니다! 그리스도를 영접하고 양자된 사람들은 혈육으로 난 것도 아니고, 인간적인 결정이나 소원으로 된 것도 아니고, 오직 하나님으로부터 난 자들입니다. 예수님이 니고데모에게 하시는 말씀에서도 이와 똑같은 것이 강조됩니다. 거듭남 없이는 하나님 나라를 볼 수도 없고, 들어갈 수도 없습니다(요 3:3, 5). 태초에 있었던 하나님의 계획에서부터 그 계획의 완성에 이르기까지, 바울이 우리에게 가르쳐 준 새 생명에 대해 사도 요한이 부연설명을 합니다. 하나님께서 중생의 역사를 통해 놀라운 능력으로 우리를 만지실 때 비로소 우리는 개인적으로 새 생명을 경험하게 된다고 요한은 말합니다.

이제 우리는 그리스도인의 삶에 대한 교리가 어디까지인지 말할 수 있게 되었습니다. 하나님께서 영원 전에 이루신 사랑의 택하심이 그의 부르심을 통해 우리 삶과 닿았습니다. 우리에게 새 생명을 주심으로 믿고 회개하여 하나님 나라에 들어가게 하십니다. 믿고 회개할 때 우리를 의롭게 하십니다. 게다가 우리는 양자됨의 선물까지 받았습니다. 이 선물을 통해 우리는 확신에 찬 자녀로서 영화롭게 되는 그날까지 성화의 삶을 살아갑니다. 이것이 바로 구원 계획입니다. 앞으로 우리는 이와 같은 순서로 그리스도인의 삶에 관한 교리들을 살펴보겠습니다.

그리스도 안에서 우리는 그리스도인의 삶에 주어지는 모든 복을 받습니다. 그 안에서 택하심을 입고, 그 안에서 그와 같이 되도록 예정되고, 그 안에서 부르심을 입고, 그 안에서 새 생명으로 거듭납니다(벧전 1:3). 그 안에서 믿음을 갖고 성령을 받습니다. 그 안에서 하나님의 권속들과 교제하는 특권을 누립니다. 그리스도 안에 우리의 거룩이 있습니다(고전 1:30). 우리가 그분을 볼 때 우리도 그와 같이 됩니다. 우리도 영광 가운데 그리스도와 함께 나타날 것이기 때문입니다(요일 3:2, 골 3:4). 우리는 처음부터 마지막까지 그리스도 안에서 모든 복을 누립니다.

실천적인 적용

우리는 지금 단순히 학문적인 차원에서 연구를 하는 것이 아니라고 이미 말씀드렸습니다. 우리의 목적은 그리스도께서 우리의 삶을 주관하신 순간부터 이미 우리의 소유된 것을 더 잘 이해하고 누리는 것입니다. 구원의 패턴을 자세히 따라가다 보면, 그리스도인 됨의 의미를 더 잘 알아 갈수록 우리 삶에서 그리스도인 됨의 중심 표지들이 항상 더 분명하게 드러난다는 사실을 알게 될 것입니다.

이런 구원 계획은 우리를 더 깊은 **겸손**으로 이끕니다. 겸손은 단순히 자신이 보잘것없고 쓸모없다고 느끼는 열등감과는 다릅니다. 겸손은 하나님이 얼마나 위대하고 영광스러운 분인지 느끼면서 자신을 보는 것입니다. 성경에서 말하는 겸손은 은혜의 열매이지 두려움의 소산이 아닙니다. 사람을 진실로 겸손하게 하는 것은 하나님의 사랑입니다. 성경이 그리스도인 삶의 이런 부분을 강조하는 것은 하나님 사랑의 깊이와 길이와 넓이와 높이를 알려 주기 위함입니다. 우리가 하나님 사랑을 보게 될 때 하나님께서 우리를 얼마나 아끼시는지 알게 되고, 그럴수록 우리는 더욱 겸손해집니다.

하나님의 구원 계획은 우리를 더 강한 **확신**으로 이끕니다. 자기 자신에게만 사로잡혀 열등감을 느낄 때는 확신을 가질 수 없습니다. 우리가 얼마나 대단하든지 보잘것없든지 간에 우리가 누리는 확신은 자신의 어떠함에 있는 것이 아닙니다. 확신은 하나님께서 우리를 얻기 위해 그분의 구원 계획을 통해 하신 일을 깨달을 때 비로소 찾아옵니다. 새뮤얼 러더퍼드Samuel Rutherford는 편지에서 이렇게 쓰고 있습니다. "당신의 느낌과 경험보다 하나님의 말씀과 능력을 믿으십시오. 당신의 반석은 그리스도입니다. 쉴 새 없이 물이 들었다 났다 하는 것은 당신이라는 바다가 그렇게 하는 것이지 반석은 그대로 있습니다." 우리가 딛고 선 반석의 견고함을 알아 갈수록, 그분 안에서 그리스도인이 누리는 모든 복을 누린다는 사실을 더 잘 이해할수록 우리의 기쁨은 더해 갈 것이라는 사실을 점점 더 분명히 확신하게 됩니다.

이 구원 계획을 깨달을 때 우리 삶은 그분을 향한 **예배**가 됩니다. 이것이 바로 로마서 8장과 에베소서 1장의 궁극적인 의미 아닙니까? 어떤 원수가 와도 개의치 않고 하나님을 찬양합니다. 하나님을 송축합니다. 문자적으로 말해서, 하나님을 칭송합니다. 그분을 사랑하는 것이 우리의 가장 큰 기쁨이요 그분을 섬기는 것이 세상에서 가장 흡족한 일임을 발견합니다.

하나님의 미리 아심을 따라
오랜 세대 동안 감추었던
우리 구원의 이름에
찬양과 영광을 돌려드리세.
거룩한 기쁨으로
크게 노래 부르세.

모든 이름 위에
뛰어난 이름 예수.

원수는 그 이름으로 수치를 당하지만,
망설이던 발걸음은 그 이름으로 힘을 얻고
어두운 눈은 보게 되고
저는 자는 걷게 되네.

앙모하는 사랑으로
복된 주님의 이름을 높이세.
거룩하신 예수님, 주님께 간구하오니
여기 우리 마음에 주의 이름을 새기사
이제 후로는 저 하늘에 까지 이르러
천사들과 노래하게 하소서.
—15세기 찬송시

우리가 우선적으로 살펴볼 것은 이 영원한 구원 계획이 어떻게 우리 삶과 맞닿게 되느냐 하는 것입니다. 우리가 그리스도인이 된 것은 자기를 따라오라고 부르시는 그리스도의 음성을 들었기 때문입니다. 다음 장에서는 이 부르심을 듣는다는 것이 무엇인지 자세히 살펴보겠습니다.

4장

하나님의 부르심

'믿는 사람들은 군병 같으니 Onward Christian Soldiers'라는 찬송가는 교회를 "택하심을 받고 부르심을 받은 진실한 자들"이라고 묘사합니다. 이것은 성경이 말하는 순서와 약간 다릅니다. 요한계시록은 그리스도인들을 일컬어 "부르심을 받고 택하심을 받은 진실한 자들"이라고 합니다(계 17:14). 그렇다고 성경이 말하는 구원받는 순서로 부르심이 먼저이고 그 후에 택함을 받는다는 말입니까? 이 말씀이 그런 의미입니까? 앞 장에서 살펴본 로마서와 에베소서 본문에 비추어 보면 그렇게 말할 수 없습니다. 그럼에도 불구하고 우리가 기독교 진리를 공부하면서 선택 election과 예정 predestination이라는 민감한 가르침을 숙고하기에 앞서, **부르심** calling이라고 하는 소명 vocation의 교리를 먼저 살펴보는 데는 이유가 있습니다.

    논쟁이 될 만한 부분이기 때문에 책의 말미로 미루자는 것이 아닙니다! 장 칼뱅이 선택 교리를 어디에 배치할 것인가 하는 문제로 자주 씨름했다는 사실을 알면 많은 그리스도인들은 의아해 할 것입니다. 그가 쓴 위대한 작품인 「기독교강요」에서 칼뱅은 그리스도인의 삶에 대한 설명을 다 마친 후 맨 마지막에 선택 교리를 배치합니다! 교리의 논리적인 순서와는[1] 사뭇 다릅니다. 그러나 칼뱅의 결정은 로마서의 배열과 아주 유사합니다. 물론 에베소서에서는 선택을 맨 먼저 언급하고 있지만 말입니다. 어떤 면에서 성경은 이 두 가지를 다 가지고 있다고 보는 것이 옳습니다.

논리적인 순서로 봐서는 예정 교리를 맨 먼저 다루어야겠지만, 다른 교리를 먼저 살펴보고 난 후에 이 교리를 다루려고 하는 데는 이유가 있습니다. 일반적으로 교리가 논쟁으로 불거지는 이유는, 그리스도인들이 전체 성경의 문맥이나 긴밀하게 연관된 다른 교리들에 대한 이해 없이 그 교리만을 생각하기 때문입니다. 선택 교리를 다룰 때도 그리스도인의 삶에 있는 전체적인 특징을 제대로 이해하지 못하고서는 이 교리의 실제적인 의미를 이해할 수 없습니다. 이런 이유들로 우리는 선택 교리를 지금 다루지 않고 먼저 성경이 가르치는 다른 부분들을 전반적으로 이해한 후에 다시 살펴보려고 합니다. 본 장에서는 하나님의 부르심을 살펴보겠습니다.

부르심

하나님의 부르심으로 우리는 그리스도인이 되었습니다. 베드로는 이렇게 말합니다.

> 그러나 너희는 택하신 족속이요 왕 같은 제사장들이요 거룩한 나라요 그의 소유가 된 백성이니 이는 너희를 어두운 데서 불러내어 그의 기이한 빛에 들어가게 하신 이의 아름다운 덕을 선포하게 하려 하심이라(벧전 2:9).

신약성경 여러 곳에서 이와 똑같은 그림을 자주 볼 수 있습니다.

우리 주 예수 그리스도께서 사람을 불러 하나님 나라에 들어가게 하시는 것을 '부르심'이라고 하기도 합니다. "나는 의인을 부르러 온 것이 아니요 죄인을 부르러 왔노라"(마 9:13). 그렇다고 이 말씀이 인류 가운데 예수님의 부르심을 받아야만 하는 특정한 부류의 죄인이 있다는 의미는 아닙니다. 모든 사람이 회개하고 복음을 믿으라는 부르심을 받들어야 하기 때문입니다. 그러나 이 부르심은 자신의 죄악됨과 필요를 절감하는 사람의 마음에만 다가갑니다. 이런 사람만이 자신을 부르시는 그리스도의 음성을 듣습니다. 그렇지 않은 사람은 이 부르심에 귀 기울이지 않습니다. 그리스도를 선한 목자로 묘사하는 사도 요한의 생각도 이와 다르지 않습니다.

> 문으로 들어가는 이는 양의 목자라. 문지기는 그를 위하여 문을 열고 양은 그의 음성을 듣나니 그가 자기 양의 이름을 각각 불러 인도하여 내느니라. 자기 양을 다 내놓은 후에 앞서 가면 양들이 그의 음성을 아는 고로 따라오되 타인의 음성은 알지 못하는 고로 타인을 따르지 아니하고 도리어 도망하느니라(요 10:2-5).

예수께서 이 말씀을 하실 때 그 자리에 있던 사람들은 이 말이 무슨 뜻인지 전혀 이해하지 못했습니다. 그리 어렵지 않은 말씀인데도 말입니다. 예수께서는 그리스도인이 된다는 것이 무엇인지 그림처럼 보여주셨습니다. 절대적 타자가 나 자신에게 말씀하시는 것을 깨닫는 것보다 더 경외감을 불러일으키는 경우도 드뭅니다. 설교를 듣거나 책을 읽거나 성경의 어느 부분을 읽다가 마치 나의 처지에 대해 직접 말하는 것처럼 느끼는 때가 있습니다. 대부분의 사람들은 바로 이런 때 그런 마음을 느낍니다. 그래서 특정한 개인의 상황에 대해 전혀 알지 못하고 한 설교임에도 불구하고, 그 설교 때문에 심기가 불편해진 사람들이 개인의 사생활을 강단에서 공개적으로 언급했다고 설교자를 비난하는 경우도 종종 있습니다. 예리하고 인격적인 하나님 말씀의 날이 그들을 건드린 것입니다! 설교자의 목소리를 통해 말씀하시는 분이 누군지 알면, 그 목소리는 다름 아닌 목자의 음성이었다는 것을 분명히 깨닫습니다. 그분이 우리의 이름을 한 명 한 명 부르고 계셨던 것입니다. 그분이 우리를 불러 그분의 양떼 가운데로 들이실 때 우리는 목자의 음성을 알아 그분의 양이 되고, 일생 동안 목자의 선하시고 분명한 인도를 따라 삽니다(요 10:27).

    부르심에 대한 성경의 가르침은 우리가 지금까지 부르심에 대해 말한 것보다 훨씬 더 깊고 넓습니다.

    구약성경에서 카라*qara*라는 동사는 '칭하다name'(창 1:5, 8, 10)와 '부르다summon'(창 3:9)라는 두 가지 의미로 쓰입니다. 더구나 구약성경 전반에 걸쳐서 이 두 가지 의미는 항상 나란히 등장합니다. 하지만 선지서에서 하나님의 부르심은 하나님의 말씀에 귀 기울이고 순종하라는 명령의 의미를 갖습니다. 이 말은 선지자들이 이스라엘 백성에게 하나님과의 언약으로 돌이키라고 촉구할 때 사용되었습니다. 선지자들은 하나님께서 이스라엘에게 주시는 언약의 말씀인 신명기 26:16-31:13을 자주 언급했습니다. 하지만 하나님께서 이스라엘 백성과 시내 산에서 맺으신 언약을 상기시키실 때마다 이들은 자신의 영혼에 새로운 부담이 일어나는 것을 느꼈습니다. 백성의 불순종으로 이 언약의 중요성이 새롭게 부각되었습니다. 하나님께서 자기 백성에게 말씀하셨다는 의미에서 하나님께서는 단순히 그들을 부르신 것 이상의 일을 하셨음을 깨달은 것입니다. 그들을 있게 한 하나님의 부르심이 먼저 있었습니다. 말씀으로 천지를 부르신 것처럼, 하나님께서는 그분의 사랑과 영광을 꼭 맞게 반영하고 드러낼 한 백성을 부르신 것입니다. 이스라엘은 하나님의 소유입니다(사 43:12). 하나님은 이스라엘을 이렇게 말씀하십니다. "이스라엘이 어렸을 때에 내가 사랑하여 내 아들을 애굽에서 **불러냈거늘**"(호 11:1). 하나님의 부르심은 단순히 부르는 소리가 아니라 창조의 능력입니다. 그러나 하나님의 부르심을 이렇게 강조하면 우리는 조금 당황합니다. 성경에는 하나님이 부르셔도 그 부르심대로 응답하지 않는 경우가 허다하기 때문입니다. 이사야 선지자는 이런 상황을 고통스럽게 묘사하고 있습니다.

내가 너희를 칼에 붙일 것인즉
다 구푸리고 죽임을 당하리니

이는 내가 불러도 너희가 대답하지 아니하며

내가 말하여도 듣지 아니하고

나의 눈에 악을 행하였으며

내가 즐겨하지 아니하는 일을 택하였음이니라.……

나 또한 유혹을 그들에게 택하여 주며

그들이 무서워하는 것을 그들에게 임하게 하리니

이는 내가 불러도 대답하는 자가 없으며

내가 말하여도 그들이 듣지 않고

오직 나의 목전에서 악을 행하며

내가 기뻐하지 아니하는 것을 택하였음이라 하시니라(사 65:12, 66:4).

선지자인 예레미야 역시 이와 동일한 부담으로 힘겨워 했습니다.

이제 너희가 그 모든 일을 행하였으며 내가 너희에게 말하되 새벽부터 부지런히 말하여도 듣지 아니하였고 너희를 불러도 대답지 아니하였느니라.……

그런즉 너는 이 백성을 위하여 기도하지 말라. 그들을 위하여 부르짖어 구하지 말라. 내게 간구하지 말라. 내가 네게서 듣지 아니하리라.

그러므로 만군의 여호와 이스라엘의 하나님이 이와 같이 말씀하시니라. 보라, 내가 유다와 예루살렘 모든 주민에게 내가 그들에게 대하여 선포한 모든 재앙을 내리리니 이는 내가 그들에게 말하여도 듣지 아니하며 **불러도 대답하지 아니함이니라** 하셨다 하라(렘 7:13, 16, 35:17).

애매합니다. 한편으로 보면 하나님의 부르심에는 창조하는 능력이 있습니다. 그러나 하나님의 부르심과 호의를 거부하는 사람들도 있기 때문에, 다른 한편으로는 하나님의 부르심은 아무런 소용도 없어 보이고, 아무런 긍정적인 반응을 불러일으키지 못하는 것 같습니다. 저항할 수 없는 부르심이지만, 거부할 수는 있어 보입니다!

신약성경에서도 이런 애매함은 계속됩니다. 예수님은 부르심 받은 사람은 많으나 뽑힌 사람은 적다고 말씀하십니다(마 22:14). 예수님의 부르심을 들은 사람은 많지만 이 부르심에 응답하는 사람은 적습니다. 반면에 사도 바울이 쓴 편지에서 언급되는 하나님의 부르심은 거의 한결같이 능력 있고 효력이 있습니다.

이처럼 명백히 다른 부르심의 두 가지 결과를 두고 하나는 **일반적인 부르심** General Call이라고 하고, 다른 하나는 **유효한 부르심** Effectual Call이라고 합니다. 왜 이렇게 구분합니까?

일반적인 부르심

하나님께서는 사람을 불러 하나님을 고백하게 하십니다. 창조와 섭리를 통해 말씀하십니다. 시편 19편이 구약성경의 이런 인식을 단적으로 보여줍니다.

> 하늘이 하나님의 영광을 선포하고
> 궁창이 그의 손으로 하신 일을 나타내는도다.
> 날은 날에게 말하고
> 밤은 밤에게 지식을 전하니
> 언어도 없고 말씀도 없으며 들리는 소리도 없으나
> 그의 소리가 온 땅에 통하고
> 그의 말씀이 세상 끝까지 이르도다.
> 하나님이 해를 위하여 하늘에 장막을 베푸셨도다(시 19:1-4).

이 시편은 하나님의 존재를 증명하기 위한 것이 아닙니다. 저자의 의도와 상관없이 이 말씀을 하나님의 존재를 위한 논거로 사용하는 것은 성경을 지나치게 왜곡하는 것입니다! 이 시편은 하나님께서 역사를 통해 자기 백성인 유대인들에게 스스로를 계시하셨다는 것을 이미 전제하고 있습니다. 이런 전제 하에 시편기자는 행하신 역사와 말씀을 통해 자신을 계시하신 그 하나님의 친필이 지금도 하늘에 새겨지고 있다고 말합니다. 하나님의 살아 계심과 영광과 솜씨를 외치는 소리가 언어와 문화의 경계를 넘어 모든 사람에게 울려 퍼집니다. 하나님의 본성을 드러내는 계시가 모든 시대, 모든 지역, 모든 사람에게 각인되어 있습니다. 로마서 1:20에서 바울이 말하는 바가 바로 이것입니다. 하나님의 영원한 능력과 신성이 그 지으신 모든 것에 분명히 새겨져 있습니다. 비록 타락으로 뒤틀려 있다 할지라도, 인간의 존재 자체가 하나님에 대한 증거입니다. 창조 시에 인간의 마음에 새겨진 하나님의 율법의 조각들이 여전히 간헐적으로 빛납니다(롬 2:12-16).

하나님의 일반계시 외에도, 사람은 자신에게 증거되는 십자가의 말씀을 듣습니다. 그리스도께서 모든 인간의 필요를 채우셨다는 사실을 증거하는 것은 세대와 장소를 막론하고 모든 교회의 의무입니다. 초대교회 제자들은 온 세상 모든 피조물에게 복음을 전하라는 주님의 명령에 순종했고 그 명령을 다음 세대에 전해 주었습니다. 누구든지 믿고 세례를 받으면 구원을 받지만, 믿지 않는 자는 누구나 정죄를 받습니다.

그리스도의 복음을 통해 구원으로의 초청이 주어졌습니다(행 2:38, 17:30, 마 11:28-30). 그러나 분명한 점은 이런 초청이 항상 받아들여지는 것은 아니라는 사실입니다. 청함을 받는 자는 많지만, '택함을 받은' 자는 적기 때문입니다. 실제로 복음 메시지를 전했을 때 사람들의 마음이 부드러워지고 그리스도께로 이끌리기보다는 복음이 주는 은혜를 거부하여 더 완고해지는 경우가 많습니다. 신약이나 구약 선지자들의 사역에서도 이러한 반응이 나타납니다. 이런 점에서는 이사야 선지자나 예수님이나 전혀 다르지 않습니다(사 6:9-10, 막 4:12).

그러나 이와 전혀 다른 결과를 가져오는 부르심에 대해서도 성경은 똑같은 단어를 사용합니다.

유효한 부르심

신약성경에서 그리스도인을 묘사하는 데 가장 자주 쓰인 단어는 '부르심 받다'입니다. 로마(롬 1:6, 7), 고린도(고전 1:2), 갈라디아(갈 1:6), 에베소(엡 4:1, 4), 빌립보(빌 3:13-14), 골로새(골 3:15), 데살로니가(살후 1:11)에 살았던 신자들은 한결같이 '부르심 받은 자들'이었습니다. 이들 모두에게서 하나님 부르심의 뜻이 다 이루어졌던 것이 분명합니다. 사도 바울이 로마서 8:28에서 위대한 구원의 사슬을 언급하면서 사용한 부르심이란 말은 분명히 이런 의미로 쓰였습니다. 이 두 가지 차원의 부르심에 존재하는 긴장을 상쇄시킬 묘안이 있습니까? 각각 전혀 다른 부르심은 아닙니까? 가장 단순한 것이 가장 좋은 해답일 것입니다. 하나님의 살아 계심을 나타내는 많은 증거들을 통해 하나님은 모든 사람을 부르고 계십니다. 하지만 하나님의 살아 계심을 드러내는 데 그치지 않고, 하나님의 요구를 직접 주목하게 하시는 것처럼 보일 때도 많습니다. 회장回章만 보내고 마는 것이 아니라 직접 찾아오셔서 문을 두드리시는 것입니다!

물론 이런 경험에는 신비한 요소가 있습니다. 우리가 읽고 듣는 성경의 한 구절이나 설교를 통해 우리에게 개인적으로 다가오는 하나님 능력의 말씀을 듣는 것이 무엇인지 우리는 압니다. 그러나 똑같은 구절과 설교를 가지고 다른 사람들에게 이야기를 하면 개인적으로 경험했던 것과 같은 영향을 주지는 못하는 것을 발견합니다. 왜 하나님께서 우리에게는 분명히 말씀하시고 다른 사람에게는 그렇게 하지 않으시는지 우리는 알지 못합니다. 오직 그분의 주권적인 지혜로 그렇게 하신다는 것을 알 뿐입니다. 두 사람이 똑같은 전도 설교를 들어도 한 사람은 그 설교를 통해 믿음으로 부르시는 그리스도의 음성을 듣는 반면, 다른 사람은 그저 설교자의 목소리만 듣는 데서 그칩니다. 다시 말하지만, 우리는 그 이유를 모릅니다. 능력 있고 효력 있는 부르심과 일반적인 부르심이 왜 이렇게 다른지 도무지 알 길이 없습니다. 다만 두 부르심 간에 분명한 차이가 존재한다는 것을 알 뿐입니다.

이런 인식을 가지고 우리가 주목해야 할 몇 가지 중요한 사실이 있습니다.

1. **성부 하나님이 부르심**. 신약성경은 우리를 불러 그리스도인이 되게 하시는 원천은 성부 하나님이라고 합니다. 이것은 우리가 흔히 생각하는 것보다 훨씬 더 실제적인 사실입니다. 성부께서 사랑으로 우리를 부르셨다는 사실이 의미하는 바를 제대로 이해한다면, 많은 그리스도인들을 끊임없이 괴롭히는, 하나님에 대한 고질적인 의구심에서 벗어날 수 있습니다. 성부 하나님이 그분의 사랑하는 아들의 간청에 못 이겨 인간에게 구원을 허락하셨다고 하면서 하나님에 대한 왜곡된 이해를 갖도록 복음을 전하는 경우도 많았습니다. 그러나 로마서 1:6-7, 8:28, 고린도전서 1:2, 24, 히브리서 9:15, 유다서 1절과 같은 말씀에는 예수 그리스도의 아버지이신 성부 하나님이 한결같이 죄인을 부르시는 위대한 초청자로 언급됩니다. 밖에서 놀고 있는데 아버지가 그만 놀고 집에 가자고 부르실 때의 느낌이 어떤지 아이들은 압니다. 더구나 늦게까지 밖에서 노느라 옷은

땀에 젖은 채 꾸지람이 기다리고 있는 집 대문을 조용히 밀고 들어가는 것이 어떤 느낌인지 너무나 잘 압니다! 그러나 우리 성부 하나님께서는 회초리를 들고 우리를 부르시는 것이 아니라, 우리를 꼭 안아 주려고 두 팔을 활짝 펴신 채 우리를 부르고 계십니다!

2. **성령의 능력으로 부르심.** 하나님의 부르심을 통해 우리는 전능하신 그분의 능력을 알 수 있습니다. 뜻을 성취하시는 하나님의 성실하신 발걸음과 더불어, 하나님의 권위에 대한 바울의 자각이 로마서 8:30에 드러나 있습니다. 하나님께서는 우리를 성령의 능력으로 흑암에서 빛으로 부르시고(벧전 2:9), 흑암의 나라와 권세에서 건지셨습니다(골 1:13). 우리 주님의 말씀대로 우리를 사망에서 생명으로 옮기셨습니다. 죽은 자들이 그분의 음성을 들을 때가 온 것입니다(요 5:25). 어떻게 죽은 자들이 들을 수 있습니까? 바로 여기에 부르심의 엄청난 역설이 있습니다. 부르시는 자가 부르심을 입는 자들 안에 듣고 응답할 수 있는 능력을 창조하셔서 그들을 새 생명 안으로 불러들이십니다. 요한복음에 나오는 나사로의 부활이 좋은 예입니다. 어떻게 죽은 사람이 예수님의 부르시는 소리를 듣고 일어날 수 있습니까? 이런 이적에는 우리가 도무지 이해할 수 없는 무엇인가가 있습니다. 그러나 나사로의 경험은 우리가 하나님 나라로 들어가 생명을 얻을 때 우리 안에서 무슨 일이 일어나는지를 그림처럼 보여줍니다. 우리는 속박에서 벗어나 자유로 부르심을 받았습니다. 이전에 우리는 죄의 노예였지만(엡 2:3), 그리스도께서 우리를 자유롭게 하셔서 그분을 섬길 수 있도록 하셨습니다. 갈라디아서

5:13에서 바울은 그리스도인의 자유를 하나님의 부르심과 관련시킵니다. "형제들아, 너희가 자유를 위하여 부르심을 입었으나." 예수님은 이렇게 말씀하십니다. "아들이 너희를 자유롭게 하면 너희가 참으로 자유로우리라"(요 8:36).

3. 거룩과 천국을 향한 은혜로운 부르심. 하나님의 부르심은 **은혜롭습니다**. 우리에게 하나님의 자비하심을 보여주기 때문입니다. 그러나 이 부르심이 은혜로운 또 다른 이유는 부르심을 입을 가치가 전혀 없는 자들에게 값없이 주어지기 때문입니다. 부르심을 입는다는 것은 곧 은혜를 받는다는 말입니다(딤후 1:9). 바울이 이 점을 고린도 교인들에게 주장하면서 사용한 강력한 수사를 기억하십시오. 하나님께서 그분의 부르심이 죄인을 향한 사랑과 은혜에서만 비롯된 것을 보이고자 이 세상의 많은 유력한 사람들이 아닌 가난하고 비천한 자들을 부르셨습니다(고전 1:26-29).

하나님의 부르심은 **거룩합니다**. 부르심 받은 우리는 '성도'라 불립니다. 물론 우리는 성도가 되기 위해 부르심을 받았습니다. 그러나 바울이 이 말을 쓸 때는 그 이상의 의미로 쓴 것이 틀림없습니다. 이 부르심은 우리를 하나님께로 구별하는 부르심이요, 우리를 성결하게 하는 부르심입니다. 그러므로 이 부르심을 따라 산다는 것은 거룩한 삶에 매진한다는 것이고, 하늘나라로 나 있는 순종의 길로만 간다는 말입니다. 우리가 받은 부르심의 본질이 바로 우리가 나타내는 증거에 있어서도 결정적인 요소라는 사실은 굉장히 중요합니다. 우리의 부르심은 하나님의 아름다운 덕을 나타내고 선전하는 삶을 살고(벧전 2:9), 그리스도의 삶을 본받아 그분과 함께 고난받기 위한 것입니다(벧전 2:21).

부르심의 방향과 관련하여 말하면, 하나님의 부르심은 **천국을 향한** 부르심입니다. 우리는 하늘을 향한 부르심에 참여합니다(히 3:1). 하나님께서 우리를 부르신 "부르심의 소망"이(엡 1:18) 바로 이것이고, 우리는 이미 여기 이 땅에서 그것에 참여하기 시작했습니다(엡 4:4). 우리는 하나님 나라와 영광을 위해 부르심을 입었고(살후 2:14), "모든 은혜의 하나님 곧 그리스도 안에서 너희를 부르사 자기의 영원한 영광에 들어가게 하신 이가 잠깐 고난을 당한 너희를 친히 온전하게 하시며 굳건하게 하시며 강하게 하시며 터를 견고하게 하시리라"는 확신을 갖습니다(벧전 5:10).

적용

하나님의 부르심이 의미하는 것은 무엇입니까? 무엇보다도 영적인 체험을 시작하고 주도하시는 분은 오직 하나님이십니다. 태초의 혼돈과 흑암이 빛과 질서를 만드시도록 하나님께 주장하거나 요구할 수 없었던 것과 마찬가지로, 하나님께서 우리를 이렇게 부르시도록 할 자격도 권리도 우리에게는 없습니다. "예수 그리스도의 얼굴에 있는 하나님의 영광을 아는 빛을 우리 마음에 비추"신 분은 "어두운 데에 빛이 비치라 말씀하셨던" 바로 "그 하나님"이십니다(고후 4:6).

둘째, 하나님의 부르심은 도덕적으로 부르심에 합당한 열매를 맺습니다. 그리스도인으로서의 순례를 시작하도록 한 부르심의 은혜에 부합하는 생활방식으로 우리의 부르심에 합당한 삶을 살아야 합니다. 시온 산 언덕에서 우리에게 비추는 빛이 우리 앞에 있는 생명으로 인도하는 좁은 길을 때때로 밝혀 줍니다. 영적인 어둠 가운데 있는 사람들의 눈에는 이 길이 점점 더 좁아 보일지 모르지만, 우리는 천상의 빛이 인도하는 대로 우리의 영원하신 원천Eternal Source으로 점점 더 가까이 나아갑니다. 영원하신 원천에 더 가까워질수록 하나님의 무한하신 은혜가 더 영광스럽고 강렬하게 드러난다는 사실을 알게 될 것입니다. 예전에는 자신을 부르신 그 부르심에 포함된 일들을 피해 보려고도 하고 예수께서 잡히시던 날 밤에는 사람들이 무서워 숨었던 베드로도, 나중에는 그런 자신을 흑암에서 불러내사 하나님의 기이한 빛에 들어가게 하셨다는 것을 알고는 기뻐했습니다!(벧전 2:9)

셋째, 하나님의 부르심은 우리에게 확신을 가지고 살라고 요구합니다. 베드로는 우리의 부르심과 택하심을 확증하라고 또다시 촉구합니다(벧후 1:10). 하나님의 부르심을 알고 우리가 그 부르심을 분명히 들었다는 것을 스스로 확증하는 유일한 길은 사무엘과 같이 반응하는 것입니다. "말씀하십시오. 주님의 종이 듣고 있습니다"(삼상 3:10, 새번역). 순종은 우리의 영적인 청력을 재는 시금석입니다.

새 하늘과 새 땅을 향한
온전한 믿음과 사랑,
온전한 소망과 평강으로
나를 부르신 예수님.

내 안에서
죄의 권세가 왕 노릇 할 때,
은혜에 은혜를 더하사
복된 일을 확증하신 예수님.
―루이스 하트소우 Lewis Hartsough

하지만 이런 평강을 맛보기에 앞서, 하나님께서 우리를 괴롭게 하시는 것을 발견하게 될 것입니다.

5장
죄를 깨달음

그리스도인의 체험에 관한 교리를 체계화하는 데는 한 가지 큰 위험이 따릅니다. 오랜 시간에 걸쳐 얻게 된 체험임에도 불구하고 어느 날 갑자기 한순간에 이루어진 것처럼 느껴질 수 있습니다. 하나님의 부르심이라는 주제도 예외는 아닙니다. 부르심이라는 표현이 단시간에 순간적으로 일어나는 일처럼 오해를 살 수 있습니다. 하지만 전체 성경의 가르침과 개인적인 체험에 비추어 볼 때, 유효한 부르심은 일정 기간에 걸쳐서 일어납니다. 교회사에 보면 유효한 부르심을 중생과 같은 말로 여기는 때가 종종 있었습니다. 그 결과 부르심을 하나님의 순간적인 역사로 여기게 되었습니다. '깨운다 awakening'는 개념이 이 그림을 더 분명히 이해하는 데 도움이 됩니다. 우리가 곤히 자고 있을 때 누군가 우리를 흔들어 깨우면 그 사람의 목소리가 우리의 잠재의식까지 파고듭니다. 우리 속에서는 동요가 일어나고 방해하는 소리가 서서히 가까워집니다. 이 목소리를 거부하고 단잠을 청해 보지만 아무 소용이 없습니다. 조금씩 정신을 차려 상황을 파악하고, 마침내 우리를 부른 목소리의 주인공이 누군지 알게 됩니다. 많은 사람들에게 일어나는 신앙적인 '각성awakening'도 이와 다르지 않습니다. 이것은 정말 껄끄럽고 불편한 경험이 될 수도 있습니다. 내가 어렸을 때 영국에는 사형제도가 있었습니다. 종종 사형당하는 꿈을 꾸기도 했는데, 사형이 집행되기 바로 직전에 꿈에서 깨곤 했습니다. 아침에 단잠을 자고 일어났는데 자신은 여전히 사형수이고 바로 그날이 자신의 사형이 집행되는 날인 것을 알게 되었을 때 그 사람의 마음은 어떻겠습니까? 하나님의 부르심을 통해 내면에서 일어나는 일련의 영적 과정인 각성도 하나님 앞에 선 자신의 실체를 그와 같이 느끼게 합니다. 구원의 길을 알지 못하던 영혼이 잠에서 깨어나면 자신의 죄를 정죄하는 하나님의 심판을 알게 됩니다.

 탕자의 비유라고 흔히 말하는, 아들을 기다리는 아버지의 비유를 통해 우리 주님께서 묘사하시는 바가 바로 이것입니다. 먼 타국에서 가난하고 헐벗게 된 허랑방탕한 아들은 마음 깊은 곳에서 집을 향한 그리움이 이는 것을 느낍니다. 그제야 그는 "제정신이 들어서" 아버지께로 돌이킵니다(눅 15:17, 새번역). 다소 사람 사울에게도 이와 비슷한 일이 있었습니다. 사울은 모든 일이 잘 되고 있다고 생각했습니다. 그래도 다른 사람들보다는 자신이 좀 더 하나님 앞에서 안전해 보였습니다(빌 3:6). 그런 그에게 하나님께서 성경으로 말씀하셨습니다. 율법이 그를 찌르기 시작했습니다(롬 7:6-13). 죄를 깨닫게 하는 율법의 가시채를 걷어차기를 계속했습니다(행 26:14). 자신의 영적인 필요에 눈뜨게 된 그는 다메섹으로 가는 길에서 그리스도의 부르심을 입어 하나님 나라로 들어갔습니다. '죄인에게 있던 무감각'이 사라졌습니다. 죄를 깨닫게 된 것입니다.

죄를 깨닫는 영적 체험에 우리는 더 관심을 기울여야 합니다. 이런 체험은 그리스도인의 삶 전체와 긴밀한 관계가 있기 때문입니다. 오늘날 우리 그리스도인 삶의 질이 이토록 궁핍하게 된 것은 바로 이 영적 체험을 소홀히 해왔기 때문입니다. 죄의 확신이 깊이 뿌리 내린 토양에서라야 은혜의 나무가 튼튼하게 자랍니다. 이것은 다름 아닌 예수님의 생각입니다. 예수님은 자신이 어떤 용서를 받았는지 아는 사람이 더 많이 사랑한다고 말씀하십니다(눅 7:36-50). 자신이 용서받았음을 깊이 절감하는 사람은 다름 아닌 자신의 죄를 통렬하게 깨닫고 확신하는 사람입니다.

죄를 깨닫게 하시는 분

예수님은 성령을 보내서서 "죄에 대하여 의에 대하여 심판에 대하여 세상을 책망" 하겠다고 약속하셨습니다(요 16:8). 여기서 요한이 사용한 '책망 convict'이라는 말은 '가차 없이 나무라다', '경멸하다', '확신시키다'는 의미입니다. 대언자 Advocate로서 성령께서 하시는 모진 사역이 바로 이것입니다. 그리스도를 증거하고 영화롭게 하는 성령께서 사람의 마음에서 반드시 하셔야만 하는 일입니다. 그리스도를 변호하고 옹호하시는 가운데 죄인에게 내려지는 하나님의 평결을 가지고 그를 기소하는 것입니다.

이 말씀을 제대로 이해하기 위해서는 이 약속의 말씀이 문맥상 오순절에 보내실 성령을 염두에 두고 하신 것이라는 사실을 알아야 합니다. "그가 오시면 죄와 의와 심판에 대하여 세상의 잘못을 깨우치실 것이다"(요 16:8, 새번역). 우리 주님의 전체 설교 요지는 그분이 장사되고 부활하고 승천하여 하나님 아버지 보좌 우편에 앉으시고 나면 성령께서 오신다는 것입니다(요 14:26, 15:26, 16:7). "그가 오시면"(요 15:26, 16:8)이라는 대목은 오순절을 가리키는 것이 분명합니다(행 1:8, 2:1). 오순절에 성취된 일을 통해 이 예언을 살펴보면 성령께서 모든 세대 가운데 하시는 이 사역의 밑그림을 볼 수 있습니다.

성령께서 깨닫게 하시는 세 가지는 죄와 의와 심판입니다.

1. 죄에 대하여 책망함. 그리스도를 믿지 않기 때문에 사람들은 죄에 대하여 책망을 받습니다(요 16:9). 그러나 죄인 된 것이 그들의 불신앙 때문이라는 말은 아닙니다. 그리스도께서 오신 이래로 인간이 범한 유일한 죄는 불신앙이고, 바로 이것이 유일한 정죄의 근거라고 잘못 말하는 때가 종종 있었습니다. 그러나 우리 주님의 이 말씀은 그런 의미가 아닙니다. 인간이 죄인이기 때문에 믿지 않는다는 말입니다. 인간 죄의 극치는 하나님께서 온전한 계시를 주셨음에도 불구하고 믿지 않는 것입니다. 하나님의 성령께서 오셔서 그들을 일깨우시면, 하나님 앞에 있는 자신의 죄책과, 하나님 앞에 고스란히 드러나 있는 이 죄책을 자기 힘으로는 감당할 수 없다는 것과, 이 죄책으로 인해 퍼부어질 하나님의 진노에서 자신을 숨겨 줄 어떤 구원자도

없다는 것을 깨닫게 됩니다(그리스도를 믿지 않기 때문입니다). 그리스도도 없고 소망도 없는 사람이라는 것을 깨닫게 됩니다(엡 2:12).

2. 의에 대하여 책망함. 그리스도가 성부께로 가셨기 때문에 인간은 의에 대하여 책망을 받습니다(요 16:10). 죄를 깨달은 사람들이 자신은 의가 없기 때문에 그리스도로부터 의를 받는다고 마음으로 느끼는 것을 가리키는 말씀으로 이해할 수도 있겠지만, 그것은 예수께서 하신 말씀 전체의 의미가 아닙니다. 성령의 사역을 강조하고자 하는 본문의 의도와는 달리 예수 그리스도를 강조하는 것이 되고 맙니다.

"내가 아버지께로 돌아가므로"라는 대목이 이 말씀을 해석하는 실마리입니다. 요한의 용어대로 하면, 그리스도께서 죽음과 부활과 승천을 통해 아버지께로 가십니다(요 14:12, 28, 16:28). 성령께서 그리스도의 이 사건들을 증거합니다. 이 사건들은 곧 그리스도를 거부하는 사람들의 면전에 대고 하나님께서 그리스도의 의로움을 인정하시는 증거가 되기 때문입니다. 디모데전서 3:16에서 그리스도께서 "성령으로 인정받으시고"라고 말하는 사도 바울이 의미했던 바가 바로 이것입니다(로마서 1:4에서 부활의 행위를 언급하는 이유이기도 합니다). 그리스도의 의로우심을 나타내시는 성령의 증거에는 필연적으로 그리스도를 거부한 사람들의 죄책이 포함됩니다. 결과적으로 성령의 증거를 받은 사람들은 자신의 죄를 확신하게 됩니다.

3. 심판에 대하여 책망함. 심판을 확증할 수 있는 것은 이 세상 임금

이 심판을 받았기 때문입니다(요 16:11). 사람들은 장차 임할 심판을 비웃으며 경멸합니다. 사탄이 그들의 눈을 가려 보지 못하게 하기 때문입니다(고후 4:4). 그러나 그리스도께서 십자가 위에서 이 세상 임금을 이기시고 정죄하사 구경거리가 되게 하셨습니다(요 12:32, 골 2:13-15). 사탄이 정죄 받았다면, 그리스도 밖에 있는 자들의 우두머리인 그가 정죄 받았다면, 그리스도 밖에 있는 사람들이 받을 심판과 정죄는 더욱 분명합니다. 믿지 않는 사람들은 그리스도의 죽음을 두고 하나님께서 그를 심판하신 것으로 여기지만, 사실 그리스도의 죽음은 그렇게 말하는 자들의 주인을 심판하신 것이고, 그들에게 임박한 최후의 심판을 확증하는 것입니다!

이렇게 성령의 사역은 정반대의 결과를 가져오고 우리의 생각을 완전히 뒤집습니다. 우리가 그리스도께 따져 묻는 것이 아니라, 그리스도의 성령께서 우리에게 물어 오십니다. 우리가 그분께 퍼부었던 경멸과 그분께 품었던 적대적이고 무정한 마음이 고스란히 우리에게 돌아옵니다. 입장이 완전히 바뀌었습니다. 십자가에서 죄인으로 드러난 것은 그리스도가 아니라 바로 우리 자신입니다!

그리스도께서 정죄를 당하신 것이 아닙니다. 정죄를 당한 것은 바로 나 자신입니다!

오순절에 대한 예수님의 예언의 말씀이 성취되었기 때문에 이런 해석이 나옵니다. 성령께서 오시고, 예수를 주와 그리스도로 선포하는 베드로의 오순절 설교에서 다음 세 가지 결과가 나타났습니다.

첫째, 사람들은 자신의 불신앙을 깊이 절감했습니다(행 2:23,

36). 둘째, 사람들은 그리스도께서는 죄가 없으시고 의로운 분이었다는 사실을 납득하게 되었습니다(행 2:24, 32, 33). 셋째, 사람들은 그리스도께서 모든 원수를 이기시고 주와 그리스도가 되신 것을 알게 되었습니다(행 2:34-36).

베드로의 설교에 사람들이 깊은 찔림을 받았습니다. "그들이 이 말을 듣고 마음에 찔려 베드로와 다른 사도들에게 물어 이르되 형제들아, 우리가 어찌 할꼬 하거늘"(행 2:37). 그들은 자신의 죄를 깊이 자각했습니다. 예수님의 예언이 성취되었습니다.

복음주의 기독교에서는 일반적으로 오순절에 부어진 죄의 확신이 성령이 오셔서 하실 일에 대해 그리스도께서 주신 약속의 유일한 성취는 아니라고 주장해 왔습니다. 그런 의미에서 오순절 사건은 그리스도인 됨이 의미하는 바가 무엇인지 잘 보여주고 있다고 말합니다. 일례로 마르틴 루터Martin Luther와 존 번연John Bunyan과 같은 사람들의 체험을 생각해 볼 수 있습니다.

그러나 최근에는 이렇게 생각하는 것이 과연 의미가 있는지에 대해 많은 의문이 제기되고 있습니다. 요즘은 그리스도께로 돌아서는 전조로서 죄의 확신이 필요하다고 강조하지 않을 뿐만 아니라 오히려 부정하기까지 합니다. 그러므로 우리는 다음 세 가지 질문을 잘 생각해 보아야 합니다.

죄의 확신에 관한 질문

1. **죄의 확신은 필요합니까?** 물론 개인적으로 죄책을 통렬하게 절감

하지 않고 그리스도인이 되는 사람들도 있습니다. 그리스도와 구원을 처음으로 경험하기 시작하면서 삶의 급격한 변화를 보이는 사람이 있는 반면, 이런 것을 전혀 경험하지 않는 그리스도인도 있습니다. 치열한 싸움 가운데 그리스도께로 나아오는 사람이 있는 반면, 이런 싸움 없이 청소년이나 어른이 되어서 그리스도께로 나아오는 사람도 있습니다. 성경적인 근거 없이 하나님 성령의 역사를 획일화시키지 않기 위해서 우리는 이런 사실을 알아야 합니다. 바울 사도가 "사역은 여러 가지나 모든 것을 모든 사람 가운데서 이루시는 하나님은 같으니"라고 말한 이유가 바로 여기 있습니다(고전 12:6). C. H. 스펄전Spurgeon은 자신이 균형을 취하게 된 과정을 이렇게 말합니다.

> 나를 통해서 주님을 알게 된 많은 영혼들 가운데 상당히 많은 사람들, 특히 우리 교회의 헌신적인 지체들 가운데 많은 사람들이 율법의 정죄로 인한 두려움이 아닌 보다 순탄한 방편을 통해서 구주께로 돌아와 구원을 얻었다.…… 한 탁월한 젊은 자매에게 물었다. "무슨 생각으로 처음에 구주를 찾게 되었습니까?" 그녀는 이렇게 대답했다. "목사님, 제가 그리스도의 제자가 되기로 마음먹은 것은 순전히 그분의 사랑스러운 성품 때문입니다. 그분이 얼마나 친절하고 얼마나 선하고 얼마나 공평하고 얼마나 희생적이셨는지 알게 되었을 때, 제 자신은 전혀 그렇지 못한 사람이라는 것을 알게 되었습니다." 그때 나는 속으로 이렇게 생각했다. '아, 나는 얼마나 예수님과 상관없는 사람인가!' 이런 생각에 즉시 나는 내 방으로 들어가 기도하기 시

작했고 그분을 의지할 수 있게 되었다.[1]

스펄전의 이야기는 우리에게 많은 것을 시사합니다. 사도 바울의 다메섹 체험을 회심의 유일한 모델로 삼기 전에 다시 한 번 성경을 펴 보십시오. 오순절 사건은 앞으로 계속될 모든 회개와 믿음의 기준으로 주어진 것이 아닙니다. 하지만 스펄전의 말에서 중요한 사실은, 하나님께서 '보다 순탄한 방편을 통해서' 사람을 그리스도께로 이끄실 때조차도 항상(평탄하게 성숙에 이르게 된 사람이라 할지라도) 어떤 식으로든 죄에 대한 깨달음이 따른다는 것입니다. '아, 나는 얼마나 예수님과 먼 사람인가!'라는 말이 이 여인에게도 죄의 확신이 있었음을 보여줍니다. 죄의 잠에서 깨어 하나님 나라로 옮겨지는 데 이런 변화, 혹은 이와 비슷한 변화도 없다는 것은 상상하기 어렵습니다.

죄에 대한 깨달음은 우리 스스로 만들어 낼 수 있는 것이 아닙니다. 참된 그리스도인이 되기 위해서 죄의 확신에 수반되는 두려움과 걱정을 반드시 경험해야 하는 것은 아닙니다. 존 번연이 깊은 죄의 확신을 통해 회심하는 것을 보고 감동을 받아, 그가 했던 것과 똑같은 체험을 추구하는 것은 대단히 잘못된 것입니다. 하나님께서는 우리를 그렇게 대하지 않으십니다. 청교도 저자인 존 오웬이 보다 바른 태도에 대해 잘 말해 줍니다.

하나님께서는 이 모든 일을 주도하시고 주권적으로 역사하신다. 하나님께서 사람들의 영혼을 다루시는 방식은 말로 다 할 수 없을 만큼 다양하다. 사망과 지옥의 문을 통해 그분의 사랑에 안식하게 하시는가 하면…… 보다 쉽고 수월한 길을 통해 다루시기도 한다.[2]

2. 얼마만큼 깊이 죄를 깨달아야 합니까?

얼마만큼 깊고 넓게 죄를 깨닫든지 간에 죄에 대한 확신은 그리스도를 믿는 믿음으로 인도합니다. 죄를 깨닫는 정도는 신자들의 숫자만큼이나 다양합니다. 일반적인 정도를 규정하거나 성령께서 어느 정도로 역사하실지 미리 단정하는 것은 불가능합니다. 중대하고도 어려운 이 문제에 도움을 얻기 위해 다시 몇 세기 전의 글로 돌아가 봅시다. 또 다른 청교도 저자인 토머스 왓슨Thomas Watson은 이렇게 단호하게 말합니다.

> 하나님은 우리가 어느 정도까지 슬퍼하고 얼마나 낮아져야 할지 정량을 정해 놓고 모두에게 그것을 요구하시는 분이 아니다.…… 옹이가 많은 목재는 더 많이 다듬어져야 하고, 위장이 약한 사람은 더 세심한 치료가 필요하다. 죄 때문에 낮아져야 할 만큼 충분히 낮아진 때가 언제인지 알 수 있는가? 당신이 죄를 기꺼이 버리고자 할 때가 언제일지 알 수 있는가? 금이 용광로에 오래 있어야 그 속에서 찌끼가 녹아 흘러나오는 것처럼, 하나님께서 만족하실 정도는 아니더라도 하나님께서 용납하실 만큼 충분히 영혼이 낮아지면 죄를 사랑하는 마음이 녹아 흘러나온다. 자, 당신이 이제 충분히 낮아졌다면 더 무엇이 필요한가? 이미 바늘로 종기를 다 짰는데 절개할 필요가 있는가? 하나님께서 당신을 대하시는 것보다 더 스스로에 대해 잔인할 필요는 없다.[3]

3. 성령께서 죄의 확신을 주시는 목적은 무엇입니까? 성령께서는 죄의 확신을 통해 우리를 그리스도께로 이끄십니다. 죄의 확신은 하나님 앞에서 자신의 삶에 대한 바른 안목을 갖게 된 우리가 십자가에서 드러난 하나님의 은혜와 긍휼에 우리 자신을 내맡기는 과정입니다. 이런 죄의 확신을 통해 그리스도인의 성품은 다음 두 가지 면에서 고양됩니다.

첫째, **죄의 확신은 겸손하게 합니다.** 바울이 로마서 1:18-3:20에서 죄인들로 핑계치 못하게 하면서 그들 마음에 불러일으킨 것이 바로 겸손입니다. 모든 사람이 입을 다물고, 온 세상이 자신의 죄책을 알게 됩니다. 하나님의 보좌 앞에서 잠잠케 되는 것은 일생에 잊을 수 없는 경험으로, 평생 지울 수 없는 인상을 남깁니다! 다른 사람과 이야기할 때마다 떠올라 우리를 항상 겸손하게 합니다.

둘째, **죄의 확신은 감사를 불러일으킵니다.** 자신의 필요를 절감하는 만큼 하나님의 은혜를 깨닫게 됩니다. 죄의 확신을 통해 자신이 어떤 상태에 있는지 더 잘 알수록, 우리를 향한 하나님의 사랑이 더 놀랍게 다가옵니다. 여름에 꽃을 피우기 위해서는 겨울에 다른 땅으로 옮겨 심어야 하는 식물이 있습니다. 이처럼 감사는 죄의 확신이라는 모판으로 옮겨 심었을 때 가장 잘 자랍니다.

태어난 환경이 사람에게 일생 동안 영향을 미치듯이 영적인 세계에서도 우리가 하나님 나라에 들어가게 되는 환경이 아주 중요합니다. 자녀된 우리를 향해 소원을 가지신 하나님께서는 그 소원에 따라 사람들마다 다양한 차원의 죄의 확신을 갖도록 하십니다. 오순절에 베드로의 설교를 들었던 사람들처럼 즉각적으로 죄를 깨달는 사람들도 있고, 바울처럼 수일에 걸쳐서 그렇게 하는 사람들도 있고, 존 번연이나 마르틴 루터처럼 끝도 없이 계속되는 듯한 어두운 밤을 지나는 사람들도 있습니다. 이런 차이는 하나님께로부터 오는 것이지 우리의 소관은 아닙니다. 죄의 확신이 어떻든지 간에 유일한 구주이신 그리스도께로 나아가 전심으로 의지하는 것이 우리가 할 일입니다. 그분이 우리에게 얼마나 필요한지 알아 갈수록, 하나님 앞에서 전심으로 감사하고 순종하는 삶을 배우고 그렇게 살아가게 될 것입니다.

> 깊은 절망 가운데
> 주께 울부짖습니다.
> 제게 귀를 기울이시고
> 저의 간구를 들어주소서.
> 모든 은밀한 죄와
> 어둠에 행한 일들을
> 주께서 엄히 주목하시면
> 누가 주 앞에 서겠습니까?

> 우리의 죄가 아무리 클지라도
> 하나님의 자비는 훨씬 더 크도다.
> 우리의 필요가 아무리 클지라도
> 하나님은 능히 채우실 수 있으니
> 그는 양의 목자라.

이스라엘을 지키고 인도하시고

이스라엘을 죄에서 구속하시도다.

―마르틴 루터

6장
거듭남

지금까지 우리는 그리스도인의 삶에 관한 본질상 서론적인 특징들을 살펴보았습니다. 구원하시는 하나님의 은혜가 필요한 우리의 상태에 대해 요약적으로 살펴보고 나서, 하나님의 은혜를 맛보는 그리스도인이 하는 모든 체험 이면에 있는 하나님의 계획으로 나아갔습니다. 죄 가운데 사는 우리의 본성적 무기력과 냉담함에서 우리를 일깨워 하나님 앞에 드러나 있는 우리의 죄책을 깨닫게 하고, 우리를 구원의 문 앞까지 이르게 하는 하나님의 부르심에 대해서도 생각해 보았습니다.

이제 드디어 모든 교리 가운데 그리스도인의 삶에 가장 심대한 영향을 미친다고 할 수 있는 교리를 살펴볼 때가 되었습니다. 바로 중생의 교리입니다. 중생의 교리를 바로 알면 그리스도인의 삶과 관련된 모든 교리들을 제대로 이해할 수 있습니다. 역으로 이 교리를 잘못 다루면 우리의 모든 이해가 틀어져 버릴 수밖에 없습니다.

중생과 복음

삶의 다른 많은 것들과 마찬가지로, 전도도 시대에 따라 강조점이 달라집니다. '중생', '새 생명' 혹은 '거듭남'의 필요에 중점을 두고 전도하던 때가 있었습니다.

내가 십대였을 때 누군가 나에게 다가와 내가 그리스도인인지를 집요하게 물어 왔던 기억이 아직도 생생합니다. 내가 "예" 하고 대답하자 이번에는 내가 정말 '진정한 그리스도인'인지 물어 왔습니다. 두 번째 물음에 나는 "예, 저도 진정한 그리스도인이기를 바랍니다"라고 대답했습니다. 그러자 이번에는 약간 격앙된 목소리로 내가 정말 '거듭난' 그리스도인이 맞는지 물어 왔습니다. 그 당시는 설교나 개인 전도를 할 때 "당신은 거듭나야 한다"라고 강조하는 것이 흔한 일이었습니다.

그 후로 전도의 중심 메시지에서 거듭남의 비중은 점점 줄어들었습니다. 여러 면에서 볼 때 그것은 바람직한 일이었습니다. "당신은 거듭나야 한다"는 말 그 자체가 복음은 아니기 때문입니다. 또한 신약성경 어디서도 이것을 복음의 핵심이라거나 우리가 믿어야 할 대상이라고 하지 않습니다. 고대 소아시아와 지중해 연안을 넘나들며 복음을 전했던 바울은 한 번도 이렇게 강조하지 않았습니다. 그의 메시지는 오직 우리가 믿고 돌이켜야 할 진리, 십자가에 못 박히시고 부활하시고 승천하신 예수 그리스도에 관한 것이었습니다.

그래서 사람들은 거듭남을 강조하는 전도에 대해, 신약성경에는 중생에 대한 언급이 실제로 거의 없다는 말로 반박했습니다. 이는 놀랄 만한 일이 아닙니다. 흠정역 성경King James Version에서는 이 단어를 딱 두 번 사용합니다. 다른 번역본에서는 '신생rebirth' 혹은 '중생regeneration'이라는 말이 단 한 번 등장합니다. 마태복음 19:28에서 마지막 날에 만물이 새롭게 되는 새 하늘과 새 땅을 가리키면서 이 말이 사용됩니다. 디도서 3:5에서 이 말은 개인적으로 체험하는 새 생명이나 혹은 세례가 상징하는 새 생명을 가리킵니다. 이런 교리를 두고 '모든 교리 가운데 그리스도인의 삶에 가장 심대한 영향을 미치는 교리'라고 말하기에는 성경적 근거가 너무 빈약한 것 아닙니까!

설령 그렇다고 해도, 중생이 쉽게 지나칠 수 있는 교리는 아닙니다. 이와 비슷한 개념이 성경의 다른 구절에서도 등장하고, 성경의 다른 많은 본문이 각기 다른 암시와 은유와 예화를 통해 동일한 개념을 이야기하고 있기 때문입니다. 하지만 성경 구절로 들어가기 전에, '중생'이라는 말을 먼저 살펴볼 필요가 있습니다.

중생이라는 말을 세례 교리와 매우 밀접하게 연관해서 사용하는 전통이 있습니다. 요한복음 3:5, 에베소서 5:26, 디도서 3:5과 같은 말씀을 근거로 세례를 통해 중생을 얻는다고 주장하고, '중생'을 사실상 세례와 같은 말로 사용합니다. 이런 견해를 주장하는 사람들의 진정성을 모르는 바 아니지만, 이들은 이 문맥에 있는 새 생명의 의미를 놓치고 있습니다. 이것은 전혀 세례를 가리키는 문맥도 아닐뿐더러, 중생의 개념이 서로 상이한 단어로 표현되고 있는 구절을 들어 이런 주장을 하는 것은 설득력이 없습니다.

이와는 또 다른 극단에 있는 한 복음주의 전통에서는 "당신은 거듭나야 한다"는 말을 사실상 그리스도를 믿으라는 명령과 같은 것으로 여깁니다. 물론 우리는 거듭나야 합니다. 그러나 신약성경은 신생을 하나님께서 주시는 것으로 말합니다. 요컨대 신생은 우리가 할 수 있는 것이 아니라는 말입니다.

중생을 비교적 긴 시간을 통해 일어나는 그리스도인이 되기까지의 전 과정으로 보기도 합니다. 칼뱅이 중생이라는 말을 그런 의미로 사용합니다.

우리는 여기서 하나님께서 어떤 사람에게 최초로 새 생명을 나누어 주시는 것을 중생이라고 보겠습니다. 요한일서가 말하는 대로, 중생은 하나님의 씨가 우리의 삶에 최초로 거하는 일로서(3:6), 그리스도인이 되는 핵심입니다.

중생에 대한 묘사

중생은 '또 다른 시작another genesis'이란 의미입니다. 신약성경에서는 중생을 세 가지로 묘사합니다.

1. 출생. 요한복음 1:12에 따르면, 하나님께로부터 난 자들이 그리스도를 영접하고 그리스도인이 됩니다. 하나님께로부터 태어나야만 하나님 나라를 보고 그리로 들어갈 수 있다고 말씀합니다(요 3:3, 5). 요한일서도 그리스도인들을 하나님께로부터 난 자들로 정의합니다(요일 2:29, 3:9, 4:7, 5:1, 4). 그러나 출생의 개념은 사도 요한의 저작에만 국한된 것은 아닙니다. 야고보서는 피조물 가운데

우리로 한 첫 열매가 되게 하시려고 하나님께서 그분의 뜻을 따라 진리의 말씀으로 우리를 낳으셨다고 합니다(약 1:18). 여기서 야고보 사도가 사용하는 말은 출산을 통해 임신이 끝난 것을 의미하는 의학용어입니다. 베드로전서도 그리스도인들을 "거듭난" 자들로 묘사합니다(벧전 1:3, 23). 신약성경의 다른 책에서도 같은 종류의 말이 등장합니다. 그리스도인들은 장성한 분량에 이르기까지 자라갈 "갓난아이들"입니다(골 1:28, 엡 4:13-16). 목양의 책임이 있는 사람은 자신의 영적인 자녀를 위해 해산하는 수고를 합니다("나의 자녀들아, 너희 속에 그리스도의 형상을 이루기까지 다시 너희를 위하여 해산하는 수고를 하노니", 갈 4:19).

2. **창조**. 두 번째 묘사는 하나님께서 태초에 하신 일과 그리스도 안에서 우리를 '새 때'와 '새 시대'로 불러들이시는 은혜의 역사를 대비시킵니다. 신약성경에 나오는 중생이라는 말 속에서 이 두 개념이 하나가 됩니다. '두 번째 시작second genesis'인 것입니다. 이는 아주 극적인 묘사입니다. 이 표현은 우리 속에 이루어지는 하나님의 역사를 가장 생생하고 통찰력 있게 묘사합니다. 영적인 긴장과 갈등이 최고조로 드러난 갈라디아서 말미에서 바울은 우리에게 가장 중요한 것은 '새로운 피조물이 된 것'이라고 확언합니다. 이것 없이는 모든 것이 헛것입니다. 그의 사역 후반부에 기록된 서신에서는 동일한 심상이 좀 더 길게 언급됩니다. 하나님의 살아 계심을 볼 수 있도록 우리의 어두운 마음에 비친 빛은, 세상 역사에서 일어난 두 가지 사건—태초에 이루어진 창조의 역사와 도래하는 세상의 전

조로서의 그리스도의 부활—에 비견됩니다(고후 4:6-12). 이 편지 후반부에서 바울은 그리스도 안에 있는 것은 도래하는 세상의 것을 벌써 나누어 갖는 것이라는 영광스러운 말을 합니다. 말 그대로, "누구든지 그리스도 안에 있으면 그는 새로운 피조물입니다!"(고후 5:17, 새번역) 다른 곳과 마찬가지로 여기서도 사도 바울은 하나님께서 우리의 미약한 삶 가운데 이루신 은혜의 역사가 얼마나 광대한지 주목하게 하고자 합니다. 바울의 바람대로 하나님께서 이루신 광대한 일에 우리 마음이 넓어져서 이 놀라운 특권을 누릴 수 있다면, 우리는 삶에서 우러나는 하나님의 영광을 보게 될 것입니다!

3. **부활**. 우리는 이미 새로운 출생이 창조 시에 하나님께서 아무것도 없는 중에 생명을 부르신 사건에 비견될 수 있다는 것을 살펴보았습니다. 그러나 바울을 전율케 한 훨씬 더 놀라운 진리가 있습니다. 혼돈과 공허 가운데 잉태된 생명과 질서도 위대하지만, 생명의 반대인 사망에서 비롯된 생명은 훨씬 더 위대하다는 것입니다! 이 사실을 통해 우리 안에 이루신 하나님의 역사가 얼마나 강력한 것이며, 예수님의 부활에 있는 이 생명의 원천이 어떤 것인지 짐작해 볼 수 있습니다. 바울이 로마서 6:13에서 부활하신 그리스도께 연합하고 부활의 능력에 참여한 우리는 "죽은 사람들 가운데서 살아난 사람답게" 살아야 한다고 주장하는 이유가 바로 이것입니다(새번역). 우리가 죄 가운데 죽었을 때, 하나님께서는 그리스도 안에서 우리를 찾아오셨고 은혜로 우리를 그리스도와 함께 살리셨습니다(엡 2:5). 그리스도인은 "사망에서 옮겨 생명으로" 들어간 것입니다!(요일 3:14)

위에 언급한 성경 본문들이 동일하게 강조하는 바가 있습니다. 중생은 우리 속에서 일어나는 하나님의 역사이고, 우리는 이 역사의 수혜자일 뿐 주체가 아니라는 것입니다. 영적 생명이 없는 사람에게 생명을 가지라고 말하고 "당신은 거듭나야 한다"라고 말하는 것은 장애가 있는 사람에게 걸으라고 하는 말이고, 소경에게 보라는 말이고, 죽은 사람에게 살아나라고 하는 말입니다! 이 부분에 있어서 복음은 역설입니다. 우리에게 꼭 필요한 일이지만, 정작 우리의 능력 밖의 일이기 때문입니다. 혼돈을 주는 이 부분에 대해 좀 더 살펴보겠습니다.

왜 중생이 필요한가

중생이라는 말은 사도 요한의 글에서 광범위하게 나타납니다. 요한복음 3장에 나오는 예수님과 니고데모와의 대화야말로 중생에 대한 권위 있는 주석입니다. 본문에서 예수님은 당대 이스라엘의 위대한 선생에게 "사람이 거듭나지 아니하면 하나님의 나라를 볼 수 없느니라"고 말씀하십니다(3절). 그날 밤에 니고데모가 예수님을 몰래 찾아와 구했던 복을 얻기 위해서라도 그는 반드시 거듭나야 했습니다. 거듭나는 것만이 유일한 길이기 때문입니다.

우리 주님은 니고데모의 마음을 뒤덮고 있는 오해를 벗겨 주기 위해 그렇게 말씀하셨습니다. 그는 "이스라엘의 선생"이었습니다(10절). 아마도 당대 이스라엘의 명망 있는 선생이었을 것입니다. 그럼에도 불구하고 그는 예수께서 말씀하신 "땅의 일"조차 받아들이지 못했습니다. 하물며 "하늘의 일"은 어떻게 받아들일 수 있었겠습니까?(12절) 그렇습니다. "니고데모 너는 반드시 거듭나야 한다." 그러나 니고데모에게 적용된 이 말은 우리 모두에게도 해당됩니다. 누구라도 거듭나지 못하면 하나님 나라를 보지 못합니다. 누구라도 거듭나지 못하면 하나님 나라에 들어가지 못합니다(3, 5절). 니고데모뿐만 아니라 우리 모두가 거듭나야 합니다.

우리는 왜 거듭나야 합니까? 이 질문에 예수님은 다음 세 가지로 대답합니다.

1. **인간은 육이기 때문입니다.** "육으로 난 것은 육이요 영으로 난 것은 영이니"(요 3:6)라는 말은, 사도 요한이 요한복음 1:13에서 지적한 대로, 영적인 생명과 실체를 얻는 데 있어서 인간은 본성적으로 무능하다는 사실을 나타냅니다. 여기서 말하는 육은 사도 바울이 각자의 죄 가운데 있는 인간을 나타내면서 사용한 "육"과는 다른 의미입니다. 그러나 사도 요한이 하나님께 반역하고 죄를 지은 인간의 상태에 대해 아무 생각 없이 이 말을 사용했을 리는 없습니다. 사도 바울과 마찬가지로, 사도 요한에게도 "혈과 육은 하나님 나라를 이어받을 수 없"다는 것은 너무나 자명한 사실이었습니다(고전 15:50). 오직 성령만이 우리를 성령의 나라로 들이십니다.

2. **인간은 눈이 멀었기 때문입니다.** 영적으로 눈먼 사람들은 "하나님의 나라를 볼 수 없"습니다(요 3:3). 여기서 '보다see'는 하나님 나라가 얼마나 중요한지 인식하고 깨닫고 절실하게 느끼는 것을 말합니

다. 예수께서 하나님 나라에 대한 비유를 드셨을 때 사람들이 보인 반응을 보면 당시 그들이 이 일에 얼마나 무지했는지 알 수 있습니다. 많은 이들이 예수님의 이야기를 들었지만, 그들을 하나님 나라로 부르시는 그리스도의 음성으로는 듣지 못했습니다. 눈앞에 펼쳐지는 것 같은 예수님의 생생한 묘사를 들으면서도, 자신을 제자 삼기 위해 온갖 비유를 넘나드시는 구주를 보지는 못했습니다(마 13:13-15).

니고데모 역시 그랬습니다. 안타깝게도 신앙생활에 열심인 사람들 가운데 이런 사람이 많습니다. 하는 일은 많지만 정작 아는 것은 거의 없습니다. 학생시절에 나는 당시 유명했던 한 교인을 강사로 세운 컨퍼런스에 참여하면서 이런 사실을 분명히 알게 되었습니다. 함께했던 친구들 가운데 하나가 우연찮게 그 강사의 부인과 이야기를 나누게 되었습니다. 이야기를 하는 도중 자연스럽게 그녀는 '거듭나는 것'이 무엇을 말하는지 잘 모르겠다고 고백했습니다. (물론 잘 알지도 못하면서 부주의하고 극단적인 용어를 써 가며 자기 무용담을 늘어놓는 것이 젊은이들의 특징이기는 하지만, 오히려 당시 내 친구는 우리 가운데 가장 재치 있고 신중하고 섬세한 사람이었습니다!) 그 부인은 단순하고 솔직하게 진실을 고백한 것입니다. 니고데모 역시 솔직한 심정으로 예수께 물었습니다. "어떻게 이런 일이 있을 수 있습니까?"(요 3:9, 새번역) 그는 하나님 나라를 보지 못했을뿐더러, 하나님 나라에 들어가기 위해서 자신이 먼저 하늘로부터 나야 할 필요조차 느끼지 못했던 것입니다.

사람들은 보지 못할 뿐 아니라 어둠에 싸여 있습니다. 같은 장 중반부에서 사도 요한은 사람들은 어둠 속에 있으며 어둠을 사랑하고 빛을 미워하고 빛을 피해 숨는다고 말합니다. 바울은 그들이 바로 어둠이고(엡 5:8), 어둠의 일을 한다고 합니다(엡 5:11). 흑암의 나라에 속했고 흑암의 권세 아래 있습니다(골 1:13). 하나님께서 어두운 데 빛을 비추십니다. 이것이 복음의 영광입니다. 하나님의 부르심이 우리를 어둠에서 불러냅니다(벧전 2:9). 그러나 니고데모는 아직 이해하지 못합니다. 그러면서도 동료 바리새인들과 이야기를 나누고, 많은 제자들을 가르쳐 왔을 것입니다. 흑암에 있는 소경이 아니라 빛 가운데 있는 사람으로 자처했던 그가 세상의 빛을 바로 앞에 모시고도 여전히 어둠 속에 있고, 이를 전혀 깨닫는 기색도 없습니다. 지금 그는 예수님의 심판의 경고 아래 있는 것입니다. "내가 이 세상에 온 것은 보는 사람과 못 보는 사람을 가려, 못 보는 사람은 보게 하고 보는 사람은 눈멀게 하려는 것이다"(요 9:39, 공동번역). 가장 큰 비극은 자신이 자리한 어둠을 빛이라 여기고, 그리스도의 빛을 자신이 돌아서야 할 어둠이라고 여기는 것입니다! 이것이 바로 사람들이 하나님 나라와 하나님에 대해 이해하는 방식입니다.

C. S. 루이스Lewis만큼 사람들의 이런 생각을 잘 간파한 사람도 없습니다. 그가 쓴 '나니아 연대기The Chronicles of Narnia'의 최종편인 「최후의 대결The Last Battle」에 이런 생각이 잘 드러납니다. 시간의 끝으로 가면서 신비한 나니아 왕국에 들어간 아이들은 한 무리의 난쟁이들과 마주칩니다. 루이스는 이 난쟁이들을 통해 사람들의 이런 생각을 잘 그려 냅니다. 나니아 왕국의 구원자요 사자 왕인 아슬란이 나타납니다. 다음 장면을 통해서 그리스도의 백성과 그들의

생각이 그리스도 나라 밖에 있는 사람들과 어떻게 다른지 잘 알 수 있습니다.

"아슬란, 이 불쌍한 난쟁이들을 위해 무언가 해주실 거죠? 그렇게 해주시겠어요?" 루시가 눈물을 흘리며 말했다.

"사랑스런 루시야." 아슬란이 말했다. "내가 할 수 있는 것이 있고 할 수 없는 것이 있단다. 잘 보렴." 그는 난쟁이들 가까이 다가가 낮은 소리로 한 번 포효했다. 낮은 소리였지만, 그 소리에 온 사방이 진동했다. 이 소리를 들은 난쟁이들이 서로 말했다. "저 소리 들려? 마구간 저쪽 끝에 있는 패거리들이 내는 소리야. 우리를 놀라게 하려고 말이야. 무슨 기계 같은 걸로 내는 소리 같아. 들은 척도 말자고. 두 번 다시 안 속는다!"

아슬란은 고개를 들고 갈기를 흔들었다. 그 즉시 난쟁이들의 무릎에 진수성찬이 차려졌다. 파이와 혓바닥 요리와 비둘기 요리와 과자와 얼음과자가 있었고, 난쟁이들은 각자 오른손에 맛 좋은 포도주가 든 잔을 들고 있었다. 하지만 그것도 이들에게는 별 소용이 없었다. 그들은 아주 탐욕스럽게 먹고 마시기 시작했다. 제대로 맛도 느끼지 못할 정도로 게걸스럽게 먹어 댔다. 그러면서도 자신이 헛간에 있는 것을 먹고 있다고 생각했다. 한 난쟁이는 자신은 건초를 먹으려고 노력하는 중이라고 했고, 다른 난쟁이는 묵은 순무 쪼가리를 먹는다고 했고, 다른 난쟁이는 생 배춧잎을 찾고 있다고 했다. 그리고 나서 그들은 진한 적포도주가 든 금잔을 들어 입술로 갖다 대더니 이렇게 말했다. "에이! 당나귀가 먹던 여물통 구정물이 정말 좋은

데! 이따위 것을 마시게 될 줄 누가 알았겠어!" 그런데 갑자기 모든 난쟁이들이 자기가 가진 것보다 더 멋진 것을 다른 난쟁이가 발견해 감추고 있을 것이라고 생각하고 서로를 의심하기 시작하더니, 서로 뺏고 잡아채기 시작했다. 급기야 서로 티격태격하다가 난투극을 벌였다. 그 좋은 음식들을 서로의 얼굴과 옷에 짓이기고 짓밟는 아수라장이 되었다. 이윽고 다들 앉아서 시퍼렇게 멍든 자신의 눈과, 피가 흐르는 코를 만지작거리면서 이렇게 말했다.

"어쨌거나 우리 중에 사기꾼이 없는 것은 분명해. 우릴 속일 사람도 없고 난쟁이들은 난쟁이들 편이야."

"이제 알겠니?" 아슬란이 말했다. "난쟁이들은 우리의 도움을 바라지 않아. 저들은 믿음 대신 교활함을 택했단다. 감옥은 저들 마음에 있단다. 스스로가 그곳에 갇혀 있지. 그런데도 속을까 봐 두려워 나오려고 하지도 않는단다."[1]

이 난쟁이들과 같이, "사람들은…… 빛보다 어둠을 더 사랑" 합니다. "자기 죄상이 드러날까 봐 빛을 미워하고 멀리" 합니다(요 3:19-20, 공동번역).

3. **인간은 무능하기 때문입니다.** 인간의 힘으로는 하나님 나라에 들어갈 수 없습니다. 하나님께로부터 나지 않은 인간은 소망이 없다고 예수님이 말씀하십니다(롬 5:6). 영적인 실체를 보고 믿음으로 하나님 나라에 들어가려면 반드시 하나님께서 그의 생명에 역사하셔야 합니다. 모든 성경이 그렇게 말합니다. 자연인은 영적인 실체

를 받아들이지도 않고, 받아들일 수도 없습니다(고전 2:14). 하나님과 원수가 된 육신의 생각은 하나님의 뜻을 행할 수도 없고, 행하려고 하지도 않습니다(롬 8:6-7).

인간의 무능력에 대한 성경의 가르침을 우리가 진지하게 받아들이려고 하지 않는 이유가 있습니다. 이 교리는 우리가 믿고 있는 마지막 남은 자기 만족의 여지를 없애 버리기 때문입니다. 이 교리는 구원은 오직 은혜로만 말미암는다는 성경의 가르침을 부각시킵니다. 우리에게 절대적으로 필요한 이 한 가지를 우리 힘으로는 결코 할 수 없습니다! 이 찬양이 그것을 잘 노래합니다.

> 빈손 들고 앞에 가
> 십자가를 붙드네.
> 의가 없는 자라도
> 도와주심 바라고
> 생명 샘에 나가니
> 저를 씻어 주소서.
> ―어거스터스 탑레이디 Augustus M. Toplady

하나님만이 우리를 영적으로 거듭나게 하실 수 있습니다.

하나님께서 우리를 구원하셔야 합니다.
하나님만이 그렇게 하실 수 있습니다.

중생의 특징

1. **하늘로부터 오는 출생.** 새로운 출생은 무엇보다도 하늘로부터 옵니다. 이것은 그리스도께서 니고데모에게 거듭 강조하신 말씀입니다. 반드시 물과 '성령'으로 거듭나야 합니다. 성령만이 영을 거듭나게 하시기 때문입니다. 바람이 어디서 시작되어 어디로 가는지 모르는 것처럼, 성령으로 난 자들도 그렇습니다. '거듭난다'는 표현 자체가 이 사실을 강조합니다. '거듭again'이라고 번역된 사도 요한의 이 표현은 '다시again' 혹은 '위로부터from above'라는 의미를 가집니다. 둘 중 어느 하나의 의미로 속단하기는 어렵습니다. 예수께서 이 말을 사용하셨을 때, '거듭second time'이라는 의미로 받아들인 니고데모는 '다시' 태어나는 것으로 이 말을 이해한 것 같습니다. 그래서 두 번째 모태에 들어갔다가 날 수 있냐고 물었던 것입니다. 그러나 사도 요한이 다른 곳에서 이 단어를 사용한 것을 보면 '위로부터'라고 번역할 여지가 많습니다. 요한복음 3:31, 19:11, 23에서 이 말은 '맨 위로부터 아래로from the top downwards'라는 의미를 담고 있습니다. 이런 의미로 해석한다고 할지라도 여전히 우리는 니고데모가 이 말에 왜 그렇게 반응했는지 이해할 수 있습니다. 예수께서 그가 위로부터 거듭나야 한다고 말씀하셨을 때, 만약 위로부터 나는 것이 무엇인지 그가 알았더라면 또 다른 출생에 대해서 그렇게 어설프게 되묻지 않았을 것이기 때문입니다.

이 사실이 의미하는 바를 사람들은 자주 간과합니다. 우리가 하나님 나라의 백성이라면 그것은 우리가 하늘로부터 났기 때문입니다! 바꾸어 말해서 우리가 그리스도인이 맞다면, 그것은 하나님께서 우리에게 새 생명을 주셨기 때문입니다. 모든 그리스도인은 이 사실을 곱씹어 보아야 합니다. 우리는 필연적으로, 그리고 때로는 아주 세상적으로 '회심'을 서로 비교하여 그것으로 경중을 가리려는 경향이 있기 때문입니다. 유명한 사람이나 연예인이 '거듭나면' 그것을 기적적인 일이라며 놀라워합니다. 물론 그것은 기적적인 일이 맞습니다. 하지만 언론이나 세상 사람들의 입에 한 번도 오르내리지 않은 사람들이 거듭나는 것 역시 이와 똑같은 기적입니다. 똑같이 놀라운 일이고, 하늘에서 똑같이 기뻐하는 일입니다. 똑같은 하나님의 능력과 하나님의 사랑이 역사한 것입니다. 그러므로 우리 자신의 새로운 출생을 기뻐할 수 있으려면 다른 사람의 영적 여정을 부러운 눈으로 흘긋거릴 것이 아니라, 성경을 펴서 하나님께서 모든 거듭난 자녀에게 부으시는 풍성한 은혜를 알아 가야 합니다.

2. **하나님께서 주시는 생명**. 중생은 하나님의 주권적인 역사입니다. 예수께서 바람이 임의로 분다고 하신 것이 바로 이런 의미입니다. "바람이 임의로 불매 네가 그 소리는 들어도 어디서 와서 어디로 가는지 알지 못하나니 성령으로 난 사람도 다 그러하니라"(요 3:8). 하나님께로부터 무엇을 받기보다는 스스로 무엇을 행하는 신앙을 교육받은 니고데모가 이렇게 대답하며 당혹스러워 하는 것도 무리는 아닙니다. "어찌 그러한 일이 있을 수 있나이까"(요 3:9). 니고데모의 이런 반응은 인간의 노력과 성경에서 말하는 "율법의 행위"로 하나님께 나아간다고 알고 있는 사람들의 한결같은 반응입니다(갈

2:16, 3:2, 5, 10). 그러나 하나님의 값없는 은혜로 훈련된 예수님의 제자들에게 구원의 기쁨은 하나님께서 하시는 일에서부터 시작됩니다. 이 사실은 사도 요한에게서 분명히 드러납니다. 베드로 사도도 같은 말을 합니다. "우리 주 예수 그리스도의 아버지 하나님을 찬송하리로다. 그의 많으신 긍휼대로 예수 그리스도를 죽은 자 가운데서 부활하게 하심으로 말미암아 우리를 거듭나게 하사 산 소망이 있게 하시며"(벧전 1:3). 야고보 사도도 이렇게 말합니다. "그가 그 피조물 중에 우리로 한 첫 열매가 되게 하시려고 자기의 뜻을 따라 진리의 말씀으로 우리를 낳으셨느니라"(약 1:18). 사도 바울도 다르지 않습니다. "또 함께 일으키사 그리스도 예수 안에서 함께 하늘에 앉히시니 이는 그리스도 예수 안에서 우리에게 자비하심으로써 그 은혜의 지극히 풍성함을 오는 여러 세대에 나타내려 하심이라. 너희는 그 은혜에 의하여 믿음으로 말미암아 구원을 받았으니 이것은 너희에게서 난 것이 아니요 하나님의 선물이라.…… 우리는 그가 만드신 바라. 그리스도 예수 안에서 선한 일을 위하여 지으심을 받은 자니 이 일은 하나님이 전에 예비하사 우리로 그 가운데서 행하게 하려 하심이니라"(엡 2:6-10).

하나님께서 모든 것을 시작하시는 것만 너무 강조하면 인간의 책임을 도외시할 수 있다는 반론이 있을 수 있습니다. 그러나 그것은 오해입니다. 하나님께서 거듭나게 하신다는 말이 곧 회개하고 그리스도를 믿어야 한다는 사실을 부정하는 것은 아닙니다. 예수께서는 중생은 주권적인 하나님의 행위라고 가르치셨습니다. 이런 가르침에 의구심을 가진 한 사람이 물었습니다. "구원받을 사람은 얼마 안되겠지요?" 이 물음에 예수님은 "좁은 문으로 들어가도록 있는 힘을 다하여라"는 말로 대답하셨습니다(눅 13:24, 공동번역). 요컨대, 서로 다른 것을 같은 것으로 혼동하지 말아야 합니다. 우리가 해야 할 일은 우리 자신이 구원의 길을 가고 있는지 스스로 확증하는 것입니다.

3. **새롭게 하는 능력.** 신약성경은 중생의 새롭게 하는 능력이 총체적이라고 말합니다. 중생은 우리의 모든 필요를 채웁니다. 물론 그렇다고 중생이 모든 것을 완전하게 한다는 말은 아닙니다. 죄가 우리 삶의 모든 영역에 미치는 것을 완전한 타락이라고 한다면 죄로 더럽혀진 우리 경험의 모든 측면에 은혜가 미치는 것이 중생입니다. 자궁에 자리한 태아와 같이 새로운 출생을 통해 하나님의 형상이 잉태됩니다. 그렇게 자라기 시작하여 성숙한 그리스도인의 마지막 체험에까지 이릅니다. 예수께서 니고데모에게 하신 말씀에서 중생을 통해 새롭게 되는 몇 가지 부분을 짐작해 볼 수 있습니다.

중생을 통해 지성이 깨어납니다. 거듭난 우리는 하나님 나라를 봅니다. 거듭난 그리스도인이 "이전에는 소경이었지만 지금은 분명히 본다"라고 고백하는 모습을 보는 것은, 살아 있는 그리스도인들의 교제를 통해 우리가 누리는 위대한 특권이 아닙니까? 중생을 통해 하나님의 자녀가 된 우리는 자기 자신과 다른 사람을 보는 전혀 새로운 관점을 얻게 됩니다(하나님의 자녀가 된 후에야 젊은이들은 비로소 자기 부모의 필요가 무엇인지 알고, 그들을 사랑하고 돌보고 싶어 할 것입니다). 새로운 눈으로 세상을 봅니다. 이제 우리는 "그리스도와 상관없는 눈으로는 볼 수 없었던 것들이 세상 모든 것에 살아 움직인다"라고 노래합니다!

중생을 통해 마음이 청결하게 됩니다. '물로 거듭난다'는 수수께끼와 같은 예수님의 말씀이 부분적으로 의미하는 바가 바로 이것입니다(요 3:5). 이 말씀에 대한 해석이 분분합니다. 깨끗하게 되는 것을 상징하는 말로 예수께서 이 표현을 쓰셨을 것입니다. 이 말을 들은 바리새인의 마음에 떠올랐을 심상 역시 이와 다르지 않았을 것입니다. 아마 최근에 요단 강에서 있었던 일련의 사건들이 그 의미를 더해 주었을 것입니다. (니고데모 역시 세례자 요한이 죄를 씻기 위한 회개의 세례를 선포하는 것을 들었을 것입니다.) 이것은 사실 하나님께서 에스겔 선지자를 통해 주셨던 새 언약New Covenant에 대한 약속이었습니다! "맑은 물을 너희에게 뿌려서 너희로 정결하게 하되 곧 너희 모든 더러운 것에서와 모든 우상숭배에서 너희를 정결하게 할 것이며……"(겔 36:25). 이스라엘의 선생이던 니고데모가 예수님의 이 말씀을 듣고 에스겔서 말씀을 떠올리지 않았을 리 없습니다.

그러면 청결하게 된 마음이란 무엇입니까? 바울이 고린도 교회에 "여러분은 주 예수 그리스도의 이름과 우리 하나님의 성령으로 씻겨지고……"라고 말하면서 염두에 둔 것은 무엇일까요?(고전 6:11, 새번역) 하나님께서 영적 새 생명을 주시면서 우리 안에 창조하신 의로운 삶을 향한 새로운 경향성과 성향을 의미합니다. 우리 마음에 그분의 법을 두셔서 이제 더 이상 외부로부터 오는 영향 때문이 아니라, 마음에서 자발적으로 의로운 길을 통해 하나님을 섬기고 하나님을 영화롭게 하고자 하는 욕구가 일어나게 하신 것입니다.

중생을 통해 욕구가 새로워집니다. 육에서 난 것은 육입니다. 하지만 영으로 난 것은 영이고, 영은 성령의 성품을 가집니다. 이런 출생에 따른 개념은 사도 바울이 로마서 8:5-8에서 더 자세히 설명하고 있습니다. 육신에서 비롯된 생각은 하나님을 대적하고 하나님의 법에 굴복하지 않습니다. 하나님을 기쁘시게 할 수도 없고 사망의 길로 인도합니다. 육신의 생각이 바라는 것은 하나님이 아닌 자기 자신을 기쁘게 하는 것입니다. 영적인 실체에 전혀 관심이 없을 뿐 아니라, 「나니아 연대기」에 나오는 난쟁이들처럼 오히려 영적인 실체를 멸시합니다. 그러나 거듭난 하나님의 자녀는 신령한 젖을 사모하고 이 젖을 먹고 자라갑니다. 하나님의 선하심을 맛보고 그 외 다른 것은 바라지 않는 사람입니다!(벧전 2:2-3) 중생은 하나님을 예배하고, 하나님의 진리를 알고, 하나님의 백성을 만나고, 하나님 나라를 섬기고, 하나님의 독생자를 사랑하고 영화롭게 하고자 하는 새로운 열망을 창조합니다. 이런 열망이 아직 완전한 것은 아닙니다. 커지기도 하고 줄어들기도 합니다. 때로 열망이 없어 탄식하기도 합니다. 그러나 마땅히 되어야 할 모습에는 턱없이 모자라더라도, 거듭나기 전의 자신과는 다르다는 것을 우리는 분명히 고백합니다. 이제 우리 마음은 그리스도께서 계시는 저 위의 것을 생각합니다(골 3:1-2).

중생을 통해 우리는 새로운 삶을 살기 시작합니다. 중생의 교리를 더 자세히 다루고 있는 요한일서가 강조하는 바가 바로 이것입니다. 의롭게 살아가는 모든 사람들은 하나님께로부터 난 사람들입니다(요일 2:29). 이런 의로운 삶은 세 가지 모습으로 나타납니다. 함께 믿는 신자들을 사랑하고(요일 4:7), 세상을 이기고(요일 5:4), 죄에 머물지 않습니다(요일 3:9). 여전히 온통 죄를 짓도록 미혹하는 것으로 가득한 세상을 살아가지만(요일 2:15-17), 세상과의 관계는 전혀 달라졌습니다. 세상이 죄악의 촉수를 내밀어 그를 미혹할 때, 자신은 그 어떤 유혹에도 굴복할 수 없는 거듭난 새로운 피조물이라는 사실을 분명히 인식합니다. 마찬가지로 함께 믿는 그리스도인들을 향한 태도도 달라집니다. 세상에서는 도무지 찾아볼 수 없는 사랑으로 형제를 사랑합니다. 일상적인 모든 경계를 초월한 사귐 가운데 살아가는 그리스도인들의 연대만큼 새로운 출생의 실체를 더 강력하게 증거하는 것도 없습니다. 그러나 거듭난 사람은 더 이상 죄를 짓지 않는다는 요한의 말에 동의할 수 있겠습니까? 이 질문에 답하기 위해서는 요한복음 13장으로 가야 합니다. 주의해야 할 점은 우리 자신의 경험을 기준으로 사도 요한의 가르침을 희석시키지 않는 것입니다. 그리스도께서 우리의 구주로 오셨고, 이 구원의 중요한 핵심 가운데 하나가 자기 백성을 죄의 종 된 것에서 건져 내는 것이라면, 요한의 말을 있는 그대로 받아들일 여지가 틀림없이 있습니다. 새로운 출생으로 죄와 우리의 관계는 근본적으로 달라졌습니다. 그리스도 예수께서 사람을 온전하게 하시고 모든 것을 새롭게 하시는 일을 시작하셨습니다! 이것이 바로 위로부터 '거듭난다'는 의미입니다.

주님, 저는 소경이었습니다!
주님의 상하신 모습에서

아무런 은혜도 보지 못했습니다.
하지만 지금은,
제게 비치는 밝은 빛 가운데
주님의 아름다운 얼굴을 봅니다.

주님, 저는 귀머거리였습니다!
황홀한 음악과도 같은 주님의 음성을
도무지 듣지 못했습니다.
하지만 지금은,
감미로운 주님의 말씀에
말할 수 없이 기뻐합니다.

주님, 저는 벙어리였습니다!
은혜롭고 영광스런 주님의 이름을
말할 수도 없었습니다.
하지만 지금은,
숯불에 지진 저의 입술로
주님을 열렬히 찬양합니다.

주님, 저는 죽은 자였습니다!
생명 없는 저의 영혼을 깨워
주님께로 나아올 수 없었습니다.
하지만 지금은,

저를 소생케 하신 주님을 힘입어
어두운 죄의 무덤을 박차고 일어납니다.

주님,
소경으로 눈뜨게 하시고
귀머거리로 듣게 하시고
벙어리로 말하게 하시고
죽은 자로 살아나게 하신 주님을 힘입어
저를 사로잡았던 모든 사슬을 끊습니다.
—윌리엄 맷슨William T. Matson

"우리 주 예수 그리스도의 아버지 하나님을 찬송하리로다. 그의 많으신 긍휼대로 예수 그리스도를 죽은 자 가운데서 부활하게 하심으로 말미암아 우리를 거듭나게 하사 산 소망이 있게 하시며"(벧전 1:3).
　우리의 새로운 출생과 산 소망을 이어 주는 고리는 믿음입니다.

7장
그리스도를 믿는 믿음

믿고 회개함으로 우리는 하나님 나라에 들어갑니다. 그러므로 믿음과 회개는 우리 안에 새 생명을 주는 중생과 불가분의 관계에 있습니다. 거듭나게 될 때라야 사람은 하나님 나라를 볼 수 있고 그 나라로 들어가기 때문입니다(요 3:3, 5). 거듭난 사람은 하나님께로 돌이키는 회개와 예수 그리스도를 믿는 믿음을 통해 그 나라로 들어갑니다.

회개와 믿음이라는 단어의 순서 때문에 많은 이들이 신자의 체험에서 회개가 믿음보다 앞서는 것으로 생각합니다. 자신의 죄를 슬퍼하기 전까지는 결코 그리스도를 의지할 수 없기 때문에 회개가 반드시 믿음에 선행할 수밖에 없다는 것입니다. 그러나 이는 잘못된 생각일 뿐 아니라 우리에게 별로 도움이 되지 않습니다. 우선 이런 생각은 회개와 죄의 확신을 혼동한 것이기 때문에 잘못된 것입니다. 또한 믿음에 이르기 위해서는 일정한 정도의 회개가 필요하다고 생각할 여지를 주기 때문에 별로 도움이 되지 않습니다. 무엇보다도 신약성경이 그렇게 가르치지 않습니다. 죄를 깨닫는 것이 곧 회개는 아닙니다. 그러나 어찌되었든지 간에 죄에 대한 깊은 깨달음과 찔림은 회심 이전이 아니라 이후에 경험하게 됩니다.

회개와 믿음의 관계에 대해 다르게 생각해 볼 수도 있습니다. 하나님과 그분의 말씀을 믿는 믿음을 기반으로 회개하는 것이 복음적인 회개입니다. 시편 130편 기자도 이와 같은 입장입니다. "그러나 사유하심이 주께 있음은 주를 경외하게 하심이니이다"(4절). 하나님의 사유하시는 은혜를 보고 믿기 때문에 돌이켜 하나님을 경외하는 것입니다. 이와 비슷하게 오순절에 사도 베드로도 자신의 설교를 듣는 사람들에게 이렇게 말했습니다. "너희가 회개하여 각각 예수 그리스도의 이름으로 세례를 받고 죄사함을 받으라"(행 2:38). 청중이 죄사함의 약속을 믿고 회개의 끈을 통해 그리스도께로 이끌리도록 하기 위해 사도 베드로는 죄사함의 약속을 그들에게 내밀었습니다! 이처럼 믿음과 회개는 하나님께서 짝 지은 배필처럼 서로 나뉠 수 없고 항상 함께합니다.

성경이 말하는 '믿음'

흠정역 구약성경에서 '믿음'이란 단어가 두 번밖에 나오지 않는다는 사실을 알면 많이 놀랄 것입니다! 하지만 이마저도 정확하지 않은 번역으로 알려져 있습니다. 신명기 32:20에 믿음이라고 번역된 이 말은 '신실함faithfulness'으로 번역했어야 합니다. 또 어떤 학자들은 하박국 2:4에 믿음이라고 번역된 이 말 역시 같은 말로 번역되어야 한다고 주장하기도 합니다.[1] 그러나 일반적으로 성경에 단어가 몇 번 나왔느냐 하는 통계로 성경 교리의 충분한 근거를 삼기는 어렵습니다. 구약성경의 다른 부분과 신약성경의 언급을 통해 볼 때, 구약 언약 아래 살았던 하나님 백성의 삶에서도 믿음이 중심적 역할을 했습니다. 예를 들어, 히브리서 11장은 구약시대 많은 믿음의 영웅들을 열거하면서 그들이 가졌던 믿음을 우리의 모범으로 제시하고 있습니다. 더구나 구약성경 본문을 통해서도 율법과 선지자들이 증거하는 복음을 설교할 수 있습니다(롬 3:21). 로마서에서 바울은 하박국 2:4을 인용하면서 믿음으로 말미암는 칭의 교리를 설명합니다. 그러므로 아무리 '믿음'이라는 표현이 적게 등장한다 해도, 믿음은 신약성경은 물론 구약성경에서도 분명하고 위대한 실체였습니다.

사실 구약성경에서 믿음은 '신뢰와 순종'의 개념으로 자주 표현됩니다. 이 개념은 어딘가에 기대고, 자신을 누군가에게 맡기고, 어떤 것을 확신하는 것과 관계가 있습니다. 특히 시편에서 구원에 이르는 신뢰를 노래하는 것을 많이 볼 수 있습니다(시 4:5, 9:10, 22:4, 25:2 등). 하나님의 성품을 신뢰하고, 말씀을 통해 표현된 살아 계신 그분의 목소리를 청종하는 것입니다. 결과적으로 구약성경에서 믿음의 대상은 그리스도의 오심으로써 성취될 하나님의 약속입니다. 지금 우리에게 믿음이 그리스도의 순종을 뒤돌아보는 것이라면, 구약에서의 믿음은 장차 이루어질 약속을 내다보는 것입니다. 히브리서에서 믿음을 정의하는 것을 보면 참 흥미롭습니다. "믿음은 바라는 것들의 실상이요 보이지 않는 것들의 증거니"(히 11:1). 사실 장래를 내다보는 믿음의 특징은 히브리서 11장 전체에 녹아 있습니다. 노아는 아직 "보이지 않는 일"에 대한 하나님의 말씀을 신뢰했고(7절), 아벨, 에녹, 아브라함은 "약속을 받지 못하였으되 그것을 멀리서 보고 환영"했습니다(13절). 히브리서 저자는 이런 믿음의 사람들에게 다음과 같은 빛나는 영예를 돌립니다. "이 사람들은 모두 믿음을 따라 살다가 죽었습니다"(13절, 새번역). 이 사람들은 모두 믿음으로 말미암아 훌륭한 사람이라는 평판을 받았지만, 약속된 것을 받지는 못했습니다(39절). 이들에게 믿음은, 하나님의 약속을 신뢰하고 약속에 신실하신 하나님의 빛을 따라 살면서 하나님의 증거를 청종하는 것이었습니다.

신약성경에서는 '믿음faith'과 '신앙belief'이라는 말이 각각 200번, 40번씩 나오고, 요한이서와 요한삼서를 제외하고는 모든 책들에 등장합니다.

믿음은 무엇인가

믿음은 성경에 나오는 위대한 말입니다. 그러나 안타깝게도 요즘에는 일반 종교를 지칭하는 말로 사용됩니다. 우리가 살펴본 것처럼, 성경에서 믿음은 일반적으로 그리스도에 대한 인격적이고 역동적인 신뢰를 가리킵니다. 그러나 '다른 신앙들'과 같은 말에서 볼 수 있는 것처럼, 오늘날에는 성경에서 말하는 의미와는 전혀 상관없이 다른 종교들을 가리키는 의미로 자주 사용됩니다. 그러나 성경에서 이보다 훨씬 더 풍성하고 강력한 의미로 사용되는 믿음이라는 말은 다음 몇 가지 요소로 구성됩니다.

1. **지식**. 믿음은 하나님에 대한 지식을 의지하는 것입니다. 신약성경에서는 믿음을 통해 우리가 하나님 그분 자신을 아는 지식으로 나아간다고 말합니다. 요한복음 17장의 대제사장적 기도에서 그리스도께서 성부와 함께 나누고 계시는 위대한 기쁨이 바로 이것입니다. "영생은 곧 유일하신 참 하나님과 그가 보내신 자 예수 그리스도를 아는 것이니이다"(요 17:3). 이 말씀은 요한복음 1:18의 맥락에서 이해해야 합니다. "본래 하나님을 본 사람이 없으되 아버지 품 속에 있는 독생하신 하나님이 나타내셨느니라." '성경을 해석하다, 설명하다'는 의미를 가진 주석exegesis이라는 말의 어근이 바로 '나타내다'는 헬라어 동사입니다. 사도 요한은 지금 예수님이 바로 하나님의 '주석'이요, 우리에게 하나님을 분명히 알게 하는 분이라고 말하고 있는 것입니다. 마태복음 11:27도 같은 말을 합니다. "아버지 외에는 아들을 아는 자가 없고 아들과 또 아들의 소원대로 계시를 받는 자 외에는 아버지를 아는 자가 없느니라." 독생자가 믿음을 통해 제자들에게 주신 성부에 대한 계시로 제자들은 하나님을 아는 지식에 이르게 됩니다.

모든 신뢰는 궁극적으로 지식을 바탕으로 합니다. 낯선 사람에게 우리의 소유를 맡기지 못하는 이유는 자신의 소유를 맡길 만큼 그 사람을 잘 모르기 때문입니다! 그러나 믿음에 포함된 지식은 단순히 지적인 지식 덩어리들이 아닙니다. 성경에서 말하는 참된 지식은 항상 인격적인 관계를 포함하기 때문입니다. 남편과 부인이 누리는 깊은 인격적인 관계가 이 말에 녹아 있습니다. 이런 인격적 지식은 상대방을 멀리서 객관적으로 분석하고 무덤덤하게 알아보는 것을 말하지 않습니다. 하나님과의 직접적인 만남으로 이끄는 지식입니다. 하나님을 이렇게 아는 것보다 인간에게 더 큰 특권은 없습니다. 그리고 이런 지식은 믿음을 통해서만 우리에게 주어집니다.

2. **동의.** 하나님과의 직접적인 사귐이 믿음의 주된 측면이기는 하지만, 믿음은 또한 어떤 사실을 참된 것으로 인정하고 지적으로 동의하는 것도 포함합니다. 그리스도를 믿는 것은 그분을 알게 되는 것뿐 아니라 그리스도에 대한 진리에 동의하는 것을 의미합니다. 사실 자신의 바람과는 다르게, 믿지 않을 수 없는 경우가 있습니다! 다소 사람 사울을 비롯한 수많은 사람들이 마음이 내키지 않음에도 불구하고 거부하기에는 너무나 강력한 증거에 압도되고 설득되어 믿음에 이르렀습니다. 그리스도는 너무나 신실해서 믿고 싶지 않음에도 불구하고 안 믿을 수 없습니다. 벤저민 워필드는 이렇게 말합니다. "바꾸어 말하면, '신앙', '믿음'이라는 말이 담고 있는 개념은 믿는 주체의 독단적인 행위와 같은 것이 아니라 충분한 논거를 통해 분명하게 정해진 마음의 상태나 행위 같은 것을 말한다."[2] 워필드의 말에 존 머레이 John Murray는 다음과 같이 덧붙입니다.

믿음은 **강제된** 동의다. 다시 말해 증거가 충분하다고 마음으로 판단되면, 우리 마음은 필연적으로 우리가 '믿음'이라고 부르는 상태에 이르게 된다. 이런 상태는 우리가 저항하거나 유보할 수 있는 것이 아니다. 이런 경우 믿음은 강제되고, 요구되고, 또한 필요가 된다. 언제든지 논거가 제대로 이해되고 충분하다고 판단되면 싫든 좋든 믿음 혹은 신앙이 생겨난다. 우리 안에 믿음에 반대되는 의지나 욕구나 관심이 있다 할지라도, 그것들은 더 이상 충분한 논거에 따라 생겨난 판단과 반대되는 결론을 믿도록 하지 못한다.

예를 들어…… 어떤 사람이 우리가 자기를 믿어 주기를 바란다고 하자. 단순히 우리가 어떤 사람을 신뢰하고자 하는 의지나 혹은 신뢰했으면 하는 바람만으로는 그 사람을 신뢰할 수 없다. 우리가 신뢰하고 싶지 않은 사람에 대해서도 마찬가지다. 바람과 의지만으로는 그 사람을 신뢰하지 않을 수 없다. 어떤 사람을 신뢰하게 할 만한 충분한 증거가 있을 때만 우리는 그 사람을 신뢰할 수 있다. 우리가 생각하기에 믿을 만한 충분한 증거를 내놓는 사람이 있다면, 아무리 그 사람을 믿고 싶지 않고 그가 그런 믿을 만한 증거를 가지고 있는 것조차 마음에 들지 않는다 할지라도 우리는 그를 믿을 수밖에 없다.…… (예를 들어, 정당한 판결을 비껴가고자 하는 범죄자가 자신이 공명정대한 사람이라고 평소부터 믿어 오던 판사에게 심문을 받게 되면, 이 범죄자는 그 판사를 피해 가기 위해 갖은 노력을 다할 것이다. 왜냐하면 그 판사가 그런 사람이라고 그가 믿고 있기 때문이다.)[3] 물론, 믿음이 단지 동의하는 것만을 의미한다면 그것은 성경이 말하는 믿음과는 아주 많이 다른 것이 될 것이다. 믿음은 동의하는 것 이상이다. 하지만 믿음에는 반드시 동의라는 요소가 있다. 부활하신 주님에 대한 도마의 믿음은 부활의 사실에 대한 동의였다. 그러나 또한 그 이상이었다. 그는 마음으로부터 "나의 주님이시요 나의 하나님이시니이다!"라고 고백했다(요 20:28).

3. **그리스도를 신뢰함.** 믿음의 핵심은 신뢰입니다. '그리스도를 신뢰하는 것'이 신약성경에서 말하는 믿음에 대한 지배적인 정의는 아니지만, 이 말은 성경이 말하는 믿음의 특징을 잘 보여줍니다. 예수님의 표적에서 드러난 강력한 역사 때문에 그 이름을 믿은 사람들의 믿음에는 이런 요소가 없었습니다. 그래서 예수님은 그들에게 자신을 의탁하지 않으셨던 것입니다(요 2:23-25). 그리스도를 신뢰하라는 부르심은 자신을 따르라는 예수님의 초청에서 잘 드러납니다. 특히 다음과 같은 '은혜로운 말씀'에서 분명히 드러납니다. "수고하고 무거운 짐 진 자들아, 다 내게로 오라. 내가 너희를 쉬게 하리라. 나는 마음이 온유하고 겸손하니 나의 멍에를 메고 내게 배우라. 그리하면 너희 마음이 쉼을 얻으리니"(마 11:28-29). 믿음과 비슷한 개념을 가진 다른 성경적 개념에서도 인격적 신뢰의 원리는 한층 더 강조됩니다. 믿음은 그리스도 안에 사는 것이고(요 15:1-11), 그리스도 안에 사는 것은 그리스도를 영접하는 것을 의미합니다(요 1:12). 전적인 신뢰로 그분을 맞이한다는 말입니다.

이런 신뢰는 항상 값비싼 대가를 치릅니다. 우리 삶을 그리스도께 드리는 것을 포함하기 때문입니다. 공관복음에서 예수님이 단순히 '믿음'이라는 말을 쓰는 대신에, 십자가를 지고 자신을 따르는 것에 대해 말씀하신 이유가 여기 있습니다. 믿음이 포함하는 것이 무엇인지 강조하기 위함입니다. 믿음은 예수님이 우리 삶의 주인이라는 사실을 실제적으로 인식하는 것입니다. 그분을 위해 모든 것을 버리는 것이요, 희생하고 섬기는 것입니다.

신약성경이 모세의 삶을 들어 믿음의 본질을 설명하는 이유가 여기 있습니다(히 11:23-28). 모세에게 믿음은 세상의 영예와 부를 부인하는 것을 포함했습니다. 끊임없이 질고로 신음하는 백성을 위해 헌신하고, 죄가 주는 쾌락을 누리기보다 그들과 함께 고난받는 것을 의미했습니다. 도대체 무엇이 이 사람으로 하여금 자신을 버리고 믿음의 삶을 살도록 했습니까? 그리스도를 얻는 것이 더 소중했기 때문입니다! "모세는 그리스도를 위하여 받는 모욕을 이집트의 재물보다 더 값진 것으로 여겼습니다"(히 11:26, 새번역). 이것이 바로 믿음의 사람에게 나타나는 분명한 표식입니다. 그리스도만을 구주로 의지했고, 그리스도만을 주로 믿고 헌신했습니다.

믿음의 다양성

앞서 언급한 믿음의 핵심적인 특징들과 더불어, 믿음에는 또 다른 측면도 있습니다. 참된 믿음의 특징과 자질은 믿음의 대상에서 기인하는 것이지 결코 믿음 자체에서 나오는 것은 아닙니다. 믿음은 믿음의 주체인 자기 자신보다 그리스도께 몰두하도록 합니다. 그러므로 믿음의 능력은 그리스도의 어떠하심에 좌우됩니다. 우리처럼 믿음이 약한 사람도 다른 사람과 마찬가지로 강하신 그리스도를 믿음의 대상으로 삼았습니다!

1. **믿음의 분량.** 믿음에는 정도가 다양합니다. 신약성경은 작은 믿음(마 6:30, 8:26, 14:31, 16:8)과 큰 믿음(마 8:10, 15:28), 약한 믿음과 강한 믿음(롬 4:19-20), 자라가는 믿음(살후 1:3), 거짓 없는 믿음(딤후 1:5), 온전한 믿음(딛 1:13, 2:2) 등에 대해 말합니다. 믿음이 충만한 사람들(행 6:5, 8, 11:24)과 믿음의 확신을 누리는 사람들(히 10:22), 완전한 믿음을 가진 사람들(고전 13:2)과 파선한 믿음을 가진 사람들(딤전 1:19)에 대해서도 언급합니다. 믿음의 대상은 변함이 없습니다. 예수님은 어제나 오늘이나 영원토록 동일하십니다. 하지만 그분에 대한 우리의 사랑, 그분의 선하심에 대한 우리의 지식, 그분의 뜻을 아는 우리의 지식, 그분의 능력에 대한 우리의 체험은 항상 자라갑니다. 이런 것들이 자라감에 따라 믿음의 능력도 달라집니다. 그리스도를 믿는 강한 믿음은 그분의 은혜에서 나오고, 우리 삶을 얽어매는 많은 금기에서 우리를 자유롭게 합니다. 강한 믿음은 하나님께서 주신 믿음의 분량을 온전히 누리게 합니다(롬 12:3). 사도 바울은 우리가 가진 믿음의 분량을 인식하는 것이 얼마나 중요한지, 그리고 자신보다 믿음이 약하거나 강하다는 이유로 다른 사람을 무시하거나 싫어하지 말아야 한다고 말합니다(롬 14:1). 믿음이 있는 가정도 항상 변하고 발전하고 자라가고 심지어 가족이 아프기도 합니다. 믿음은 복사기처럼 똑같은 하나님의 백성을 찍어 내는 것이 아닙니다. 교회는 항상 살아 계신 그리스도를 의지하고 그분에 대한 신뢰를 지켜 가는 곳입니다.

2. **믿음의 종류.** 신약성경은 믿음의 분량뿐 아니라 믿음의 종류도 각

기 다르다고 말합니다. 예수께서 행하신 표적 때문에 그분을 믿은 사람들(요 2:23)의 믿음은 구원 얻는 믿음과는 다른 종류의 믿음인 것 같습니다. 물론 예수께서도 이들에게는 다른 태도를 취하셨습니다. 이와 같은 맥락에서 산상수훈 말미에서도 예수께서는 예수의 이름으로 이적을 행했다고 주장하는 사람들에게 경고를 하십니다. "그때에 내가 그들에게 밝히 말하되 내가 너희를 도무지 알지 못하니 불법을 행하는 자들아, 내게서 떠나가라 하리라"(마 7:23). 이것이 바로 바울이 말한, 산을 옮길 만하지만 사랑이 없는 믿음입니까?(고전 13:2) 영적 은사를 발휘하는 믿음이 필연적으로 구원 얻는 믿음이 아닌 것은 분명합니다. 신약성경은 은사가 곧 은혜는 아니며, 은혜가 없이도 은사를 발휘할 수 있다고 분명히 말합니다. 이 말은 설교든 치리든 목회든 다른 어떤 은사를 누리든지 간에 성령의 은사를 받은 모든 사람들에 주시는 경고입니다.

그러나 하나님의 은혜에 대한 우리의 반응으로서 참된 믿음, 구원 얻는 믿음, 신뢰하는 믿음을 가지는 것 역시 하나님께서 은혜로 주시는 선물입니다. "너희는 그 은혜에 의하여 믿음으로 말미암아 구원을 받았으니 이것은 너희에게서 난 것이 아니요 하나님의 선물이라"고 말하는 에베소서 2:8(이 말씀은 믿음이 하나님께서 주시는 것이라는 사실을 분명히 합니다)을 우리가 어떻게 해석하든지 간에 같은 편지 후반부에서 바울은, 믿음은 "아버지 하나님과 주 예수 그리스도께로부터" 오는 것이라고 합니다(엡 6:23). 우리를 대신해 하나님께서 믿으시는 것이 아닙니다. 이런 생각은 가장 끔찍한 형태의 숙명론에 빠지게 합니다. 그리스도를 믿는 것은 우리입니다. 하나님께서 우리를 대신해서 믿어 주시는 것도 아니고 그럴 수도 없습니다. 우리가 믿고 의지할 수 있도록 하나님께서 믿음을 우리 안에 창조하셨기 때문에, 믿음은 우리 것입니다. "주님, 제가 믿나이다. 저의 믿음 없음을 도와주소서"라고 말하는 자신을 발견한다면, 그것은 하나님의 구원 계획의 여정에서 또 한 걸음을 내디딘 것입니다.

8장

참된 회개

믿음과 회개는 항상 짝을 이루는 교리로 나누어 생각할 수 없습니다. 모든 참된 복음적 체험에는 반드시 이 두 가지가 드러납니다. 그리스도를 믿는 진실된 믿음은 반드시 회개하는 믿음입니다. 죄에서 돌이킨다면 그것은 반드시 믿음으로 그렇게 하는 것입니다. 더구나 하나님의 은혜에 대한 이런 반응은 처음에만 짝을 이루어 나타나는 것이 아니라 일생 동안 나뉘지 않고 함께 역사합니다. 일생 동안 우리가 그리스도를 주와 구주로 믿고 살아가는 것처럼, 우리는 평생 회개의 삶을 삽니다. 장 칼뱅 역시 믿음과 회개를 그렇게 이해했습니다.

> 회개는…… 하나님에 대한 순전하고 진실한 경외함 때문에 진정으로 우리의 삶을 하나님께 돌이키는 것이다. 회개는 우리의 육체와 옛 사람을 죽임과 동시에 성령의 살리심을 받는 것이다.[1]

우리가 아직까지 그리스도인의 삶을 처음 시작할 때 체험하는 은혜들을 살펴보고 있지만, 회개에는 일생 동안 지속되는 측면도 있다는 것을 항상 염두에 두어야 합니다.

회개의 본질

구약성경에 나오는 '회개'라는 단어는 몇 가지 의미가 있습니다. 나캄*nacham*이라는 단어는 때때로 행동이나 목적의 변화로 일어나는 슬픈 감정을 표현하는 데 쓰입니다. 이 말은 또한 슬픔의 결과를 가리키기도 하고, 스스로를 위로한다는 의미도 담고 있습니다. 회개를 통해 심리적인 해방과 위로를 얻는 것과 같은 일반적인 개념도 담고 있습니다. 구약성경에서 이 말은 하나님께도 적용됩니다. 구약성경에서 회개를 가리키는 신학적으로 가장 중요한 말은 '되돌아간다return'는 뜻을 가진 슙*shub*이란 단어입니다. 하던 일을 그만두고 그것으로부터 돌아선다는 의미입니다. 물리적 의미를 강하게 내포하는 이 말은 이스라엘 백성이 바벨론으로부터 하나님께서 함께 있겠다고 약속하신 예루살렘으로 돌아오는 것을 나타내는 데 사용되었습니다. 회개의 핵심은 바로 하나님께로 돌아가는 것입니다.

    구약성경에서 회개의 일반적인 개념은 회개의 외적인 증거와 관련이 있습니다(왕상 21:27, 사 58:5, 느 9:1, 호 7:14, 욜 3:8). 구약 신앙에서 볼 수 있는 회개의 모습은 때때로 회개의 외적인 모양을 통해서 하나님을 감동시키려고 하는 공로로 변질되었습니다. 그러나 구약성경에서 드러나는 회개의 모양은 이런 것과는 전혀 상관이 없습니다. 구약성경은 결코 율법주의를 말하는 책이 아닙니다. 호세아 시대와 같이 회개를 인위적이고 기계적인 과정으로 여긴 때도 있었습니다. 호세아 선지자는 모든 성경 구절을 통틀어 가장 아름답고 통렬한 말로 당시 이스라엘 백성의 모습을 날카롭고 예리하게 지적합니다.

> 오라, 우리가 여호와께로 돌아가자. 여호와께서 우리를 찢으셨으나 도로 낫게 하실 것이요 우리를 치셨으나 싸매어 주실 것임이라. 여호와께서 이틀 후에 우리를 살리시며 셋째 날에 우리를 일으키시리니 우리가 그 앞에서 살리라(호 6:1-2).

이스라엘의 이런 모양에 대해 하나님은 다음과 같이 응답하셨습니다.

> 에브라임아, 내가 너를 어떻게 하면 좋겠느냐?
> 유다야, 내가 너를 어떻게 하면 좋겠느냐?
> 나를 사랑하는 너희의 마음은 아침 안개와 같고,
> 덧없이 사라지는 이슬과 같구나(호 6:4, 새번역).

호세아 선지자는 하나님이 당연히 자신을 사랑하셔야 한다는 주제넘은 믿음을 가지고 있지 않았습니다. 회개는 항상 이스라엘이 생각하는 것보다 훨씬 더 큰 대가가 요구된다는 것을 알고 있었습니다. 이사야 선지자가 하나님께서 찾으시는 회개는 항상 윤리적인 결실이 있고 새 생명으로 인도한다는 사실을 백성에게 가리켜 보인 것도 이 때문입니다. 요엘 선지자는 "너희는 옷을 찢지 말고 마음을 찢고 너희 하나님 여호와께로 돌아"오라고 울부짖습니다(욜 2:13). 참된 회개는 외적이고 피상적인 반응이 아니라 마음에서 일어나는 것입니다.

선지자들은 계속해서 이스라엘 백성에게 영적이고 도덕적인 의미에서 하나님께로 돌이키는 참된 회개를 촉구했습니다. 이스라엘 백성이 하나님께서 자신과 맺으신 언약(그 예로 호세아 6:7을 들 수 있습니다)에 주목하도록 한 것입니다. 하나님께서 베푸신 언약을 배반한 그들은 반드시 이 언약으로 돌이켜야 하고, 반드시 그 언약 안에서 돌이켜야 했습니다.

구약성경에서는 참된 회개에 대해 세 가지를 말합니다. 첫째, 참된 회개란 하나님께 대한 신뢰를 새롭게 하는 것입니다. 이사야 선지자는 "잠잠하고 신뢰하여야 힘을 얻을 것"이라고 말합니다(사 30:15). 둘째, 하나님을 이렇게 잠잠히 믿고 의지하는 첫 번째 열매는 순종입니다. 예레미야 때는 이 순종의 정도가 바로 회개의 척도였습니다. "최근에 와서야 너희가 비로소 마음을 돌이켜서, 각자 동족에게 자유를 선언하여 줌으로써, 내가 보기에 올바른 일을 했다. 그것도 나를 섬기는 성전으로 들어와서, 내 앞에서 언약까지 맺으며 한 것이었다"(렘 34:15, 새번역). 셋째, 이런 순종은 특별히 불경건을 떠나고 언약의 길로 돌이키는 모습으로 드러났습니다. 이스라엘 백성은 악한 길에서 떠나야 합니다(렘 26:3, 36:3). 이는 온 나라가 청종해야 할 진리였고, 또한 에스겔 선지자가 명시하는 것처럼 이스라엘 개개인이 들어야 할 진리였습니다(겔 3:19, 18:21, 23, 27, 33:12, 14, 19). 악한 길에서 떠나는 사람은 회개가 생명으로 인도한다는 것을 알게 됩니다(겔 18:21-23). "마음과 영을 새롭게 할지어다. 이스라엘 족속아, 너희가 어찌하여 죽고자 하느냐" 하는 에스겔 선지자의 호소에서 우리는 흥미로운 사실을 알 수 있습니다(겔 18:31). 믿음과 회개의 대전제가 바로 새로운 출생이라는 사실은 예수님의 가르침에서 처음 나오는 것이 아닙니다!

영어 신약성경에서 '회개repent'라는 말로 번역된 헬라어 두 단어는 '마음을 바꾸다'는 뜻의 메타노에오metanoeō와 '후회하다'는 의미의 메타멜로마이metamelomai입니다.

참된 회개true repentance, metanoia는 하나님께로 돌아가는 것입니다. 참된 회개와 더불어 그리스도인의 삶이 시작되고 계속해서 그리스도인으로 살다가 그리스도인으로 이 생을 마감합니다. 회개는 먼 나라로 떠났다가 아버지께로 돌이켜 안기고 평생 그와 더불어 사는 탕자입니다. 물론 탕자는 자신의 행동과 삶에 대한 낙담과 후회를 통해 아버지께로 돌아가고자 하는 마음을 가질 수 있었습니다. "내 아버지의 그 많은 품꾼들에게는 먹을 것이 남아도는데, 나는 여기에서 굶어 죽는구나"(눅 15:17, 새번역). 그러나 여기서 회개는 후회보다 더 큰 의미의 방향 전환을 말합니다.

사도 바울은 고린도후서 7장의 한 문맥에서 이 두 단어를 모두 언급하는데, 여기서 두 단어는 명확히 구분됩니다. 여기서 바울은 하나님의 뜻대로 하는 근심의 산물로서 후회할 것이 없는 회개를 이야기합니다(10절). 물론 바울이 덧붙이는 것처럼, 하나님을 향해 돌아서지는 않으면서 근심만 하다가 마는 경우도 있습니다.

회개의 요소

웨스트민스터 소요리문답은 "생명에 이르는 회개란 무엇인가"라는 질문에 다음과 같은 답을 하고 있습니다.

> 생명에 이르는 회개는 자신의 죄를 진정으로 자각하고 그리스도 안에 있는 하나님의 긍휼을 깨달은 죄인이, 자신의 죄를 향한 증오와 슬픔으로 그 죄에서 떠나 새로운 순종을 위한 굳은 결심과 노력으로 하나님께로 돌이키는 것이다.

회개에 반드시 포함되는 요소는 무엇입니까? 회개할 때 드러나는 감정적 체험과 깊이는 사람마다 다를 뿐 아니라, 사람들이 살아 온 다양한 환경에 영향을 받습니다. 하지만 모든 회개에서 공통적으로 볼 수 있는 분명한 특징들이 있습니다.

1. **수치심.** 우리는 자신이 지은 죄로 인해 비참하게 되었고, 나아가 우리 안에 있는 하나님 영광의 형상이 일그러져 버린 것을 보게 됩니다. 회개는 보통 죄로 인해 하나님과 우리 자신이 당한 수치에 대한 자각을 동반합니다. 그래서 사도 바울은 로마에 사는 성도들에게 당시에 그들이 부끄러워한 일에 대해 말합니다(롬 6:21).

2. 겸손함. 신기하게도 사람은 과거에 저지른 자신의 잘못 때문에 수치심을 느끼기 시작하면 속에서 교만한 마음이 일어납니다. 자신을 방어하고 정당화할 뿐 아니라 마음이 더 굳어집니다. 하지만 하나님께서 참된 회개로 역사하시면, 우리는 모든 변명의 입술을 다물고 하나님께 자신의 죄책을 고백하고 그분의 보좌 앞에 겸비해집니다(롬 3:19).

3. 슬픔과 회한. 이렇게 겸비해진 사람은 그 마음이 슬픔과 회한으로 가득 찹니다. 그렇게 하지 않았으면 너무나 좋았을 것을 하는 바람이 마음에 일어나게 되는데, 이런 마음이 일어나는 것은 너무나 당연하고 반드시 필요합니다. 그래야 우리가 하나님과 다른 사람들과 우리 자신에게 저지른 일에 대해 탄식하고 아파할 수 있기 때문입니다. 아, 우리는 얼마나 귀한 특권과 많은 시간들을 허비했습니까!

4. 죄를 싫어함. 앞의 요소들이 아직 회개는 아니지만, 그것들을 통해 죄가 무엇인지 알고 죄를 싫어하게 됩니다. 죄의 확신의 일부인 이런 과정을 통해 우리는 자신에게 있는 죄의 진짜 본질을 맛봅니다. 신적인 비추심의 한 부분이기도 한 이 과정을 통해 우리는 소름 끼치도록 끔찍하고 구역질 나는 죄의 모습을 보게 됩니다. 단순히 죄가 초래한 불편한 결과를 한탄하고 후회하고 마는 것이 아니라 다윗과 같이 부르짖는 자신을 발견합니다.

> 무릇 나는 내 죄과를 아오니

내 죄가 항상 내 앞에 있나이다.
내가 주께만 범죄하여
주의 목전에 악을 행하였사오니
주께서 말씀하실 때에 의로우시다 하고
주께서 심판하실 때에 순전하시다 하리이다.

내가 죄악 중에 출생하였음이여,
어머니가 죄 중에서 나를 잉태하였나이다(시 51:3-5).

또한 우리는 윌리엄 카우퍼William Cowper와 같이 이렇게 말합니다.

주님을 슬프게 하고
주님을 제 마음으로부터 몰아낸
죄를 증오합니다.

5. **하나님의 용서를 인식함.** 다른 요소들에 비해 좀 달라 보여서 그럴 수도 있겠지만, 너무나 쉽게 간과되고 잊혀지는 또 다른 요소가 있습니다. 참된 회개는 항상 **하나님의 용서를 인식**합니다. 웨스트민스터 소요리문답에 바르게 드러난 것처럼, 우리가 회개하는 것은 그리스도 안에 있는 하나님의 긍휼을 깨달았기 때문입니다. 하나님의 은혜는 우리의 두려움을 잠재우고 진정한 두려움을 갖게 합니다!

시편 130편에서 우리는 하나님이 베푸시는 사죄의 은총에 대한 묘사를 잘 볼 수 있습니다. 바로 이런 이유로 마르틴 루터는 시편

130편을 '바울의 시편'이라고 불렀습니다. 자신의 죄를 자각하고 거기에 완전히 압도된 시편기자는 깊은 구렁에서 하나님께 부르짖습니다(1절). 만약 하나님께서 그런 자신의 죄를 일일이 기억하시고 죄를 정하시면, 자기에게는 그것을 버틸 소망이 전혀 없다는 것을 압니다(3절). 하지만 여기 그의 소망이 있습니다. "그러나 사유하심이 주께 있음은 주를 경외케 하심이니이다.…… 이스라엘아, 여호와를 바랄지어다. 여호와께는 인자하심과 풍성한 구속이 있음이라"(4, 7절). 우리가 자신의 죄에서 고개를 돌려 하나님의 얼굴을 바라보고 하나님의 사죄의 은총을 발견할 때, 우리는 회개하기 시작합니다. 하나님께 있는 은혜와 용서를 보아야만, 우리는 회개하고 성부의 사귐과 임재로 돌이킵니다.

신약성경에서 회개를 그리스도로 말미암아 우리에게 주어지는 복음의 선물로 보는 이유가 여기 있습니다(행 5:31, 11:18, 딤후 2:25). 하나님의 자애로우심이 우리를 회개로 이끕니다(롬 2:4). 바울의 경험에서 보는 것처럼, 우리의 죄책과 죄인 된 우리의 필요를 떠올리게 하는 율법은 우리를 죄의 확신으로 이끕니다(롬 7:7-13). 사죄의 수평선 너머로 은총이 떠오를 때에야 비로소 우리는 하나님의 사랑의 햇빛에 마음이 녹아 하나님께로 돌아갈 생각을 합니다.

회개의 표증

회개에 대해 가르치는 성경은 처음부터 회개의 도덕적 성격을 분명히 합니다. 회개는 단순히 자신이 저지른 잘못에 대한 회한이나 깊은 죄책감에서 그치지 않습니다. 회개는 하나님께로 돌이키는 것이고, 하나님의 빛 된 삶으로 회복하는 것입니다. 에베소 성도들에게 보낸 편지에서 사도 바울은 이렇게 말합니다.

너희가 전에는 어둠이더니 이제는 주 안에서 빛이라. 빛의 자녀들처럼 행하라. 빛의 열매는 모든 착함과 의로움과 진실함에 있느니라. 주께 기쁘시게 할 것이 무엇인가 시험하여 보라(엡 5:8-10).

하지만 회개의 증거에 대한 대표적인 성경 본문은 고린도후서 7:8-11입니다.

그러므로 내가 편지로 너희를 근심하게 한 것을 후회하였으나 지금은 후회하지 아니함은 그 편지가 너희로 잠시만 근심하게 한 줄을 앎이라. 내가 지금 기뻐함은 너희로 근심하게 한 까닭이 아니요 도리어 너희가 근심함으로 회개함에 이른 까닭이라. 너희가 하나님의 뜻대로 근심하게 된 것은 우리에게서 아무 해도 받지 않게 하려 함이라. 하나님의 뜻대로 하는 근심은 후회할 것이 없는 구원에 이르게 하는 회개를 이루는 것이요 세상 근심은 사망을 이루는 것이니라. 보라, 하나님의 뜻대로 하게 된 이 근심이 너희로 얼마나 간절하게 하며 얼마나 변증하게 하며 얼마나 분하게 하며 얼마나 두렵게 하며 얼마나 사모하게 하며 얼마나 열심 있게 하며 얼마나 벌하게 하였는가. 너희가 그 일에 대하여 일체 너희 자신의 깨끗함을 나타내었느니라.

물론 이 말씀이 회개의 평범한 실례를 보여주는 것은 아닙니다. 더구나 이 말씀은 개인이 아닌 한 공동체의 경험을 가리키는 것이 분명합니다. 그럼에도 불구하고 고린도 교인들이 보여준 회개의 증거는 모든 참된 회개에서 드러나는 증거입니다. 이 말씀에서 바울은 일곱 가지를 말합니다.

1. **진지함**. 진지함 *spoude*은 고린도 교인들이 자신이 처한 엄중한 상황에 걸맞게 진지하고 바른 태도로 살아가고 있다는 것을 의미합니다. 이전에 그들은 자신이 살아가는 방식에 아랑곳하지 않았습니다. 하지만 이제 더 이상 예전의 그들이 아닙니다. 하나님께서 자신의 죄를 어떻게 보시는지를 의식하며 살아가는 사람들이 된 것입니다. 이처럼 죄를 회개하는 사람은 항상 하나님의 관점에서 자신의 죄를 바라보기 시작합니다. 이전에 하나님과 상관없이 생활하는 데 길들여졌던 마음에 진지함보다 더 합당한 것은 없습니다.

2. **스스로를 변증함**. 변증 *apologia*이라는 말은 비난과 고소로부터 자신을 변론하는 것을 말합니다. 이렇게 말하면 참된 회개와는 거리가 먼 자기 변론과 같은 개념을 생각할 수 있습니다. 그러나 바울이 여기서 말한 변증은 자신의 잘못을 바로잡는다는 의미입니다. 잘못된 행실과 허물로 죄를 짓게 되었을 때, 또 다시 동일한 죄책에 빠지지 않기 위해 하나님의 도우심을 힘입어 그 원인을 해결하려고 힘쓰는 것입니다.

3. **분을 냄.** 분을 낸다고 함은 자신이 행한 일을 증오하고 거부하는 새로운 태도로, 스스로 괴로워하는 것입니다. 신약성경 다른 곳에서는 '싫은 기색을 보이다'는 뜻을 가진 동사형으로 사용되기도 합니다(마 21:15, 26:8 등).

4. **두려워함.** 고린도 교인들의 두려움의 대상이 무엇이었는지 분명하지는 않지만, 아마도 바울 자신이었을 수도 있습니다! 그들에게 보낸 첫 번째 편지에서 바울은 이렇게 썼습니다. "너희가 무엇을 원하느냐. 내가 매를 가지고 너희에게 나아가랴 사랑과 온유한 마음으로 나아가랴"(고전 4:21, 고후 7:8). 이 두려움은 궁극적으로 하나님을 향한 것이었을 것입니다. 그들의 두려움에는 하나님의 용서를 바라는 갈망이 반영되어 있습니다(시 130:4). 이 두려움의 대상이 누구인지 분명하지도 않고 또 굳이 대상을 분명히 할 필요도 없습니다. 하지만 이 두려움이 어디서 기인한 것이든지 간에, 그것이 하나님의 진리의 징계 아래 있는 진실로 각성된 양심의 표증인 것은 분명합니다.

5. **사모함.** 이 말은 일반적으로 우리가 회개와 관련하여 잘 생각하지 않는 요소입니다. 그러나 본문을 통해 우리는 바울이 어떤 생각을 하고 있는지 짐작해 볼 수 있습니다. 자신의 죄로 하나님께 소외되고, 또 그 백성과도 단절된(특히 바울과 단절된) 사람의 마음에 사모함만큼 절박한 것이 또 있을까요? 기독 교회에서 심한 경우 출교를 시키는 이유가 바로 여기 있습니다. 출교는 회복을 목적으로 할

뿐 아니라 회복을 위한 수단입니다. 출교로 인한 단절과 소외는 출교 당한 사람에게 이전에 자신이 누리던 특권의 가치를 일깨워 주고, 다시 그 특권을 회복하고자 하는 소원을 갖게 하기 때문입니다.

6. **열심을 냄.** 여기서 바울은 질투jealousy, *zēlos*라는 말을 씁니다. 이 말은 우리의 바람과 관심이 특별한 한 대상에만 집중된다는 의미입니다. 이 경우에는 아마 바울과 그들을 향한 바울의 애정이 그 대상일 것입니다. 그리스도인으로서의 자발적인 섬김과 하나님께서 자신의 지도자로 세운 사람의 지도 아래로 다시 들어가기를 바라는 것은 회개했다는 진정한 표증입니다. 이 본문에서 알 수 있는 고린도 교회 성도들이 회개했다는 증거 가운데 하나는 바울의 말에 대한 그들의 반응입니다. 바울이 쓴 편지로 인해 그들은 근심하기 시작했고 이윽고 회개에까지 이르렀습니다(고후 7:8-9).

7. **벌하게 함.** 벌이라는 말에 우리는 본능적으로 주춤합니다! 이 단어를 벌punishment이라는 말로 번역한 것은 정말 유감스럽습니다. 그중에서도 NIV 성경이 '의가 이루어지기를 고대한다readiness to see justice done'로 가장 알맞게 번역했습니다. 이 말은 되갚는다vengeance는 뜻입니다. 지난날의 죄를 깨닫고 할 수 있는 한 그것을 최대한 보상하고 배상하겠다고 하던 삭개오의 마음입니다(눅 19:8). 이처럼 회개는 사죄의 약속 위에 세워지는 새로운 삶의 방식일 뿐 아니라, 하나님의 은혜 가운데 배상하고 회복할 수 있는 일들을 찾기 위해 과거로까지 나아가는 것입니다.

이렇게 분석해 보면, 회개는 항상 급진적이고 과격한 것이라는 느낌을 받습니다. 회개는 우리의 감정에 영향을 줄 뿐 아니라, 우리 존재의 모든 측면에까지 파고들어 하나님은 물론 다른 사람들과의 관계까지 변화시킵니다. 회개는 그리스도인의 삶을 처음 시작할 때만 하는 단회적인 것이 아닙니다. 삶 전체가 하나님의 목적을 향하여 방향을 트는 것입니다. 그러므로 회개는 우리의 일생 동안 지속됩니다.

비록 회개가 평생의 작업이긴 하지만, 모든 열매가 씨에서 시작하는 것처럼 회개에도 그 시작이 있습니다. 이런 회개의 씨는 죄로 인한 그리스도의 죽음이 우리 마음을 사로잡기 시작하는 중생의 순간에 우리 마음에 심겨집니다. 믿음이 점점 깊어질수록 새로운 차원의 기쁨과 확신을 맛보는 것처럼, 회개도 깊어질수록 우리가 얼마나 더 그리스도를 필요로 하는 존재인지 절감합니다. 이것이 바로 영적인 성장에 깃든 역설입니다. 하나님의 뜻은 분명합니다. 우리가 필요를 더 느낄수록 그 필요가 그리스도 안에서 채워지는 것을 발견합니다. 우리의 필요가 그리스도 안에서 채워지는 것을 발견할수록 우리는 더욱더 그분께 가까이 갑니다. 그분께 더 가까이 갈수록 자신의 마음이 이렇게 말하는 것을 발견할 것입니다. "주께서 죄악을 지켜보실진대 주여, 누가 서리이까. 그러나 사유하심이 주께 있음은 주를 경외하게 하심이니이다"(시 130:3-4).

지혜롭게도 마르틴 루터는 비텐베르크 교회당 문에 못 박은 자신의 95개 논제 Ninety-Five Theses를 다음과 같은 말로 시작했습니다.

'회개하라' ……는 말씀을 통해서 우리 하나님이요 우리 주인이신 예수 그리스도께서는 신자의 일생은 회개하는 일생이어야 한다는 사실을 말씀하신 것이다.

그러나 우리가 결코 놓치지 말아야 할 것은, 회개하는 일생이 되게 하는 첫 마중물을 통해 거룩하신 하나님 앞에서 의롭게 되는 특권을 얻는다는 사실입니다. 믿음과 회개 모두 일생 동안 더 자라가고 더 깊어집니다. 그러나 다음 장에서도 다루겠지만, 칭의의 영광은 그 시작부터 이미 온전하고 완전하고 최종적입니다.

9장
칭의

복음을 누구보다 잘 이해했던 마르틴 루터는 칭의 교리에 따라 교회의 흥망이 갈린다고 했습니다. 루터는 말하기를, "칭의에 대한 신앙고백은 교회의 머리와 초석으로서, 오직 이 신앙고백을 통해서만 교회가 태동하고 살찌고 자라가고 보존되고 보호받는다. 이 신앙고백 없이 하나님의 교회는 단 한 시간도 존속될 수 없다"라고 했습니다. 루터가 옳았습니다. 앞에서 그리스도인의 삶의 방향과 총체적인 모습을 이해하기 위해 중생 교리의 중요성을 강조하긴 했지만, 사실 칭의 교리야말로 그리스도인의 삶에서 가장 중추적인 부분입니다. 칭의 교리는 교회의 흥망뿐 아니라 그리스도인의 흥망을 좌우합니다. 모든 교리가 다 그렇지만, 특히 칭의 교리를 충분히 이해하지 못하거나 잘못 알고 있을 때 그리스도인의 삶에 일어나는 폐해는 더욱 심각합니다. 하나님의 자녀가 하나님과 화평을 누리지 못하고 다른 사람을 잘 이해하지 못하고 하나님의 은혜와 온전한 선하심을 점점 느끼지 못하게 된다면, 그것은 그가 이 칭의의 샘에서 더 이상 마시지 않기 때문입니다. 역으로, 만약 우리가 이 든든한 터 위에 설 수만 있다면 생명과 평강과 희락의 원천을 가진 것입니다.

칭의란 무엇인가

성경에서 쓰인 '의롭게 하다', '칭의'와 같은 말은 '의로운', '바른 관계에 있는'이라는 뜻입니다. 이와 대조적으로 헬라 도덕철학에서 말하는 의righteousness는 인간의 네 가지 근본 덕목(절제, 선, 충성과 더불어) 가운데 하나로서, 사회적으로 합의된 윤리적 규범에 부합하는 것을 의미합니다. 그러나 성경에서 의는 인간적인 차원을 넘어서 하나님과 그분의 율법에 합치된 것을 의미합니다.

칭의와 의는 모두 법률 용어입니다. 법정에서 중요한 문제는 피고가 법에 저촉되는 사항이 있느냐 하는 것입니다. 영국 법정에서 이 말은 왕실의 권위에 저촉되는 점이 있느냐 하는 것이 됩니다. 그러므로 영국에서의 재판은 여왕 대 피고인의 재판이라고도 말할 수 있습니다.…… 이처럼 법정의 재판에서 내려지는 평결은 지금 피고가 법에 저촉된 것이 있느냐 하는 것입니다.

그러므로 성경에서 의롭게 한다는 말은 사람의 성품을 의롭게 바꾼다는 의미에서 **의롭게 만드는** 것이 아니라, 선언적으로 **의롭게 된다**는 뜻입니다. 그러나 칭의를 단순히 선언으로 그치게 하는 선언적 의미의 칭의만으로는 충분하지 않다는 지적이 있습니다. 이런 칭의는 단지 법률상의 가설에 불과하다는 것입니다. 그러나 제임스

뷰캐넌James Buchanan이 칭의에 대한 자신의 대표적 저술에서 인간적 칭의human justification와 신적 칭의divine justification를 대조하면서 지적하는 것처럼, 선언적 의미의 칭의를 법률상의 가설로 치부하는 것은 옳지 않습니다.

> 인간 재판관의 판결은 선언적일 뿐이다. 인간의 판결이 어떤 사람을 실제로 결백하게 하거나 유죄로 만들지 않는다. 단지 법이 보기에 그렇다고 선언하는 것뿐이다. 심지어 인간의 판결은 잘못될 수도 있다. 죄책이 있는 사람을 무죄로 선언하기도 하고, 무죄인 사람을 유죄로 선언하기도 한다. 반면에 죄인을 의롭다 함에 있어서, 하나님께서는 그 어떤 인간 재판관도 할 수 없는 일을 하신다. 이전까지 전혀 의롭지 않았던 사람을 먼저 의롭게 하시고 나서 언제나 진리에 부합하는 그분의 무오한 심판에 따라 그를 의롭다 선언하신다.[1]

그러나 이런 의문이 남습니다. 성경에서 말하는 칭의가 사람을 선언적으로 의롭게 하는 것이라는 사실을 어떻게 알 수 있습니까? 이에 대한 몇 가지 증거가 있습니다.

첫째, 칭의는 정죄condemnation와 반대되는 말입니다. 신명기 25:1에 보면, 재판장은 의인은 의롭다 하고 악인은 정죄하라는 말이 나옵니다. 정죄한다는 말은 '유죄로 만든다'는 말이 아니라 '유죄라고 선언하다'는 뜻으로, 이 평결을 통해 유죄로 드러난다는 말입니다. 이 두 표현을 비교해 볼 때, 의롭게 한다는 말 역시 '무죄로 만들다'는 뜻이 아니라 '무죄로 선언하다, 선언을 통해 무죄로 하다'는 뜻임이 분명합니다(잠 17:15).

둘째, '의로운'이라는 말은 재판과 관련된 말입니다. 예를 들어, 창세기 18:25에서는 재판장이신 하나님을 강조합니다. 시편 143:2에서도 비슷한 증거를 볼 수 있습니다.

셋째, '의롭게 하다'는 말과 비슷하게 쓰인 용례나 대용어를 보면 하나같이 '의롭게 만들다'는 뜻보다는 선언적이고 제정적인 의미를 갖습니다(창 15:6, 시 32:1-2, 롬 4:3, 6-8).

넷째, 칭의가 공적인 선언에 따른 변화된 신분을 의미한다는 결정적 증거가 성경에 있습니다. 예수님 자신이 부활을 통해 의롭다 함을 받으신 것입니다(딤전 3:16). 부활을 통해 우리 주님의 성품이 변화되었음을 말하는 것이 아니라, 부활의 승리와 환희로 말미암아 하나님께서 그분의 의로움을 인정하셨다는 말입니다. 부활을 통해 하나님과 바른 관계를 맺게 되었다는 사실이 선포된 것입니다(롬 1:4).

칭의의 능력

칭의 교리의 실제적 중요성은 아무리 말해도 지나침이 없습니다. 복음의 영광은, 그리스도인들에게 여전히 남아 있는 죄에도 불구하고 하나님께서 그들을 그분과 의로운 관계에 있다고 선언하시는 데 있습니다. 그러나 우리의 가장 큰 유혹과 실수는 하나님 은혜의 역사에 자신의 성품을 은근슬쩍 끼워 넣으려고 하는 것입니다. 칭의에 걸맞은 인격을 가져야 의로움을 누릴 수 있다는 올무에 우리는 얼마나 쉽게 빠져드는지 모릅니다. 그러나 바울은 우리가 하는 그 무엇으로도 자신의 칭의에 기여할 수 없다고 합니다. 바울이 이 사실을 얼마나 강조했던지, 사람들은 일단 하나님이 의롭다 하시기만 하면 그 후로 어떻게 살든 그것은 전혀 중요하지 않다고 가르친다고 바울을 비난하기까지 했습니다. 하나님께서 지금 모습 그대로 우리를 의롭다 하신다면, 우리가 거룩하게 사는 것이 무슨 의미가 있습니까? 우리가 복음에 있는 하나님의 은혜를 나타내고 있는지 확인해 볼 수 있는 시금석이 있습니다. 이 복음 때문에 사람들이 우리에게 "지금 당신은 자신이 어떻게 사느냐 하는 것과 상관없이 값없이 주어지는 은혜를 말하고 있다"라고 합니까? 이것은 다름 아닌 바리새인들이 예수님의 가르침에 반대하면서 했던 말입니다!

우리 속에서 이루시는 하나님의 역사와 달리 칭의는 분량이나 정도가 있는 것이 아닙니다. 하나님의 성령께서 우리 안에 역사하셔서 그리스도를 닮아 가게 하시는 정도가 서로 다른 만큼, 그리스도의 형상을 닮은 정도도 다 다르다고 할 수 있습니다. 그러나 칭의를 더 받거나 덜 받거나 할 수 없습니다! 같은 그리스도인으로서 사도 바울이 우리보다 더 의롭다 함을 받은 것은 아닙니다! 오랫동안 죄의 확신에 큰 찔림을 받고 종의 영 아래 오래 신음했다고 해서 존 번연이 우리보다 더 의로운 사람이 되는 것도 아닙니다! 무엇보다도, 칭의 외에 신자들이 받을 또 다른 두 번째 평결이 남아 있는 것도 아닙니다. 칭의는 최후의 심판날에 이루어질 하나님의 평결이 현재로 미리 앞당겨진 것이기 때문입니다. 그날에 우리가 받을 심판은 이미 십자가에서 그리스도께 다 부어졌고, 그분이 다 담당하셨습니다. 어거스터스 탑레이디의 위대한 찬송 '왜 두려워하고 믿지 못하는가 From Whence This Fear and Unbelief 는 바로 이것을 노래하고 있습니다.

왜 두려워하고 믿지 못하는가.
아버지께서 흠 없는 아들에게
내가 당할 질고를 짊어지게 하지 않으셨던가.
의로 사람을 판단하시는 자가
아들이 이미 짊어지신 죄로
다시 나를 정죄하실까.

백성의 모든 죄를
완전히 대속하고
다 갚으셨도다.
주님의 의로 보호받고
주님의 피로 깨끗함을 받았는데
그런 나에게 어찌 진노하실까.

내가 있어야 할 자리에서
하나님의 진노를 담당하시고
나를 자유롭게 하셨도다.
나의 구속주께서
나의 죄값을 다 치르셨는데
또 나에게 죄값을 요구하실까.

칭의가 우리 본성과 반대되는 것이라는 사실을 깨달을 때 우리는 비로소 칭의가 얼마나 경이로운지 알게 됩니다. 불경건한 자는 본성적으로 절대 의롭게 될 수 없고 죄가 없을 수도 없습니다. 하지만 칭의는 결코 하나님의 본성과 어긋나지 않습니다. 그렇기 때문에 성경 교리를 공부하는 사람들의 머리에서 떠나지 않는 질문이 바로 이것입니다. "어떻게 하나님은 불경건한 자를 죄 없다 하시면서 동시에 스스로 의로운 자로 남아 있을 수 있는가?"

하나님은 어떻게 죄인을 의롭다 하시는가

하나님은 우리의 모습이나 우리의 행한 일 때문에 우리를 의롭다 하시지 않습니다. 로마서 1:18-3:20에서 바울은, 그런 일은 절대 있을 수 없다고 논증합니다. 인간은 칭의는커녕 하나님의 진노만 초래할 뿐입니다. 하나님 심판의 네 가지 위대한 원리를 강조하는 로마서 2:1-16이 이 점을 분명히 합니다. 첫째, 사람은 진리와 사실에 따라 심판을 받기 때문에 아무것도 숨길 수 없습니다(롬 2:2). 둘째, 심판은 사람이 행한 대로 이루어질 것이기 때문에 "의인은 없나니 하나도 없"습니다(롬 3:10). 모든 사람이 정죄 아래 있게 될 것입니다(롬 2:5-6). 셋째, 한 걸음 더 나아가 하나님의 심판은 사람이 받아 누린 빛에 따라 이루어질 것이라고 바울은 말합니다(롬 2:12-15). 율법을 받았으면서도 그 율법이 명하는 바대로 살지 않은 사람은 물론, 율법 없이 죄를 지은 자 역시 정죄를 피하지 못할 것입니다. 마지막으로, 하나님께서는 예수 그리스도로 말미암아 사람의 은밀한 것들을 심판하실 것입니다(롬 2:16). 그리고 이때 사람은 어떤 핑계도 댈 수 없습니다. 우리의 모습과 우리의 행한 것을 가지고 하나님 앞에 서는 것은 하나님의 완전한 정죄하심 아래 자신을 두는 것입니다.

신약성경이 말하는 칭의의 유일한 근거는 그리스도의 공로입니다. 물론 그리스도의 공로와 이에 따른 우리 칭의의 원천은 하나님의 사랑입니다. 사랑이 많으신 구주 덕분에 성부께서 마지못해 우리와 화해하셨다는 가르침은 성경 어디서도 찾아볼 수 없습니다. 그러나 사랑만 가지고는 결코 죄인을 의롭게 할 수 없습니다. 자기 아들을 재판해야 하는 판사는 부성애만으로 피고석에 있는 아들의 죄를 없이 할 수 없습니다. 무엇인가가 더 필요합니다. 이런 상황에 대해 신약성경은 다음과 같이 말합니다. "그리스도 예수 안에 있는 속량으로 말미암아 하나님의 은혜로 값없이 의롭다 하심을 얻은 자 되었느니라. 이 예수를 하나님이 그의 피로써 믿음으로 말미암아 화목제물로 세우셨으니 이는 하나님께서 길이 참으시는 중에 전에 지은 죄를 간과하심으로 자기의 의로우심을 나타내려 하심이니"(롬 3:24-25). 하나님의 사랑은 우리가 받은 칭의의 원천입니다. 칭의의 근거는 그리스도의 죽음입니다. 우리가 "그의 피로 말미암아 의롭다 하심을 받았으니"(롬 5:9). 그리스도의 순종의 삶과 죽음으로 우리가 의롭다 하심을 얻었습니다(롬 5:18). 우리의 범죄함 때문에 죽임을 당하신 것처럼, 우리를 의롭다 하시려고 살아나셨습니다(롬 4:25).

이 모든 것은 너무나 분명한 사실입니다. 그러나 이 모든 사실은 자연스럽게 다음 질문을 불러일으킵니다. "어떻게 그리스도의 공로가 불경건한 자들의 칭의로 귀결되는가? 왜 그렇게 되어야 하는가? 어떻게 그리스도의 공로가 로마서 초반부 몇 장에 걸쳐 서술된 중요한 문제들을 풀어 낼 수 있는가? 모든 일에 의로우신 하나님께서 어떻게 죄인을 의롭다 하실 수 있단 말인가?" 이 질문들에 대해 세 가지 단계로 나누어 대답해 볼 수 있습니다. 처음 두 단계는 그리스도께서 하신 일과 관련되어 있습니다. 세 번째 단계는 그리스도께서 이루신 일이 그분 백성의 것이 되도록 하고, "한 사람이 순종함으로 말미암아 많은 사람이 의인으로 판정"받도록 하는 그리스도와 그분의 백성이 누리는 관계를 통해 대답할 수 있습니다(롬 5:19, 새번역).

1. **그리스도는 하나님께 완전히 순종하는 삶을 사셨습니다.** 이것을 우리는 그리스도의 '적극적 순종active obedience'이라고 합니다. 그분은 "율법 아래" 태어나셨고(갈 4:4) 일생을 율법에 순종하며 사셨습니다. 같은 육신을 입고 동류가 된 자들과 달리, 그리스도는 죄의 삯인 사망을 당하실 필요가 없었습니다. "거룩하고 악이 없고 더러움이 없고 죄인에게서 떠나 계시"는(히 7:26) 그분은 율법을 어긴 죄 값으로부터 자유로우셨기 때문입니다.

2. **그리스도는 죄가 없고 순결하심에도 불구하고 죄인으로 취급당하셨습니다.** 예수님의 수난을 묘사하는 누가복음 23장에는 그분이 전적으로 죄가 없으시다는 고백이 다섯 번 나옵니다(눅 23:4, 14, 22, 41, 47). 그럼에도 그분은 범죄자의 하나로 십자가에 달리셨습니다. 초대교회 교인들에게 이것은 악인들의 소행이었을 뿐 아니라 궁극

적으로 하나님께서 하신 일이었습니다. 예수님의 죽음에 대해 '넘겨주다'는 말로 묘사하는 것을 볼 수 있습니다(마 20:19, 26:15, 27:2, 18, 26 등). 자기 아들을 아끼지 않고 우리 모든 사람을 위하여 내주신 하나님을 묘사하면서 바울은 똑같은 말을 사용합니다(롬 8:32). 여호와께서 그분의 종에게 상함을 받게 하시기를 원하고 질고를 당하게 하셨다고 말하는 저 옛날 이사야도 예수님의 십자가에 대해 기본적으로 동일한 관점을 가졌습니다(사 53:10). 하나님의 율법을 어긴 죄인처럼 고난당하는 예수님의 모습을 가리켜 그리스도의 '소극적 순종passive obedience'이라고 합니다. 십자가를 지는 일에서 하나님께 적극적으로 순종하지 않았다는 말이 아니라, 하나님의 뜻을 기꺼이 받으시는willing acceptance 순종을 하셨기 때문입니다.

3. 죄 없는 자가 죄 있는 자들 가운데 하나로 고난당하신 이 신비는 하나님께서 그리스도와 그분의 백성을 엮으신 연합을 통해 비로소 이해할 수 있습니다. 성육신을 통해 우리의 형제가 되신 그리스도께서 순종의 삶과 십자가의 죽음을 통해 우리를 대표represent하고 대신substitute하셨습니다. 우리 죄를 담당하고 우리 죄의 빚을 청산하셨습니다. 이것을 두고 성경 여러 곳에서는 교환이 일어났다고 합니다. 그리스도께서 내 자리에서 내가 당해야 할 심판을 당하신 것입니다. 내가 그리스도의 자리에서 그리스도께서 당하신 심판을 받은 것처럼 의롭게 하나님 앞에 섭니다. 그리스도를 고소한 두 가지 죄목이 바로 에덴동산에서 인류가 정죄 받은 죄목이라는 사실은 이 위

대한 교환의 실체를 잘 보여줍니다. 인간이 하나님처럼 되고자 한 것과, 하나님의 법에 불순종함으로 하나님의 신격을 모독하고, 그분의 은혜로운 통치에 반역한 것이 그것입니다. 우리 구주께서 당하신 고소의 형태를 보면, 당시 예수께서 자신이 지은 죄 때문에 가야바와 빌라도 앞에 서서 정죄 당하신 것이 아님을 알 수 있습니다. 실제로는 죄악된 인간의 대표자요 대속자로서 유죄 판결을 받기 위해 하나님의 심판대 앞에 서신 것입니다. 이렇게 그리스도 안에서 '경이로운 교환'이 이루어졌습니다. 우리가 하나님 앞에서 전혀 우리 힘으로는 될 수 없는 자가 되어 의롭다고 선포되기 위해, 그분이 전혀 자신과 상관없는 범죄자로 정죄 받았습니다. 바울은 신약성경에서 가장 극적인 말로 이 사실을 적시합니다. 우리를 그 안에서 하나님의 의가 되게 하시려고 전혀 죄인이 아님에도 불구하고 스스로 우리의 죄가 되셨습니다. 우리를 하나님의 저주에서 풀어 주시려고 그리스도께서 스스로 하나님의 저주를 짊어지신 것입니다(고후 5:21, 갈 3:13). 이것이 바로 칭의입니다.

그러나 우리는 성경의 이 위대한 가르침을 경시하고, 이 진리의 능력을 마땅히 누려야 할 만큼 누리지 못하는 때가 많습니다. 일례로, '의롭게 되다'는 말은 '전혀 죄를 짓지 않아야 의롭게 된다'는 뜻이라고 말합니다. 물론 이 말도 전혀 일리가 없는 것은 아니지만 성경이 말하는 바는 아닙니다. 성경에서 말하는 칭의는 불경건하고 불의한 자를 의롭게 하는 것입니다. 성경이 말하는 칭의의 핵심과 영광이 바로 이것임에도 불구하고, 위의 말은 이 사실을 충분히 반영하지 못합니다. 이 말은 또한 성경이 칭의를 통해서 말하고자 하는 바에 훨씬 미치지 못합니다. 성경의 칭의는 단지 이전의 바른 상태로 되돌리는 것을 말하지 않습니다. 성경이 말하는 칭의는 그리스도께서 우리 죄의 대가를 다 치르셨을 뿐 아니라, 우리가 그리스도의 의를 우리 것으로 받는다는 것입니다! 단순히 타락 이전의 아담으로 돌아가 죄 없는 인간으로 다시 시작하는 것이 아닙니다. 우리는 의로우신 그리스도 안에 있으며, 하나님이 보시기에 죄가 없을 뿐 아니라 그리스도만큼이나 의롭습니다. 우리의 의는 바로 그리스도 그분의 의이기 때문입니다! 감히 우리가 그렇게 믿어도 됩니까? 그것이 진리라고 성경이 말하고 있지 않습니까? 이 진리는 많은 이들을 강한 확신으로 이끌었습니다.

> 제게 있는 아름다움과 영광스러운 예복은
> 주님의 보혈과 의로움입니다.
> 욕망으로 타오르는 화려한 세상의 복판에서도
> 기쁨으로 고개 들고 주만 바라봅니다.

> 마지막 심판날에 제가 담대히 설 것은
> 감히 저를 정죄할 자가 아무도 없기 때문입니다.
> 주님으로 말미암아
> 죄와 두려움, 죄책과 수치를 다 벗었습니다.

> 성부의 품을 떠나오신
> 거룩하고 온유하고 흠 없는 어린양이

나 같은 자를 위해서도 죽으시고 속량하셨으니
과연 그분은 나의 주요 나의 하나님이십니다.

나이 들어 타락한 육체가 벗어지면
흠 없는 예복, 주님의 예복을 입겠지요.
그리스도의 예복은 항상 새로우니
많고 많은 세대가 지나도 그 영광은 변함이 없겠지요.
―니콜라스 진젠도르프Nicolaus Ludwig von Zinzendorf

본 장의 초두에서 칭의는 분량이나 정도의 문제가 아니라고 강조한 것이 바로 이 때문입니다. 칭의는 커지거나 줄어드는 것이 아닙니다. 만약 그리스도 안에 있는 의가 우리 것이고, 이로 인해 우리는 언제까지나 그리스도만큼 참되고 의로우며, 그것을 우리의 공로 없이 거저 누린다는 사실을 제대로 이해하기만 한다면, 우리는 항상 하나님과의 화평을 깊이 누리고 하나님의 영광을 바라고 즐거워하게 될 것입니다!(롬 5:1-2)

이신칭의

하나님께서는 정당하게 그리스도의 공로로 죄인을 의롭게 하셨습니다. 그리스도는 우리 죄를 위한 대속 제물입니다(요일 2:2). 우리가 죄를 고백할 때, 의롭고 신실하신 하나님이 우리 죄를 용서하시고 모든 불의에서 우리를 깨끗하게 하신다는 사실을 알게 됩니다(요일

1:9). 그렇지만 어떻게 그리스도의 의가 우리 것이 될 수 있습니까? 바로 그리스도를 믿는 믿음으로 가능합니다.

구약성경 초두부터 이미 칭의의 방식이 등장합니다. 바울은 갈라디아서와 로마서에서 아브라함을 들어 자신의 주장을 입증합니다. 그는 유대인들에게 이렇게 묻습니다. "아브라함이 행위로 의롭다 함을 받았는가? 아브라함의 후손인 우리 역시 우리 조상의 모범을 따라야 하지 않겠는가? 아브라함이 자신의 행위로 하나님을 기쁘시게 해서 의롭다 칭함을 받은 것인가?" 바울은 절대 그렇지 않다고 말합니다!

아브라함이 의롭다 함을 받은 것은 그의 행위 때문이 아니라 자신을 의롭다 하신 하나님을 믿었기 때문이라고 성경은 분명히 말합니다(롬 4:1-3). 믿는 자들이 아브라함의 진정한 후손입니다(갈 3:6-7). 물론 아브라함이 의롭다 함을 받은 것은 할례 때문도 아닙니다. 할례를 받기 전에 그는 이미 의롭다 칭함을 받았기 때문입니다!(롬 4:9-12) 그럼 혹시 그가 율법에 순종했기 때문에 의롭게 된 것은 아닙니까? 이 물음에 바울은 비장의 카드를 내밉니다. "율법은 정죄를 가져오고 우리가 지은 죄의 참된 본질이 무엇인지 보여줄 뿐인데, 어떻게 아브라함이 이런 율법으로 의롭다 함을 받을 수 있었겠는가?(롬 4:15) 더구나 (갈라디아서에서 이미 지적했던 것처럼) 이렇게 말하는 것은 성경에 대한 무지함을 드러내는 것이다! 율법은 아브라함이 하나님의 약속을 받고 믿음으로 의롭다 칭함을 받은 지 430년이 지나서야 주어졌다! 사실상 율법이 여기에 더하여진 것이고(갈 3:19), 들어온 것이고(롬 5:20), 사람들로 하여금 자신에게 얼마나 칭의가 절실히 필요한지 알게 하려고 주어진 것이다! 우리가 정죄 받았다는 것을 알게 하는 율법이 어떻게 우리를 의롭게 할 수 있단 말인가? 유대인들(그들을 따르는 많은 사람들)이 믿음을 오해했을(믿지 않았을) 뿐 아니라, 율법도 잘못 알았다!(율법을 의지했다)" 이것이 바로 바울의 말하는 바입니다.

1. **믿음은 수단일 뿐입니다.** 우리가 이렇게 믿음에 집중한다고 해서 믿음 때문에 구원받는다고 생각하면 안됩니다. 믿음과 칭의의 관계에 대한 묘사는 헬라어 신약성경이 훨씬 더 풍성하고 다양합니다. 신약성경은 한 번도 믿음 때문에because of faith, 믿음을 근거로on the ground of faith 의롭다 함을 받는다고 말하지 않습니다. (RSV 성경이 로마서 3:30을 '그가 할례자들을 그들의 믿음 **때문에**on the ground of faith 의롭게 하실 것이다'라고 번역하는 것은 오해를 불러일으킬 만합니다. 로마서 1:17에서는 같은 표현을 '믿음을 통하여through faith'라고 번역하고 있습니다.) 믿음은 은혜와 칭의를 받는 수단이요 통로일 뿐입니다. J. C. 라일은 믿음의 위치가 무엇인지 다음과 같이 분명하게 말합니다.

> 아무리 좋게 말해도 진정한 믿음은 '행위'가 될 수 없고, 그 속에는 공로가 될 만한 것이 하나도 없다. 믿음은 단지 구주의 손을 붙잡는 것이고 남편의 팔에 안기는 것이고 의사가 주는 약을 받는 것일 뿐이다. 믿음을 통해 그리스도께 가져가는 것이라고는 죄악된 인간의 영혼뿐이다. 믿음을 통해 우리가 그리스도께 드리거나 기여하거나

행하거나 지불할 수 있는 것은 아무것도 없다. 믿음은 단지 그리스도께서 주시는 영광스러운 칭의의 선물을 맞이하고 취하고 받아들이고 움켜쥐고 끌어안는 것이고, 날마다 새롭게 그 선물을 누리는 것이다.[2]

로마서 4:16에서 바울이 주장하는 바가 바로 이것입니다. 그는 이렇게 말합니다. "그러므로 상속자가 되는 그것이 은혜에 속하기 위하여 믿음으로 되나니……." 믿음이란 자신이 아닌 다른 존재를 의지하는 것입니다. 따라서 믿음은 은혜의 원리에 종속됩니다. 그러나 여기서 그치지 않고 행위로 말미암은 구원이라는 그릇된 원리를 파괴합니다. 바울이 로마서 4장에서 말하는 것처럼, 이 두 원리는 하나님께로 나아가는 서로 상반된 길입니다. 사람이 은혜로 의롭다 함을 받는다면, 행위로 의롭게 되는 것은 불가능합니다.

2. **믿음은 자랑을 그치게 합니다.** 확언할 수 있는 사실은 은혜로 의롭다 함을 받았다면, 하나님 앞에서 전혀 자랑할 여지가 없다는 것입니다. 이것이 바로 로마서 3:27의 놀라운 말을 통해 바울이 주장하는 바입니다. "그런즉 자랑할 데가 어디냐. 있을 수가 없느니라. 무슨 법으로냐 행위로냐. 아니라. 오직 믿음의 법으로니라." 믿음으로 의롭다 칭함을 받는다면, 그것은 반드시 은혜로만 됩니다. 그리고 그것이 은혜로 되는 것이라면, 자신의 공로가 전혀 아니기 때문에 자랑할 수 없습니다.

3. **믿음에는 보증이 따릅니다.** 은혜로 주시는 칭의는 믿음으로 받는 선물입니다. 이 칭의를 통해 하나님께서는 우리의 구원 약속을 보증하십니다. 공로를 따라 칭의를 얻는다면 아무도 칭의를 얻을 수 없을 것입니다. 설령 이런 칭의를 얻는다 해도 자신의 공로로 끊임없이 스스로를 의롭게 해야만 유지될 수 있을 것입니다. 우리가 얻어 누리는 칭의가 이런 것이 아니라서 얼마나 감사합니까! 칭의는 오직 은혜로 받아 누립니다. 우리가 받아 누리는 칭의는 우리의 공로가 아닌 그리스도의 공로 때문입니다. 식언치 않으시고 한 번 주신 선물과 부르심을 철회하지 않으시는 하나님께서 보증하셨기 때문에 칭의는 우리 것입니다(롬 11:29).

자신이 의롭게 된 것을 아는 사람은 말할 수 없는 확신과 보증을 가진 사람입니다. 아무리 실패하고 넘어져도 하나님의 이 판결은 결코 뒤집힐 수 없다는 것을 알기 때문입니다. 하늘에서 영원히 보장되고 확정된 판결이기 때문입니다.

> 주님만이 저의 피난처시니
> 속절없는 영혼이 주님만 붙듭니다.
> 저를 혼자 두지 마시고
> 항상 붙잡고 힘을 주소서.
> 주님만이 저의 도움이시니
> 제가 항상 주님만 의뢰합니다.
> 주님의 날개 그늘 아래
> 저를 숨겨 주소서.

주님께는 부족함이 없으니

주님만이 제가 바라는 전부입니다.

넘어진 자를 일으키시고 나약한 자를 북돋우시고

병든 자를 고치지고 눈먼 자를 보게 하소서.

저의 모든 것이 불의하지만

주님의 이름은 거룩하고 의롭습니다.

저는 온통 거짓과 죄악으로 찌들었지만

주님은 은혜와 진리로 충만합니다.

제 모든 죄를 덮고도 남을

충만한 은혜가 주님께 있습니다.

치료의 강물이 넘쳐나

제 속을 말갛게 하시고, 항상 그렇게 하소서.

주님은 생명의 원천이시니

저로 원 없이 들이키게 하시고

제 마음에 중심에서

영원토록 솟아나소서.

—찰스 웨슬리Charles Wesley

이보다 더 놀라운 일이 또 어디 있겠습니까? 그런데 그 이상으로 놀라운 일이 또 있습니다. 우리의 재판장으로 우리를 의롭다 하신 하나님께서 친히 우리 아버지가 되셔서 우리를 그분의 가족이라 부르신다는 것입니다!

10장
하나님의 자녀됨

양자됨adoption의 교리를 다루는 책은 비교적 드뭅니다. 한 세기 전, 당시 스코틀랜드의 유명한 신학자였던 로버트 캔들리시Robert S. Candlish가 「하나님의 아버지되심 The Fatherhood of God」이라는 제목으로 이 주제와 관련된 책을 써서 스코틀랜드 신학계에 큰 반향을 불러일으킨 적이 있습니다. 그 후에도 「신자의 자녀됨과 형제됨 The Sonship and Brotherhood of Believers」이라는 제목으로 이 주제에 관한 설교집을 냈습니다. 하지만 그 후로 이 주제를 다룬 책은 거의 나오지 않았습니다. 아마도 하나님의 아버지되심이라는 성경적 개념이 보편구원론universalism의 형태로 변질되었기 때문일 것입니다. 모든 인간이 하나님의 자녀라면 누구도 양자될 필요가 없습니다.

대개 어떤 위대한 교리가 오용되기 시작하면 그 교리의 가치도 사라지게 됩니다. 보편구원을 설교하는 것으로 비칠까 하는 암묵적인 두려움으로 인해 복음주의 설교에서 하나님의 아버지되심과 이에 따른 양자됨의 경험을 덜 강조하게 된 것입니다. 또 다른 이유로는 작금에 불행하게 펼쳐지는 교리적 혼동을 들 수 있습니다. 기독교 교리를 연구하면서 양자됨이나 자녀됨sonship을 사실상 칭의나 중생과 거의 같은 것으로 다루는 경우가 많았습니다. 이런 이유로 본 장을 시작하기에 앞서 양자됨은 칭의가 아니고, 중생과도 같은 개념이 아니라는 사실을 분명히 해두고자 합니다.

1. **양자됨은 칭의가 아닙니다.** 양자됨을 칭의의 '적극적인 요소 positive element'라고 말하는 신학자들이 있습니다. 물론 신약성경이 칭의와 양자됨을 분리하는 것은 아니지만, 그렇다고 혼동하지도 않습니다. 인간적인 측면에서 볼 때, 의롭게 되었으면서도 양자되었다는 생각을 전혀 못할 수도 있습니다. 판사가 무죄 평결을 내렸다고 해서 피고가 판사의 집으로 가서 아들로서의 모든 특권을 다 누리는 것은 아닙니다. 아마 피고석에 앉아 있으면서 그것을 기대하는 사람은 거의 없을 것입니다! 형형색색의 하나님 은혜를 깨닫도록 하기 위해 성경은 여러 가지 표현을 사용합니다(벧전 4:10). 복음의 빛이 성경 언어의 프리즘을 지날 때 각각의 아름다움과 영광을 지닌 복음의 많은 부분이 드러납니다. 양자됨은 칭의에서 드러나지 않은 하나님과 우리가 누리는 관계의 한 부분을 부각시킵니다.

2. **양자됨은 중생도 아닙니다.** 사도들은 양자됨과 중생을 구분합니다. 대표적인 예는 사도 요한입니다. "혈통으로나 육정으로나 사람의 뜻으로 나지 아니하고 오직 하나님께로부터 난 자들"에게는 "하

나님의 자녀가 되는 권세를 주셨"다고 합니다(요 1:12-13). 자녀됨에는 두 가지 사실이 포함됩니다. 거듭남으로 우리에게 자녀된 본성뿐 아니라 양자됨의 권세까지 주어져서, 우리는 이 새로운 본성에 부합하는 자녀로서의 참된 지위를 누립니다. 요한일서 3:1에서 이 사실이 좀 더 분명히 드러납니다. "아버지께서 어떠한 사랑을 우리에게 베푸사 하나님의 자녀라 일컬음을 받게 하셨는가. 우리가 그러하도다!" 요한이 말하고자 하는 바가 바로 이것입니다. 양자된 우리는 자녀라 불립니다. 명목상으로만 자녀라 불리는 것이 아니라, 우리 마음에 일어난 성령의 역사로 자녀의 모든 것을 누리며 삽니다. 누구도 할 수 없는 일을 하나님께서 하셨습니다. 우리를 양자 삼으심으로 아버지의 마음을 우리에게 나누어 주시는 것입니다(벧후 1:4). 그러나 칭의와 마찬가지로 양자됨 역시 정도가 더해지거나 덜해지는 것은 아닙니다. 양자됨이란 하나님께서 주신 새로운 신분으로서, 우리가 그리스도의 완전한 형상을 덧입게 되었을 때 영광 속에서 온전히 누릴 것입니다(롬 8:19, 23, 요일 3:2).

양자됨을 제대로 이해할수록 하나님의 위대한 선하심을 더 풍성하게 누립니다.

양자됨의 의미

양자됨이나 자녀됨은 바울 서신에만 한정된 말이지만, 우리가 이미 지적한 대로 하나님의 자녀가 된다는 개념은 신약성경 다른 곳에도 나타납니다. 바울은 갈라디아서 4:5, 에베소서 1:5, 로마서 8:15,

23, 9:4에서 이 표현을 사용합니다. 그러나 자녀됨이라는 개념은 하나님의 아버지되심에 관한 본문을 읽을 때마다 등장합니다. 우리 마음에 하나님의 씨를 심어 거듭나게 하는 능력은 바로 하나님의 부성애에서 비롯됩니다(요일 3:9). 하나님의 아버지되심은 곧 우리를 그분의 아들딸 삼으셨다는 선언입니다.

양자됨의 개념은 어디서 왔습니까? 구약성경에 나오는 이스라엘 백성의 가정에는 법적으로 양자됨이라는 말이 설 자리가 없습니다. 가족의 구조 자체가 기본적으로 양자를 필요로 하지 않기 때문입니다. 이스라엘은 자신을 하나님의 자녀로 여겼습니다(호 11:1). 그러나 하나님 편에서 볼 때 이는 창조의 행위에서 비롯된 것이지, 양자 삼으셔서 그렇게 된 것은 아닙니다. 심지어 구약성경에서 왕을 하나님의 자녀로 말할 때조차도 양자됨과는 거리가 멉니다.

신약성경에 나오는 양자됨의 개념은 바울이 정통했던 당시 로마법에 비추어 생각해 보아야 합니다(로마 시민으로서의 바울의 모습은 사도행전 22:27-29, 23:27에 나타납니다). 오늘날 우리 사회와 달리, 당시 로마 사회에서 법적으로 양자를 들이는 목적은 양자로 받아들여지는 아이의 권리와 특권을 보호하기 위해서라기보다는 주로 입양하는 사람이 얻게 될 이득과 만족 때문이었습니다. (물론 우리 사회에서도 입양을 통해 부모가 큰 유익을 누리는 경우가 많고 그것은 정당하지만, 그렇다고 해도 법에서 정하는 입양의 주된 목적을 보면 입양되는 아이에게 더 집중하지, 부모가 입양을 통해 얻게 될 것에 집중하지는 않습니다.) 많은 유산을 물려받을 요량으로 자신보다 훨씬 나이 많은 사람을 양부모로 받아들이는 사람이 있습니다! 또한 자녀가 없는 사람이 노년을 대비해서 젊은 사람을 양자로 들이는 경우도 있습니다! 흥미로운 것은 바울이 로마 법 아래 살아가는 사람들에게 쓴 편지에서만 이 양자됨의 개념을 사용한다는 사실입니다(갈라디아, 에베소, 로마). 양자로 들이는 이의 특권과 만족을 우선시하는 로마의 배경을 통해 우리가 알 수 있는 사실은, 당시 그리스도인들은 자신이 누리는 가장 고상한 특권인 양자됨을 자신의 행복을 위한 유일한 목적으로 삼고 있지 않는다는 것입니다. 이 모든 것은 궁극적으로 양자 삼으시는 하나님의 존귀와 영광으로 수렴됩니다. 하나님께서는 우리를 아들딸 삼으셔서 타락으로 어그러지고 깨어진 영광스러운 독생자의 형상을 그분 자신을 위해 회복하십니다.

그렇다면 양자됨에 포함된 약속은 무엇입니까? 기본적으로 두 가지 약속이 있습니다. 먼저 한 가지는, 개개인이 속해 있던 옛 권세에서 벗어나 새로운 권세에 속하게 된다는 것입니다. 신약성경에서 양자됨이라는 말을 직접 사용하지는 않지만 이런 개념은 찾아볼 수 있습니다. 합법적으로 인간을 지배하던 죄의 권세와 지배가 풀어졌습니다. 죄의 권세는 율법을 통해 역사합니다(고전 15:56). 죄는 율법을 지렛대로 사용하여 인간의 삶에 역사합니다(롬 5:20, 7:7-13). 죄는 불순종으로 자유를 박탈당한 인간을 지배하고 합법적인 권리를 행사합니다. 양자됨이 지속되기 위해서는 흑암의 권세의 지배가 법적인 효력을 잃어야 합니다. 하나님께서 그리스도 안에서 하신 일이 바로 이것입니다(롬 6:1-14).

그러나 이것만이 아닙니다. 하나님께서는 우리를 그분의 가족으로 입양해 들이시고 하나님의 참된 자녀가 가질 수 있는 모든 권세와 특권을 주심으로 우리가 하나님과 새로운 관계를 누리도록 하셨습니다. R. S. 캔들리시가 자신의 책「하나님의 아버지되심」을 통해 담대하게 지적하는 것 가운데 하나는, 우리가 누리는 자녀됨과 그리스도께서 누리시는 아들됨의 유일한 차이는 그리스도께서 우리보다 먼저 아들됨을 누리셨다는 것뿐, 자녀됨을 누리는 방식에는 전혀 차이가 없다는 사실입니다. 그의 말이 왜 그렇게 많은 논란을 불러왔는지는 쉽게 짐작이 되는 대목입니다. 하지만 이 말이 과연 성경에 반하는지를 증명하는 것은 그때나 지금이나 여전히 어려운 문제로 남습니다. 캔들리시가 성경에 기록된 것보다 더 나갔을지는 몰라도, 그의 말이 성경에 반하는지를 증명하는 것은 쉽지 않아 보입니다. 우리의 눈을 들어 우리가 누리는 양자됨의 놀라운 특권에 주목하게 하고자 했던 그의 동기 자체는 충분히 칭찬받을 만합니다.

> 아버지께서 우리에게 주신
> 기막힌 사랑의 선물을 보라.
> 죄악된 인간의 자식인 우리를
> 하나님의 자녀라 부르신다!

양자됨의 중요성

칭의를 공부하면서 구약이나 신약이나 믿음으로 말미암은 은혜로 얻는 구원의 방식은 동일하다는 것을 살폈습니다. 구원 얻는 방식에 대해 이와 다르게 해석하는 것은 성경을 읽고 하나님의 성품을 이해하는 데 있어서 크나큰 재앙이 될 것입니다. 그러나 구원 얻는 방식에 대한 신구약성경의 이런 일치를 잘못 이해하면 성경의 균형을 상실할 수도 있습니다. 새 언약 시대와 옛 언약 시대 간에는 경험과 계시의 충만함과 명확함에 있어 엄청난 차이가 있기 때문입니다. 물론 이런 차이가 곧 구원의 실재나 구원하는 방식의 차이를 의미하는 것은 아닙니다(벧전 3:20, 롬 4:18-25). 은혜를 체험하는 정도의 차이는 있을 수 있습니다. 구약성경의 약속과 그 약속이 그리스도 안에서 성취된 일 사이에는 연속성만 있는 것이 아닙니다. 그리스도 안에서 성취된 일을 통해 헤아릴 수 없을 만큼 많은 복이 더해집니다. 히브리서 기자는 구약성경의 신자들은 우리의 온전함에 이르지 못한다고까지 말합니다(히 11:40).

이런 사실을 드러내 주는 것 가운데 하나가 신약성경에서 말하는 시대 구분입니다. 로마서 3:21에서 인간의 죄를 정죄하시는 하나님의 말씀을 열거한 사도 바울은 새로운 일이 일어났다고 말합니다. "그러나 이제는 율법과는 상관없이 하나님의 의가 나타났습니다"(새번역). 하나님께서 아브라함에게 약속하셨던 복이 그리스도를 통해서 이방인에게 미치고(갈 3:14), 더 나은 약속이 따르는 더 나은 언약이 시작됩니다(히 8:6).

그러나 이 두 언약의 가장 두드러진 차이는 하나님과 누리는 사귐의 성격입니다. 구약 시대에는 아무리 탁월한 성도라 할지라도 스스로를 하나님의 자녀라 할 수 없었고 하나님을 아버지로 누리지 못했습니다. 예수님의 가르침이 새롭고 진기한 것은 바로 이 부분이라고 학자들은 말합니다. 영적 체험의 정점으로 나아가게 하고,

새로운 시대의 진일보한 신앙 경험을 특징짓는 것이 바로 이 부분입니다. 온 땅을 지으시고 붙드시는 창조자를 "아바, 아버지"라 부르는 특권을 생각해 보십시오. 이사야 8:18을 예수님께 적용하는 히브리서 2:13의 묘사가 너무도 감동적이지 않습니까? 이 그림에서 예수님은 예배를 인도하는 분으로 하나님을 예배하는 백성들 가운데 계시면서 그분의 아버지께로 두 손을 뻗으십니다. 그분은 백성들과의 사귐으로 즐거워하시고, 하나님을 찬송하시며 이렇게 말씀하십니다. "보십시오, 내가 여기에 있습니다. 또 하나님께서 내게 주신 자녀들이 여기에 있습니다"(새번역).

이런 사귐은 그리스도께서 이루신 사역의 열매요 성령 사역의 결실입니다. 예수께서 "생수의 강"을 말씀하신 것을 두고 요한은 이렇게 덧붙입니다. "이것은 예수께서 당신을 믿는 사람들이 받을 성령을 가리켜 하신 말씀이었다. 그때는 예수께서 영광을 받지 않으셨기 때문에 성령이 아직 사람들에게 와 계시지 않으셨던 것이다"(요 7:38-39, 공동번역). 모든 번역 성경이 요한이 말하고자 하는 의미를 전달하고는 있지만, 그 표현의 강도를 제대로 전달하지 못합니다. 이 말을 문자 그대로 읽으면 이렇게 말할 수 있습니다. "그때까지는 아직 성령이 없었다." 물론 여기서 요한이 그때까지 성령이 존재하지 않았다고 말하는 것은 아닙니다(요 1:32-34). 요한은 지금 우리 주님께서 인간의 몸을 입고 일하시는 때와 아직 도래하지 않은 성령의 시대를 분명히 구분하고 그것을 강조하고 있습니다. 뒤에 가면 이런 구분의 중요성이 더 분명히 드러납니다. "내가 너희를 고아와 같이 버려두지 아니하고 너희에게로 오리라"(요 14:18). 여기에 쓰인 헬라어는 오르파노스*orphanos*로, NIV 성경이 이 말을 '고아들*orphanos*'로 잘 번역하고 있습니다. 하나님의 성령께서 예수님 그분의 모든 은혜와 더불어 이 세상에 오실 것이라는 사실을 제자들이 배우고 있습니다. 또한 그분이 오시면 자신을 돌보시는 하늘 아버지가 계신다는 자의식을 제자들이 갖게 될 것입니다. 예수께서 산상설교를 통해 하나님의 아버지되심에 대해 말씀하셨던 것을 제자들은 성령의 사역을 통해 체험적으로 알게 될 것입니다(마 6:5-14, 25-32). 예수님의 영이 제자들의 마음에 영원토록 거하기 위해 오시면, 예수님만이 특별하게 하나님을 그분의 아버지로 부르셨던 것처럼, 하나님을 "아바, 아버지"라고(롬 8:15, 개역) 부르는 것이 무엇인지 전혀 새로운 방식으로 알게 될 것입니다.

양자의 영으로서의 성령의 사역을 어느 정도 이해할 때 우리는 비로소 양자됨의 특권을 바르게 이해하게 됩니다.

양자의 영

바울은 신자가 누리는 양자됨의 체험과 성령의 특별한 관계를 두 군데서 언급합니다. 갈라디아서 4:1-7에서 그는 새 언약을 세우시면서 하나님께서 이루신 새로운 일을 묘사합니다. 로마서 8:12-27에서는 양자의 영이신 성령에 대한 개인적 체험을 이야기합니다.

> 무릇 하나님의 영으로 인도함을 받는 사람은 곧 하나님의 아들이라. 너희는 다시 무서워하는 종의 영을 받지 아니하고 양자의 영을 받았

으므로 우리가 아바, 아버지라고 부르짖느니라. 성령이 친히 우리의 영과 더불어 우리가 하나님의 자녀인 것을 증언하시나니…….

로마교회 성도들은 "다시 무서워하는 종이 되게 하는 영"에 대해 이미 잘 알고 있었습니다. 아마도 바울은 지금 이전에 그들이 죄에 대한 깊은 찔림으로 자신이 죄의 종 된 것을 깨닫고 큰 두려움에 빠져 있던 때를 말하는 것 같습니다. 그러나 복음을 통해 양자의 영을 받고 이런 두려움이 사라졌습니다. 이제 그들은 자신을 피로 값 주고 산 그리스도와의 형제애와 하나님의 자녀된 특권을 누리고 있습니다.

양자의 영이 내주하신다는 증거가 네 가지 있습니다.

첫째, **하나님 성령의 인도하심을 받습니다**(롬 8:14). 자녀가 육신의 아버지의 지도를 받고 영향을 받는 것처럼(많은 경우에 자녀들은 자기 아버지에게서 영향 받은 대로 결정하고 반응합니다), 하나님의 자녀들은 훨씬 더 심오한 의미에서 하나님 성령의 인도하심을 따릅니다. "무릇 하나님의 영으로 인도함을 받는 사람은 곧 하나님의 아들이라"(롬 8:14). 여기서 바울이 말하는 인도하심이란 아주 명료하고 분명한 내용을 말합니다. "육체의 악한 행실을 죽이"는 일을 하기 위해서는 13절에 언급된 성령의 도우심이 반드시 필요합니다(공동번역). 성령의 인도하심은 분명하게 죄와 상반됩니다. 양자 삼으시는 성령의 역사를 체험했다고 하면서 여전히 죄와 놀아나는 사람은 속고 있는 것입니다. 양자의 영은 바울이 로마서 초두에서 언급한 "성결의 영"과 같은 분입니다(롬 1:4). 성령이 거하시면 죄에 대해 새로운 태도가 생깁니다. 죄에 대한 이런 새로운 태도를 가진 사람은 성령이 그 속에 거하는 사람입니다.

둘째, **하나님을 "아바, 아버지"라 부릅니다**(롬 8:15). 이 부분과 관련하여 많은 사람들이 오해하고 있는 것이 있습니다. 확신하게 하는 양자의 영이 내주하시는 증거로서 하나님의 임재 앞에 있는 영혼의 잠잠함을 말하는 사람들이 있습니다. 물론 하나님의 성령은 그런 복도 누리게 하십니다. 그러나 로마서 8:15에서 말하는 것은 그런 체험이 아닙니다. 바울은 지금 "아바, 아버지!"라고 외치는 그리스도인의 부르짖음을 말하고 있습니다. 여기서 사용된 크라제인 *krazein*이라는 헬라어는 신약성경에서 '크게 울부짖는다'는 뜻으로 쓰입니다. 괴로운 비명이나 울음을 가리키는 경우도 많습니다(마가복음 15:39에서는 십자가상의 부르짖음을, 요한계시록 12:2에서는 해산하는 여인의 부르짖음을 가리킵니다). 이런 묘사는 어린아이 같은 믿음으로 성부의 품에 안겨 쉬는 신자의 잠잠함이라기보다는 발을 헛디뎌 넘어진 아이가 아파서 "아빠! 아빠!" 하는 울부짖음에 가깝습니다. 이런 부르짖음이 바로 양자의 영이 내주하시는 증거라고 할 수 있습니다. 여기서 우리는 적어도 하늘 아버지의 도움을 얻기 위해 그분을 바라는 모습을 볼 수 있기 때문입니다.

셋째, **성령의 증거가 있습니다**(롬 8:16). 성령의 증거라는 말을 제대로 이해하기란 참 쉽지 않습니다. 하지만 존 웨슬리의 아버지가 웨슬리에게 '기독교 신앙에 대한 실제적인 증거'로서 성령의 증거를 추구하라고 한 말이 이 진리를 어느 정도 잘 담고 있습니다. 성령의 증거를 신자에게 위로와 확신을 가져다주는 신비한 내면의 소리라고 이해하는 사람들도 많습니다. 다른 사람들은 이 말을 하나님의 성령께서 사람에게 말씀하시는 유일한 방편인 성경의 증거를 의미하는 것으로 이해하기도 합니다. 그러나 본문에서 바울이 말하는 자녀됨에 대한 성령의 증거는, 아버지를 거스르는 죄를 죽이고 필요할 때마다 아버지의 도우심을 의지하는 것과 같은 표증을 통해 성령께서 우리에게 증거하시는 것을 의미합니다. 우리가 하나님의 자녀된 것을 깨닫도록 성령께서 이런 경험을 통해 적극적으로 확증하신다고 바울은 말합니다.

넷째, 양자의 영이 우리 안에 내주하신다는 말은 곧 신자가 이 땅에서 탄식한다는 뜻입니다!(롬 8:23) 피조물과 성령만 탄식하는 것이 아닙니다(22절). 우리도 탄식합니다. 이 탄식은 13절에서 말하는 죄를 죽이기 위해 씨름하는 신자의 탄식을 의미하는 것이 아닙니다. 로마서 8장의 탄식은 본질적으로 장래를 고대할 때 나오는 탄식입니다. 피조물은 장차 얻게 될 자유를 기다리며 탄식하고, 성령께서는 자녀들의 기도가 응답 받도록 도우시는 가운데 탄식하시고, 신자들은 온전한 구원의 성취를 고대하며 탄식합니다.

우리도 아이작 왓츠Isaac Watts와 같이 이렇게 노래할 수 있습니다.

은혜의 사람들은
이 땅에서도 하늘의 영광을 봅니다.
하늘의 열매는 믿음과 소망을 통해
이 땅에서도 자라기 때문입니다.

우리는 지금 성령을 통해서 이 위대한 구원을 누립니다. 성령은 그 얻으신 것을 속량하시기까지 우리의 보증이 되십니다(엡 1:14, 롬 8:23). 하지만 지금 여기서 우리가 누리는 구원은 '온전한 구원'이 아닙니다. 그래서 우리는 이미 이 땅에서 맛보기 시작한 생수의 강을 흡족히 들이킬 수 있는 날을 고대하며 '탄식'하는 것입니다.

어느 정도 이런 체험을 하게 되면, 하나님의 자녀됨을 누리는 것이 무엇인지 깨닫고 '양자의 영'이 하시는 일을 누릴 수 있게 됩니다. 이렇게 할 때, 하나님의 자녀로서의 특권은 물론 책임도 느낍니다.

특권과 책임

1. **새로운 신분.** 우리는 이제 해 아래 모든 세대와 족속으로부터 부름 받은 하나님의 권속family이 되었습니다. 이 땅에서 하나님의 백성이 누리는 것과 같은 사귐은 그 어디서도 찾아볼 수 없습니다. 하나님의 자녀로 새롭게 칭함을 받은 우리는 이제 마귀의 자녀도(요일 3:10) 아니고, 불순종의 자녀도(엡 5:6) 아니고, 진노의 자녀도(엡 2:3) 아닙니다. 우리는 우리 아버지 집에서 누릴 수 있는 모든 특권과 기쁨을 이미 받았습니다. 그분을 친밀히 알고, 항상 그분의 임재를 누리고(기본적으로 '한 가족이 되었다'는 말입니다), 담대하고 자유롭게 그분께 나아가고, 하나님의 자애로운 손이 우리에게 일어나는 모든 일을 합력하여 유익하게 하실 것을 압니다.

그러나 여기에는 그분과 같이 되어야 할 책임도 따릅니다. 특히 모든 자녀에게 보이시는 하나님의 사랑을 본받아 사랑과 우정과 허

물없고 친절한 마음으로 동료 그리스도인을 대해야 합니다. 그들 역시 하나님께로부터 우리와 똑같은 사랑을 받는 그리스도 안에서 한 형제자매라는 사실을 알 때, 마음속 깊이 인격적으로 돌보고자 하는 마음이 일어납니다. 하지만 우리는 이런 사실을 잊고 지낼 때가 얼마나 많습니까!

2. **하나님의 돌보심에 대한 새로운 자각.** "하나님 너희 아버지께서는, 너희가 구하기 전에, 너희에게 필요한 것이 무엇인지를 알고 계신다"(마 6:8, 새번역). 예수께서 말씀하신 단순하고도 심오한 이 진리를 우리는 거의 망각하고 지냅니다. 베드로가 이 말씀을 개인적으로 경험하기까지 참 오랜 시간이 걸렸습니다! 하지만 결국 그는 모든 세대의 그리스도인들에게 이렇게 격려할 수 있게 되었습니다. "너희 염려를 다 주께 맡기라. 이는 그가 너희를 돌보심이라"(벧전 5:7).

그러므로 자녀된 우리의 책임은 모든 염려를 버리는 것입니다. 하늘 아버지의 돌보심을 확신하고 염려를 우리 아버지께 맡겨 버리는 것입니다.

3. **장래에 대한 새로운 자각.** 그리스도와 함께한 후사로서 우리는 이미 약속된 기업을 누리기 시작했습니다. 하지만 장차 누릴 것이 더 많이 남아 있기 때문에, 이런 특권을 온전히 누리는 것은 결국 장래의 일이라고 할 수밖에 없습니다! 바울이 하나님의 권속으로 양자 되는 개념을, 영광 중에 완성될 하나님의 구원 역사의 전체 사슬과 연계시키는 이유가 바로 이것입니다(엡 1:5, 11, 14). 성경은 이런 소

망을 가진 우리의 책임이 무엇인지 분명히 밝힙니다. "주를 향하여 이 소망을 가진 자마다 그의 깨끗하심과 같이 자기를 깨끗하게 하느니라"(요일 3:3). 하나님의 양자된 자녀라는 사실을 아는 우리는 그분의 성품을 나타내기 위해 자신을 더 복종시킵니다. 언젠가 그분의 집에서 영원히 살 것이기 때문입니다. 그렇다면 우리는 맏형이신 그리스도의 삶의 모범을 기꺼이 따르기를 마다해서는 안될 것입니다.

> 자녀이면 또한 상속자 곧 하나님의 상속자요 그리스도와 함께한 상속자니 우리가 그와 함께 영광을 받기 위하여 고난도 함께 받아야 할 것이니라(롬 8:17).

> 참으면 또한 함께 왕 노릇 할 것이요 우리가 주를 부인하면 주도 우리를 부인하실 것이라(딤후 2:12).

11장
그리스도와의 연합

앞 장에서는 하나님의 자녀됨에 대해 알아보았습니다. 그리스도인으로서 우리에게 절실히 필요한 것 가운데 하나는, 자녀됨에 대한 비전을 붙들고 그리스도 안에서 우리가 가진 새 생명을 그 가치에 걸맞게 영광스럽고 존귀한 것으로 여기는 것입니다. 우리 모두는 은혜로 얻은 것을 아주 하찮게 여기라는 유혹을 받고 있습니다. 우리는 그리스도 안에서 이미 우리 것이 된 존귀한 부르심에는 여전히 미치지 못하고 있습니다. 하나님께서 우리를 위해 이미 이루신 일과 우리 속에서 이루어 가기 시작하신 일에 대한 이해를 넓혀 이전과는 전혀 다른 안목을 가지라고 성경은 촉구합니다.

이 맥락을 기억하면서 이제 우리는 그리스도인 삶의 중심에 서서 지금까지 우리가 살펴 온 교리들과 긴밀하게 관련된 또 다른 교리를 살펴보려고 합니다. 이 교리는 다른 모든 교리들을 조화롭게 한 덩어리로 엮어 주는 고리와 같습니다. 이 교리는 신약성경이 거듭 강조하는 진리로, 우리 모두가 그리스도께 연합되었다는 것입니다.

그리스도 안에

우리가 '그리스도 안에' 있는 것을 그리스도와의 연합이라고 부릅니다. 바울은 자신의 편지를 받아 보는 수신자들을 하나님께서 자신을 위해 구별하신 '성도들'이라고 부를 뿐 아니라 '그리스도 안에' 있는 자들이라고 말합니다(고전 1:2, 엡 1:1, 빌 1:1, 골 1:2, 살전 1:1, 살후 1:1). 그리스도께서 신자들 안에 거하신다는 사실 역시 이에 못지않게 강조합니다(롬 8:10, 갈 2:20, 골 1:27). 이와 같이 우리 주님과 그분의 백성 사이의 친밀한 연합을 가리키는 말은 모두 복음을 통해 계시된 위대한 신비들 가운데 하나이고(골 1:27), 오직 계시를 통해서만 알 수 있는 것입니다.

우리가 누리는 모든 영적인 체험과 복은 그리스도와의 연합에 기반을 두고 있습니다. 이 모든 것은 '그리스도 안에서' 주어지고, '그리스도 안에' 있는 사람들만이 경험합니다. 바울은 특히, 우리가 제2장에서 구원 계획과 관련해 살펴본 에베소서 1:3-14에서 이 사실을 강조합니다. 헬라어 원문을 보면 이 열두 절은 원래 한 문장으로 이루어져 있습니다! 바울은 복음이 주는 이 위대한 복에 감격한 나머지 숨 고를 겨를도 없었던 모양입니다. 우리는 그리스도 안에서 택함 받고(4절), 은혜 받고(6절), 구속 받고(7절), 화목하게 되고(10절), 예정되고(11절), 인치심을 받았다(13절)고 말합니다. 시종일

관 그리스도인의 삶은 그리스도를 중심으로 이루어집니다. 끊임없이 그분을 바라봄으로써 우리의 모든 영적인 필요가 채워집니다. 신자가 누리는 영적인 모든 복은 그리스도 안에 있습니다. 바울의 말에 따르면, 우리가 그리스도 안에 있을 때에만 그리스도 안에서 주어진 복이 우리 경험의 실체가 됩니다.

그리스도와의 연합 개념의 배경

그리스도와의 연합이라는 개념이 어떻게 바울 신학의 중심을 차지하게 되었을까요? 바울이 이교도들의 '신비' 종교에서 이 개념을 차용했다고 주장하는 학자들도 있었습니다. 하지만 구약성경을 배경으로 그리스도와 그분의 사역을 이해했던 바울이 이교도들의 신비 종교에서 그리스도와의 연합 개념을 빌어 왔다고 하는 것은, 성경을 통해 충분하게 증명하지 못하는 한 너무 경솔한 주장입니다. 그리스도와의 연합 개념에 대한 배경은 성경에서 쉽게 찾아볼 수 있기 때문입니다.

그중 한 가지로, 연합union과 사귐communion은 구약성경에서 하나님과 그분의 백성이 누리는 관계를 이해하는 중심개념입니다. 결혼이 이 관계를 잘 드러내 줍니다. 하나님께서 그분의 백성과 맺으신 언약은 결혼 서약과 같습니다. 이사야 선지자가 이스라엘을 지으신 자를 일컬어 부인이 부정한 중에도 신실하게 부인을 사랑하는 남편으로 말하는 대목은 바로 이런 배경에서 나온 것입니다(사 54:5-8). 예레미야 선지자는 하나님을 그분 백성의 남편으로 말함니다(렘 31:32). 호세아서도 바로 이런 맥락에서 기록된 책입니다.

구약성경은 또한 한 사람이 많은 다른 사람들의 자리를 대신하고 이들이 한 사람이 성취한 것에 다 함께 참여하는 '집합적' 인격이나 대표 개념에 익숙합니다. 한 사람의 승리나 실패가 모두에게 돌아갑니다. 다윗과 골리앗의 경우가 대표적입니다(삼상 17장). 어린 다윗의 승리는 다윗 개인의 승리가 아니라 이스라엘 전체의 승리로 해석되었습니다. 그의 승리는 그가 속한 백성의 승리였고, 이 승리를 힘입어 블레셋을 추격하여 물리쳤습니다(삼상 17:51). 구약성경에 나오는 다른 인물들에게서도 이런 대표의 원리를 볼 수 있습니다. 그들의 성취가 곧 그들이 대표하는 지역 사람들의 성취가 됩니다. 다니엘 7:13-14, 22에 나오는 인자人子는 이와 같이 개인적이고 집합적인 측면을 다 가지고 있습니다. 제사 제도에서 대제사장은 전체 백성의 대표로 기도하고 제사를 드립니다. 백성은 자신을 대표하는 대제사장이 행한 모든 일에 참여합니다. 이사야서에 나오는 종의 노래에서는(42, 49, 50, 52-53장) 의로운 자가 많은 사람의 죄를 담당합니다. 그리고 이 한 사람과 많은 사람들 사이의 결합으로 인해 이 종이 이룬 모든 것은 그와 결합한 많은 사람들의 몫으로 돌아갑니다.

신약성경에서는 요한복음을 통해 이 가르침이 더 분명하게 드러납니다. 다락방에서 예수님의 가르침은 점점 연합이라는 중심주제로 나아갑니다. 마침내 예수님이 요한복음 17장에서 성부께 기도로 그분의 마음을 쏟아 놓으실 때, 친히 이루신 백성과의 연합이 감동적으로 펼쳐집니다. 제자들 간의 연합은 성자께서 성부와 이루는 연합만큼이나 친밀합니다. 제자들의 연합은 그들 자신과 그리스도 와의 연합에서 비롯되기 때문입니다(요 17:23, 26). 포도나무와 가지의 비유에 비추어 볼 때, 제자들에게 주신 그리스도의 이 가르침에 대해 우리가 큰 부담을 느끼는 것은 어찌 보면 당연합니다. 가지가 참 포도나무에 붙어서 포도나무의 진액을 받아 커 가는 것처럼, 그리스도 안에 있는 제자들은 그리스도로부터 모든 영적 은택을 다 길어 올립니다.

바울은 자신의 편지를 통해 이런 내용을 더 발전시킵니다. 사실 바울의 가르침은 다메섹 도상에서 처음 만난 그리스도로부터 계시를 받아 그가 깨달은 것입니다. 여기서 예수님은 바울이 핍박하는 그리스도인들과 자신을 동일시하시면서 이렇게 말씀하셨습니다. "사울아, 사울아, 네가 어찌하여 나를 박해하느냐"(행 9:4, 22:8, 26:14). 사울은 예수님을 핍박하고 있었던 것입니다. 예수께서 이렇게 말씀하신 것은 교회와 그분과의 신비한 연합 때문입니다. 나중에 자신의 다른 편지에서 바울은 이 영적인 진리의 능력을 표현하기 위해 결혼의 연합(엡 5:32), 머리와 몸의 관계(엡 4:15-16)와 같은 다양한 이미지를 사용합니다. 각각의 신자는 모두 그리스도와 연합하여 그리스도 안에 있습니다. 그러면 이 연합의 본질과 그 특징은 무엇입니까?

그리스도와의 연합의 본질

이 연합을 '신비적 연합'이라고 부르는 경우가 많습니다. 그러나 그 말은 성경적이지 않을뿐더러 너무 광의적이어서 '그리스도 안에' 있다는 개념을 명확히 드러내 주지 못합니다. '신비적'이라는 말은 자신과 하나님 사이의 융합이라는 의미가 강합니다. 그러나 그리스도와의 연합은 인간으로서 우리의 정체성을 잃어버리는 것이 아닙니다.

다음 몇 가지 범주에서 생각해 보면 그리스도와의 연합을 훨씬 쉽게 이해할 수 있습니다.

1. **성약聖約적 연합.** '성약적'이라는 말은 맹약이나 언약을 뜻하는 라틴어인 포이두스 *foedus*에서 왔습니다. 여기서 강조하는 바는 하나님께서 그리스도와 그분의 백성 사이에 언약적 관계를 수립하셨다는 것입니다. 그리스도와의 연합 덕분에 그리스도께서 하시는 일이 그들의 일이 되는 것입니다.

신학자들은 행위 언약 안에서 인류의 대표인 아담의 타락으로 인해 그와 연합한 모든 인류가 타락하게 되었다고 합니다(롬 5:12-21). 바울은 아담과 인류의 관계에서 그리스도와 그분의 백성 간의 관계를 보았습니다. 그리스도께서 원래의 아담과 반대되는 아담으로 오셔서 아담으로 인해 초래된 일들을 멸하고, 아담이 잃어버렸던 것을 되찾고, 아담으로 인해 빼앗긴 것들을 다시 사람들에게 회복해 주셨습니다. 그래서 바울은 그리스도와 우리 사이의 언약에 기초한 그리스도의 순종으로 말미암아 은혜가 우리의 죄악을 덮고, 칭의가 우리에게 실재가 되고, 신자들이 생명으로 왕 노릇 한다고 합니다. 이 모든 것이 한 사람의 의로운 행위로 가능해졌습니다(롬 5:18-19).

이 모든 것은 예수와 우리 사이에 있는 실제적 연합 때문에 가능합니다. 이런 성약적 연합은 우리 밖에서, 그리고 그리스도 안에서 역사합니다.

2. **육체적 연합.** 하나님의 아들이 성육하심으로써 우리와 같이 되셨고 우리와 같은 본성을 가지셨습니다. 사람들과 같이 되겼고(빌 2:7), "죄 있는 육신의 모양"을 입으셨습니다(롬 8:3). 이 말은 해석하기 어렵기는 합니다만, 잉태될 때 그리스도께서 실제로 동정녀 마리아의 자궁을 통해 우리의 본성을 입으셨고, 성령으로 성결하게 되고, 우리 육체의 모든 연약함에도 불구하고 순종의 삶을 살아 내셨다고 말하는 것 같습니다. 그분은 진실로 우리의 형제가 되셨고 우리가 당하는 모든 시험을 당하셨기 때문에 우리의 연약함을 다 아십니다(히 4:15). 더구나 그분은 우리의 죄를 담당하고 친히 우리의 죄가 되시려고 우리의 육체를 입으사 하나님과 우리 사이를 연결해 주셨습니다(고후 5:21). 하나님의 언약과 성육신을 통해 우리는 그분과 연합합니다. 그러므로 우리와 그리스도의 연합은 그리스도가 우리의 육신을 입으시고 우리와 하나가 되신 일을 통해 이루어집니다.

3. **믿음의 연합.** 믿음은 그리스도를 의지하게 할 뿐 아니라, 신약성경의 표현에 따르면, 우리를 그리스도 안으로 데려갑니다. 그를 믿는다는 말이 신약성경에 50군데도 더 나옵니다(요 2:11, 3:16, 롬 10:14, 갈 2:16, 빌 1:29). 그리스도 안에서 모든 영적인 복이 우리 것

이지만, 우리가 그분 안에 있을 때 그것이 실제로 유익하게 드러납니다.

그렇다면 우리는 어떻게 '그리스도께 속하게' 됩니까? 믿음으로 그렇게 된다고 성경은 말합니다. 오늘날 많은 대중적 설교나 가르침에서는 자기를 부인하고 그리스도께 속해야 할 필요성이 간과되기도 합니다. 신약성경은 종종 그리스도인이 되는 것을 그리스도를 영접하는 것이라고 말합니다. 그리스도를 우리 삶으로 모셔 들인다는 말입니다. 여기서 강조되는 점은 우리 옛 자아와 죄를 버리고 '그리스도 안에서 발견되는' 것입니다. 이것은 그리스도와의 연합에 있어 아주 중요하고 실제적인 차원입니다. 자기 자신에게만 몰두하고 집중하게 하는 주관적인 체험을 강조하는 말이 아닙니다. 오히려 우리 눈을 들어 하나님의 자녀가 누리는 영광스러운 자유에 관심을 집중하는 것입니다. 포도나무와 가지의 비유가 말하는 것이 바로 이것입니다(요 15:1). '가지'에게 가장 중요하고 필요한 것은 양분을 얻어 누리기 위해 전적으로 포도나무에 붙어 의지하는 것입니다.

4. **영적인 연합**. 아주 당연한 것처럼 보이지만, 사실 영적인 연합의 본래 의미는 우리 주님과 신자의 연합이 성령의 능력으로 이루어진다는 것입니다. 성령께서 우리를 '그리스도 안으로' 데리고 가십니다. 바울은 고린도전서 6:17에서 이 연합의 긴밀함을 말합니다. "주님과 합하는 사람은 그와 한 영이 됩니다"(새번역).

5. **총체적 연합**. 그리스도와 우리의 연합은 인간으로서 그분이 경험하신 모든 것과의 연합입니다. 바울은 계속해서 다음과 같이 주장합니다. "만약 우리가 그리스도께 연합되었다면 그분이 우리를 위해 하신 모든 일에서 연합된 것이다."

로마서 6:1, 갈라디아서 2:20, 골로새서 2:20-3:4은 모두 이 연합의 범위가 어디까지인지를 보여줍니다. 만약 우리가 그리스도와 연합되었다면, 우리는 그분의 삶, 죽음, 장사, 부활, 승천, 그리고 영광 가운데 계시는(우리에게 알려지지 않은) 기간은 물론 그분의 재림까지도 함께합니다. 그리스도와의 연합이 이렇게 총체적이기 때문에 바울은 "우리의 생명이신 그리스도"라고 말할 수 있었던 것입니다(골 3:4). 그러므로 웨슬리의 이 말은 분명한 진리입니다.

> 승천하신 우리의 머리 되신
> 그리스도가 이끄시는 데까지 올라갑니다.
> 그분과 더불어 죽고 그분과 더불어 살아납니다.
> 십자가도 무덤도 천국도 우리 것입니다.
>
> 하늘과 땅의 주님께 부릅니다.
> 하늘과 땅이 주님을 송축합니다.
> 승리하신 주님을 맞이합니다.
> 만세, 주님이 부활하셨습니다!

이 시에서 웨슬리가 노래하는 것이 승리하신 그리스도를 우리가 맞이한다는 것인지, 아니면 우리와 영원히 하나되신 그분을 맞으러 승리 가운데 우리가 나아간다는 것인지 구분이 안될 만큼, 그리스도와 우리가 누리는 연합은 완전한 연합입니다!

6. **생명의 연합**. 우리가 조금 전에 인용한 본문에서 바울은, 예수님과 우리의 연합은 항상 생명의 열매를 맺는다는 사실을 강조합니다. 우리가 생명 포도나무에 항상 붙어 있는 이유가 바로 이것입니다. 삶에서 생명 포도나무 열매를 맺으려는 것입니다. 이제는 더 이상 내가 사는 것이 아니라 내 안에 계신 그리스도께서 사십니다. 지금 우리는 우리를 사랑하셔서 자신을 내어주신 하나님의 아들을 믿는 믿음으로 살아갑니다(갈 2:20).

그리스도 안에서 우리가 누리는 사귐에 대해 이런 의문이 생길 수 있습니다. "이런 복된 사귐은 그리스도와 오랫동안 사귄 후에나 가능하지 않겠는가?" 그러나 오해입니다! 그리스도와 신자가 누리는 연합의 복은 오랫동안 믿어 어떤 경지에 이르는 것이 아닙니다. 이 모든 것은 우리가 그리스도께 속하는 순간 우리에게 주어지는 복입니다. 우리가 그리스도인이라면 우리는 이 모든 복을 항상 누릴 수 있습니다! 우리가 그리스도를 가졌다면, 그것은 우리 안에 온전한 구원을 이루기 위해 그리스도의 모든 것을 가진 것입니다. 그리스도께서 우리 안에서 이루시는 온전한 구원이 바로 이제까지 살펴본 그리스도와의 연합의 궁극적인 목적입니다.

변화

지금까지 우리는 그리스도께서 성육신으로 이루신 모든 일이 그리스도와의 연합을 통해 믿음으로 우리의 것이 된다는 사실을 살펴보았습니다. 스스로를 대속 제물로 드린 그리스도의 자기희생이 우리의 것이 되어 우리의 죄책이 사라집니다. 그분이 살아 낸 순종의 삶이 우리의 것이 되어 하나님 자녀로서의 새 신분을 얻습니다. 우리가 그분께 참여할 때, 그분의 생명과 능력이 우리 안에서 역사하여 우리의 삶도 변화시킵니다. 우리가 그리스도와 연합할 때 그분의 모든 공생애가 우리의 것이 되어 우리가 지은 모든 죄가 용서받고 우리의 지난 삶이 온전하게 될 뿐 아니라, 지금 우리의 삶도 성결하게 되어 과거의 삶이 그리스도인으로서의 현재 삶을 더 이상 좌우하지 못하게 한다고까지 말할 수 있습니다. 이전에 죄를 지음으로 하나님의 형상에 해를 가하던 우리가 그리스도의 얼굴을 보고 그 얼굴빛의 거룩과 능력에 이끌립니다. 과거에 지은 죄의 권세가 현재를 살아가는 우리를 파괴하지 못합니다. 루이스 벌코프Louis Berkhof는 이 사실을 좀 더 일반적으로 말합니다.

> 이 연합을 통해 신자들은 이 땅에 계셨던 **참 인간으로서의** 그리스도의 형상을 닮아 간다. 그리스도께서 자신의 백성 안에 이루시는 일은 그리스도께서 이 땅에서 이루신 삶의 재생산이며 일종의 모사다. 객관적인 면에서뿐 아니라 주관적인 의미에서도, 그의 백성은 고난을 당하고 십자가를 지고 십자가에 못 박혀 죽고 그리스도와 함께

있는 새 생명으로 부활한다. 이들은 모두 자신의 주님이 겪으신 모든 일에 어느 정도 참여한다(마 16:24, 롬 6:5, 갈 2:20, 골 1:24, 2:12, 3:1, 벧전 4:13).[1]

1. **대가.** 그리스도와의 연합에서 대가는 광범위하게 적용될 수 있는 말입니다. 그리스도와의 연합은 그리스도 안에서 그리스도와 함께 나누는 것을 포함하는 말로, 주로 십자가에 달려 죽으시고 부활하신 주님에 대한 헌신을 의미합니다. 공생애 동안 예수께서 역설하신 주제가 그리스도와의 연합입니다. 누구든지 예수님의 제자가 되기를 바라는 사람은 날마다 자기 십자가를 지고 그분을 따라야 합니다(마 16:24, 막 8:34, 눅 9:23). 신정통주의 신학자인 디트리히 본회퍼Dietrich Bonhoeffer의 말은 너무나 감동적입니다.

> 그리스도인에게는 누구나 십자가가 있다. 모든 사람이 맛보아야 할 첫 번째 그리스도의 고난은 이 세상에 대한 애착을 끊으라는 부르심이다. 그리스도와의 조우를 통해 일어나는 옛 사람의 죽음 말이다. 제자의 길을 나서는 순간 우리는 그의 죽음과 연합함으로 우리 자신을 그리스도께 내어드린다. 우리 삶을 죽음에 내어주는 것이다. 이것이 제자도의 시작이다. 십자가는 하나님을 경외하는 행복한 삶에 종지부를 찍는 것이 아니다. 다만 그리스도와의 사귐의 출발점에서 우리와 만나는 것일 뿐이다. 그리스도가 누구를 부르시는 것은 곧 와서 죽으라는 뜻이다.[2]

바꾸어 말해, 우리가 누리는 많은 신령한 복의 근원 되시는 부활하시고 승천하신 그리스도와 하나되는 특권을 누리는 조건이 하나 있습니다. 십자가에 달린 그리스도께 속하고 그분의 죽음에 참여하는 것과 떼어 생각할 수 없습니다. 우리는 반드시 그분과 함께 세상과 옛 자아에 대해 죽어야 합니다. 바울은 갈라디아 교인들에게 보낸 편지에서 십자가에 대한 세 가지 사실을 강조하면서 이 사실을 말하고 있습니다. 십자가에서 그리스도가 못 박혔고, 십자가를 통해 세상이 우리에 대해 못 박혔고, 이로 인해 우리가 세상에 대해 십자가에 못 박혔습니다(갈 6:14). 그리스도와의 이런 사귐에 더 깊이 들어갈수록 우리 삶은 신령한 열매를 풍성히 맺습니다. 이것이 바로 그리스도의 고난에 동참한 바울이 자신의 경험을 묘사하는 이유입니다. 그는 사방으로 환란을 당하고 궁지에 몰리고 박해를 당했습니다(고후 4:8-9). 무슨 말입니까? "우리가 항상 예수의 죽음을 몸에 짊어짐은 예수의 생명이 또한 우리 몸에 나타나게 하려 함이라. 우리 살아 있는 자가 항상 예수를 위하여 죽음에 넘겨짐은 예수의 생명이 또한 우리 죽을 육체에 나타나게 하려 함이니라. 그런즉 사망은 우리 안에서 역사하고 생명은 너희 안에서 역사하느니라"(고후 4:10-12). 이런 일을 통해 바울은 그리스도 부활의 능력을 알았고 그분의 고난에 동참한 것입니다(빌 3:10).

2. **열매**. 십자가 이면에 부활이 있습니다. 그 모양도 불변합니다. 그분 죽음 안에서의 연합을 통해 부활에서도 그분과 하나되고, 그분의 승리도 나누어 갖는 것입니다. 그분을 죽은 자 가운데서 다시 살

리신 능력이 지금 우리 안에서 역사합니다(엡 1:18-21). 그렇다면 바울이 그리스도인이 영광스러운 승리를 누린다고 말할 수 있었던 것도 전혀 놀랄 일이 아닙니다(롬 8:37). 우리는 부활의 열매를 아주 다양한 방식으로 맛봅니다.

첫째, 그리스도와 연합한 사실을 알 때 자신이 얼마나 존귀하게 되었는지 알게 됩니다. 나 자신을 볼 때면 많은 실패와 죄로 인해 때로 부끄럽고 수치스럽기까지 합니다. 그러나 이것이 그리스도인인 나에 대한 최종적이고 궁극적인 사실은 아닙니다. 그렇습니다! 나는 그리스도와 연합한 자요 그리스도와 함께한 후사요 하나님의 자녀입니다. 이것이 나에 대한 진실이라는 것을 알 때 내 삶은 힘과 은혜가 넘칩니다.

둘째, 그리스도와 연합한 사실을 알 때 확신으로 기도할 수 있습니다. 그리스도께서는 제자들에게 연합의 친밀함을 말씀하시면서 참된 기도의 핵심도 말해 주셨습니다. 그리스도께서 우리 안에 우리가 그리스도 안에 거하고 그분의 말이 우리 안에 거하면, 그분의 이름으로 무엇을 구하든지 하나님께서 들으실 것입니다(요 15:4-7). 그러나 이 모든 표현은 사실 한 가지 근본적인 생각이 확장된 것일 뿐입니다. 내가 그리스도와 연합했다면, 그분이 가진 모든 것이 내 것입니다. 내 마음과 의지와 지성이 그분의 말씀 안에서 그리스도의 그것과 같다면, 나는 겸손한 확신으로 하나님께 나아갈 수 있고 하나님께서 내 기도를 들으시고 응답하실 것입니다.

셋째, 그리스도와 연합한 사실을 알 때 유혹을 이깁니다. 우리가 하나님의 자녀요 그리스도와 하나된 자녀라는 사실은, 세상과 육체의 모든 유혹과 시험에 맞서 싸울 수 있는 강력한 무기가 됩니다. '주 예수 그리스도와 하나된 내가 어떻게 이런 유혹에 굴복할 수 있단 말인가'라고 생각하게 됩니다. 요셉이 보디발의 아내의 유혹에 대해, "이 집에는 나보다 큰 이가 없으며 주인이 아무것도 내게 금하지 아니하였어도 금한 것은 당신뿐이니 당신은 자기 아내임이라. 그런즉 내가 어찌 이 큰 악을 행하여 하나님께 죄를 지으리이까" 하는 말로 많은 사람들의 죽음을 막아 냈다면(창 39:9-10), "주 예수 그리스도와 하나된 내가 어떻게 이런 유혹에 굴복할 수 있단 말인가" 하는 고백은 얼마나 더 큰 능력을 발휘하겠습니까?

이것이 바로 사도 바울이 고린도 교인들에게 있었던 추한 죄를 다루면서 지적했던 것입니다. "그리스도의 지체를 가지고 창녀의 지체를 만들겠느냐"(고전 6:15-20). 은혜로 그리스도와 하나된 우리에게 남은 일은 전에 본성적으로 행하던 일로 다시 미끄러져 들어가지 않도록 끊임없이 싸우는 것입니다.

그리스도인의 삶을 다루는 교리들 가운데 가장 심오한 이 교리는 그 영향에 있어서도 가장 실제적입니다. 하지만 신약성경에서 선택 교리 역시 연합의 교리만큼이나 실제적인 교리임을 알면 아마 많이 놀랄 것입니다. 다음 장에서 그 이유를 살펴보겠습니다.

12장

선택

C. S. 루이스는 자신이 쓴 「사자와 마녀와 옷장 *The Lion, the Witch and the Wardrobe*」이라는 유명한 책에서 나니아의 하얀 마녀가 무자비하게 사로잡고 있는 신기한 동물 세계를 그리고 있습니다. 이 마녀는 크리스마스도 없이 추운 겨울만 계속되는 주문을 온 땅에 걸어 놓았습니다. 사자요 구원자요 왕인 아슬란이 나타나 자신을 희생했을 때 비로소 이 마녀보다 더 큰 능력을 가진 이가 있다는 사실을 그 땅이 알게 됩니다. 루이스는 이것을 "태초 이전부터 이어진 심오한 마법"이라고 부릅니다. 아슬란이 자신을 희생하고 다시 생명을 얻은 후에 이 마법에 대해 자세히 설명하는 대목이 나옵니다.

"이게 다 무슨 뜻이지요?" 그들이 어느 정도 잠잠해지자 수잔이 물었다.

"그건 말이다." 아슬란이 말했다. "마녀가 그 심오한 마법에 대해 알았다 해도, 여전히 그 마녀가 모르는 게 있다는 말이란다. 그 마녀가 제 아무리 모든 것을 안다 할지라도 기껏해야 시간이 시작된 후의 일들에 대한 것뿐이란다. 만약 마녀가 시간이 태동하기 전부터 자리한 고요함과 흑암에 대해 조금이라도 살펴볼 수 있었다면, 거기서 다른 주문을 발견했을 것이고, 반역을 꾀하지도 않은 사람이 자원해서 반역자의 자리에서 죽을 때 땅이 갈라지고 사망도 다시 원래의 자리로 돌아갈 거라는 사실도 알았을 거라는 얘기지……."[1]

"태초 이전부터 이어진 심오한 마법"이 꼭 나니아 나라에서만 역사하는 것은 아닙니다. 우리를 구원하기 위한 영원한 사랑과 능력이 역사하는 것을 성경에서 보기 때문입니다. 우리의 사자-왕은 태초부터 죽임당한 어린양입니다(계 13:8). 그를 통해 영원부터 있는 하나님의 비밀한 목적이 드러납니다(엡 3:2-6). 그는 하나님이 택하신 자입니다(사 42:1). 그의 삶은 자기 백성을 택하신 하나님의 목적의 현현顯現입니다. 그에게 일어난 모든 일은 하나님이 작정하신 것입니다(행 2:23, 4:28). 루이스의 유비를 빌어 말하면, "태초 이전부터 이어진 심오한 마법"이 그리스도의 사역을 통해 발휘된 것입니다.

이런 이해를 바탕으로 선택과 예정에 관한 성경 교리를 살펴보기 시작한다면, 신약성경 기자들이 선택과 예정을 서술할 때마다 느꼈을 흥분을 우리도 어느 정도 맛볼 수 있을 것입니다. 그들에게 이 교리는 논쟁거리가 아니라 기쁨이었습니다. 이 교리에 따르면, 자신이 그리스도와 연합했다는 것은 곧 하나님이 그리스도를 택하고 사랑하시는 가운데 자신도 택하셨다는 의미가 되기 때문입니다!

예정과 선택을 동의어처럼 쓰는 경우가 많습니다. 이 두 단어가 동일한 하나의 교리를 지칭하는 것은 사실이지만, 전달하는 의미는 조금씩 다릅니다. '택하다'는 말은 말 그대로 어떤 것을 선택한다는 뜻입니다. '예정하다'는 말은 선택의 행위보다 목적을 강조합니다(행 4:28, 롬 8:28-29, 고전 2:7, 엡 1:5-11). 한마디로 선택은 하나님이 그분의 백성을 택하는 것을 말하고, 예정은 하나님께서 그들을 택하신 뜻을 가리킵니다.

하나님께서 택하신 백성

구약성경에서 선택과 예정이라는 개념은 아주 중요한 역할을 할 뿐 아니라 구약성경 신학의 근본 주제 가운데 하나입니다. 유대 나라의 역사는 '택함 받은 백성'의 역사라고 불립니다. 하나님께서 그들을 선택했기 때문에 그 나라가 존재합니다.

창세기 초두에서부터 하나님께서는 주권적인 구원 계획을 드러내십니다(창 3:15, 12:3, 18:18, 22:18, 26:4, 28:14). 하나님의 계획대로 사람과 가족을 택하시고, 마침내 하나님의 구원 약속을 짊어지고 받아 누릴 한 나라를 택하십니다. 하나님께서는 일찌감치 복음을 전할 사람을 그분의 종으로 택하셨습니다. 창세기 9:25-26에 보면, 하나님께서는 다른 사람이 아닌 노아의 계보를 통해 일하기로 하십니다. 몇 장 뒤에 보면 하나님의 선택이 아브라함과 그 후손에게 집중되는 것을 볼 수 있습니다. 하나님께서 친히 세우신 신정국가인 이스라엘이 탄생하는 출애굽기에 보면, 그들의 존재는 하나님의 주권적인 선택에서 비롯되었다는 사실이 거듭 강조됩니다(출 20:2, 34:6-7). 나중에 율법과 선지서들은 이스라엘이 하나님 은혜의 대상일 뿐, 결코 그들이 하나님의 은혜를 받을 만한 존재이기 때문에 선택된 것은 아니라고 경고합니다.

> 여호와께서 네 조상들을 사랑하신고로 그 후손인 너를 택하시고 큰 권능으로 친히 인도하여 애굽에서 나오게 하시며(신 4:37).

> 여호와께서 너희를 기뻐하시고 너희를 택하심은 너희가 다른 민족보다 수효가 많기 때문이 아니니라. 너희는 오히려 모든 민족 중에 가장 적으니라. 여호와께서 다만 너희를 사랑하심으로 말미암아 또는 너희 조상들에게 하신 맹세를 지키려 하심으로 말미암아 자기의 권능의 손으로 너희를 인도하여 내시되 너희를 그 종 되었던 집에서 애굽 왕 바로의 손에서 속량하셨나니(신 7:7-8).

> 네 하나님 여호와께서 그들을 네 앞에서 쫓아내신 후에 네가 심중에 이르기를 나의 공의로움으로 말미암아 여호와께서 나를 이 땅으로 인도하여 들여서 그것을 차지하게 하셨다 하지 말라. 이 민족들이 악함으로 말미암아 여호와께서 그들을 네 앞에서 쫓아내심이니라.…… 그러므로 네가 알 것은 네 하나님 여호와께서 네게 이 아름다운 땅을 기업으로 주신 것이 네 공의로 말미암음이 아니니라. 너는 목이 곧은 백성이니라(신 9:4, 6).

나중에 이스라엘 백성이 자신이 받아 누리는 특권에 따르는 책임을 외면하자, 선지자들은 성경의 이런 말씀들을 근거로 그들이 하나님의 택하심을 왜곡했다고 책망합니다.

예수님과 선택

예수님도 선택 교리를 가르쳤습니다. 성부께서는 그분의 계획과 목적에 따라 사람들의 삶에서 역사하신다는 것입니다. 하나님 나라에 대한 많은 가르침의 기저에 이런 생각이 깔려 있습니다. 복 받은 자들을 위해 창세로부터 이미 예비된 것입니다(마 25:34). 그 나라에서 영예로운 자리에 앉는 것은 하나님께서 정해 놓으신 대로 될 것입니다(마 20:23). 이런 구절들은 일반적으로 하나님의 주권적인 목적을 가리키는 말입니다. 그러나 예수님 또한 하나님 나라에 들어가는 것은 부르심에 따라 될 것이고(마 9:13), 이렇게 부르심을 입은 자들의 마음을 하나님께서 주장하지 않으시면 하나님의 부르심도 아무런 효력이 없을 것이라고 가르치십니다. 하나님께서는 자신이 선택하신 것을 그렇게 이루어 가십니다. 부르심을 입은 자는 많지만 택하심을 입은 사람은 적습니다(마 22:14). 이런 원리를 기반으로 하는 아래의 말씀은 그 자체로 얼마나 위로가 되는지 모릅니다.

> 그때에 예수께서 대답하여 이르시되 천지의 주재이신 아버지여, 이것을 지혜롭고 슬기 있는 자들에게는 숨기시고 어린아이들에게는

나타내심을 감사하나이다. 옳소이다. 이렇게 된 것이 아버지의 뜻이니이다. 내 아버지께서 모든 것을 내게 주셨으니 아버지 외에는 아들을 아는 자가 없고 아들과 또 아들의 소원대로 계시를 받는 자 외에는 아버지를 아는 자가 없느니라. 수고하고 무거운 짐 진 자들아, 다 내게로 오라. 내가 너희를 쉬게 하리라(마 11:25-28).

우리로서는 정말 헤아리기 어려운 말씀입니다. 성부와 성자께서 서로 간에 누리는 인격적인 놀라운 관계로 우리를 데리고 들어가십니다. 이것은 우리의 이해를 뛰어넘는 신비입니다. 그러나 이 말씀은, 사람은 성부와 성자의 선택에 따라 그리스도 안에서 하나님을 알아간다고 분명히 말합니다.

> 진노를 피하게 하시려고
> 저를 일깨워 구주 품에 숨기신 것은
> 제게 무슨 선한 것이 있어서가 아닙니다.
> 제가 이 땅에 머무는 동안
> 성령으로 성결하게 하시고 가르치사
> 제가 얼마나 큰 사랑에 빚진 자인지 알게 하소서.
> ―로버트 머레이 맥체인Robert Murray M'Cheyne

그리스도께서 비유를 말씀하신 것은 이런 선택의 목적을 분명히 이루기 위함입니다. 비유를 통해 택함을 입은 자들은 부르심을 받들고, 자기 의에 빠져 무관심한 자들은 마음이 더 굳어지게 되기 때문입니다(마 13:14-15).

요한복음은 똑같은 진리를 한층 더 강조합니다. 자신의 삶에 대해 성부께서 예정하신 목적을 깊이 인식하신 예수님은 그것을 제자들과 나눕니다. 예수님은 하늘 아버지의 뜻대로 사십니다(요 4:34, 5:30, 6:38, 39, 40). 성부께서 자기를 위해 이미 정하신 때를 향해 가는 삶입니다(요 2:4, 7:30, 8:20, 12:27, 13:1, 17:1). 예수님은 자신이 하나님께서 작정하신 목적 아래 있다는 사실을 잘 알고 계셨고, 제자들에게 그것을 말씀하셨습니다.

하지만 요한복음에서는 예수님이 세상의 구주로도 나타납니다. 하나님의 독생자이신 예수께서 하신 사역은 우주적이고, 그분은 인간의 유일한 구원자이시기 때문에 또한 모든 사람이 볼 수 있도록 높이 들리셔야 했습니다(요 3:14, 8:28, 12:32, 12:34). 그렇지만 이것 때문에 요한이 한 치의 당황하는 기색도 없이 묘사하고 있는 또 다른 강조점을 놓쳐서는 안됩니다. 요한은 요한복음서 전체를 통해 선택에 대한 강조를 하고 있습니다. 이 가르침은 무엇보다도 전체 이야기 흐름에서 아주 중요한 시점에 등장합니다. 예수님의 이 가르침 때문에 많은 사람들이 그분을 떠났다는 사실을 볼 때 이 가르침이 얼마나 중요한지도 엿볼 수 있습니다.

예수께서 이르시되 나는 생명의 떡이니 내게 오는 자는 결코 주리지 아니할 터이요 나를 믿는 자는 영원히 목마르지 아니하리라. 그러나 내가 너희에게 이르기를 너희는 나를 보고도 믿지 아니하는도다 하였느니라. 아버지께서 내게 주시는 자는 다 내게로 올 것이요 내게 오는 자는 내가 결코 내쫓지 아니하리라. 내가 하늘에서 내려온 것은 내 뜻을 행하려 함이 아니요 나를 보내신 이의 뜻을 행하려 함이니라. 나를 보내신 이의 뜻은 내게 주신 자 중에 내가 하나도 잃어버리지 아니하고 마지막 날에 다시 살리는 이것이니라. 내 아버지의 뜻은 아들을 보고 믿는 자마다 영생을 얻는 이것이니 마지막 날에 내가 이를 다시 살리리라 하시니라.…… 그때부터 그의 제자 중에서 많은 사람이 떠나가고 다시 그와 함께 다니지 아니하더라(요 6:35-40, 66).

사람들이 그리스도를 믿으려고 나아오는 것은 단지 자신의 의지만으로 그렇게 하는 것이 아닙니다. 하나님의 뜻 가운데 나아오는 것입니다. 예수님은 아버지께서 자기에게 주신 자들은 모두 다 나아올 것이라고 하실 뿐 아니라, 자기가 아니고서는 아버지께로 가는 다른 길이 없다고 말씀하십니다. 하나님의 선택을 강조한다고 해서 이 사실을 외면할 수는 없습니다. 하나님께서 그분의 자녀인 모든 이들을 선택하셨습니다. 예수님은 그들을 자신의 '소유'라고 하시고(요 6:44, 13:1) 그가 택한 자들이라고 하십니다(요 13:18, 15:16, 19). 그들을 위해 기도하시고(요 17:9) 영생을 주십니다(요 10:28, 17:2). 그러므로 예수께서 그분의 제자들에게 직접 말씀하신 이 말씀은 모든 그리스도인에게도 적용할 수 있습니다. "너희가 나를 택한 것이 아니요 내가 너희를 택하여 세웠나니 이는 너희로 가서 열매를 맺게 하고"(요 15:16). 특권에는 항상 책임이 따릅니다.

바울의 가르침

지금까지 선택에 대한 예수님의 가르침을 살펴보았습니다. 예수님이 말씀하신 단순한 복음을, 나중에 바울이 자신의 신학적 강조점을 따라 각색했다는 오랜 비평에 흔들리지 않을 만큼 충분히 살펴봤습니다! 바울에게는 하나님의 주권과 사랑의 선택에 대한 분명한 인식이 있었습니다. 그렇지만 예수 그리스도의 인식만큼 강력하고 원색적이지는 않습니다. 바울에 따르면, 하나님께서는 모든 일을 그 기쁘신 뜻대로 행하십니다(고전 12:18, 15:38, 엡 1:11, 고전 8:6, 롬 11:36). 하나님께서는 죄악된 피조물에 대한 온전한 권리를 가지고 계시고, 자신의 영광을 위해 그 뜻대로 그 권리를 사용하십니다(롬 9:22). 계속해서 살펴볼 성경의 세 부분은 이런 점에서 아주 중요한 본문들입니다.

1. **로마서 8:28.** 성경의 다른 부분들이 그렇듯이, 이 본문에서도 심각한 고난과 어려움에 처해 낙담한 성도들을 독려하는 가운데 예정이 언급됩니다. 고난 중에도 위로를 잃지 않는 이유는 하나님께서 이 모든 일을 통해 그분의 온전한 뜻을 이루시기 때문이라고 바울은 말합니다. 이런 어려움이 그의 계획을 방해하기는커녕 오히려 하나님의 계획에 꼭 들어맞을 뿐 아니라, 그 계획의 중요한 일환이었다는 것을 알게 될 것입니다. 하나님께서는 모든 일을 합력하여 그분의 자녀들에게 유익이 되게 하십니다(롬 8:28). 바울은 우리가 이미 이런 사실을 알고 있다고 합니다. "우리가 알거니와." 그렇다면 우

리는 어떻게 이 사실을 압니까? 하나님의 목적은 변하지 않을뿐더러, 하나님께서 모든 신자의 삶의 여정에 이 목적이 이루어지는 중요한 단계들을 이미 기록해 놓으셨기 때문이라고 바울은 대답합니다. 바울이 열거하는 다섯 단계는 미리 아심foreknowledge, 예정predestination, 부르심calling, 칭의justification, 영화glorification입니다. 처음 두 단계가 본 장의 내용과 특별한 연관이 있습니다. 바울은 하나님의 이런 행위를 언급하는 내내 과거시제를 사용합니다. 이미 성취된 사실처럼 말입니다. 게다가 이 단계들은 이해하기 쉽게 하기 위해 나눈 것일 뿐, 실제로는 각 단계가 연속적으로 이루어집니다. 이 단계들을 이렇게 말해 볼 수 있습니다. 미리 아신 모두를 그분이 예정하셨고, 예정하신 그들을 부르셨고, 부르신 그들을 의롭다 하셨고, 의롭다 하신 그들을 또한 영화롭게 하셨습니다. 모든 단계의 시작으로서 하나님의 미리 아신 바가 된다는 것은 곧 예정되고, 부르심을 받고, 의롭게 되고, 영화롭게 된다는 것입니다! 그렇다면 미리 아심과 예정을 우리는 어떻게 이해해야 합니까?

'미리 안다*prōginōskō*'라는 동사는 신약성경에서 두 가지 방식으로 쓰입니다. 사실이나 사물과 관련하여 쓰일 때는 '어떤 것을 미리 알거나 그것에 대한 정보를 가지고 있다'는 의미입니다. 사도행전 26:5, 베드로후서 3:17 등에서 이런 의미로 사용되었습니다. 사람과 관련하여 쓰일 때는 다른 의미를 갖게 되는데(롬 8:29, 11:2, 벧전 1:20), 사람에 대한 단순한 사실이나 정보를 아는 것이 아니라, 히브리적 의미에서 그 사람과 친밀한 교제를 누리는 것을 의미합니다. 이런 의미에서 볼 때, 미리 아심이란 '미리 사랑하심', 심지어 '미리 선택하심'이라고까지 말할 수 있습니다. 이런 의미의 '사랑'이나 '친밀한 사귐'은 산상수훈에서 예수님이 요구하는 것입니다. 마지막 심판날 스스로 예수의 권능을 가졌다고 주장하는 사람들을 예수님은 모른다 하실 것입니다. 예수님은 결코 그들을 모르십니다. 이 말씀을 하시면서 예수님은 안다는 의미로 단순한 사실적 정보를 아는 것이 아니라 사귐을 생각하셨음이 분명합니다.

그렇다면 우리는 앞에서 언급한 사도의 말에 어떤 결론을 내릴 수 있습니까? 한마디로 예정이란 하나님의 사랑하는 마음에서 비롯되었고, 우리를 향해 뛰는 그분의 사랑 넘치는 심장 박동이 우리가 나기 전에 이미 시작되었다고 보는 것입니다. 성경이 그렇게 말합니다. 여기에 미치지 못하는 것은 그 어느 것도 받아들여서는 안됩니다. 구원에 대해서 그렇게 이해하는 것이 온전히 성경에 부합하는 것입니다. 미리 아심은 사랑입니다. 미리 아심은 선택입니다!

2. **로마서 9-11장**. 로마에 사는 성도들에게 쓴 이 편지에서 바울은 칭의에 대해 말합니다. 1-8장에서 바울은 사람의 죄 때문에 칭의가 반드시 필요함을 보입니다. 칭의는 하나님의 의에서 나오고 신자의 성화로 귀결됩니다.

9-11장에서는 하나님께서 택하신 백성인 유대인이 하나님의 칭의를 거절했다고 합니다. 9장에서 바울은 하나님의 행위를 변호하고 정당화합니다. 10장에서는 어떻게 해서 유대인들이 불신앙으로 인해 하나님 나라의 특권을 잃어버렸는지 말합니다. 11장에서는 앞으로 드러날 하나님 은혜의 풍성함을 말합니다. 9장에서 바울은

모든 구원의 원천인 하나님의 주권적인 선택으로까지 거슬러 올라가면서 논의를 전개해 나갑니다. 바울의 생각이 어떻게 전개되는지 따라가 보겠습니다.

> 주장: 이스라엘이 존재했고 그들이 하나님의 약속을 수용했기 때문에 하나님의 약속이 의미 있게 된 것이 아니다. 오히려 하나님의 약속으로 인해 이스라엘이 존재하고 이 약속을 받아들일 수 있었다. 이 약속은 항상 사람들을 구분한다.
> 1) 아브라함의 자손이라고 다 약속의 자녀는 아니다(7-8절).
> 2) 한 아비에게서 태어났다는 사실 때문에 은혜가 보장되는 것도 아니다(10절).
> 3) 하나님께서 택하시는 목적이 은혜를 받게 하는 가장 중요한 요인이다(11-13절).

물론 바울의 주장은 너무나 강하고 분명해서 반발을 초래할 수밖에 없습니다. 바울은 제기된 반론 두 가지를 언급하고 여기에 답합니다.

> 반론 1: 그러면 하나님이 불의하시단 말인가?(14절)
> 답 : 그렇지 않다. 지금 우리는 정의가 아니라 긍휼에 대해 말하고 있다. 바울이 보기에 하나님께 정의를 요구하는 인간은 곧 자신의 정죄를 촉구하는 것이나 마찬가지다! 죄악된 인간은 자기가 받아야 할 몫을 내놓으라고 거룩한 하나님께 요구할 처지가 못된다. 인간이 할 수 있는 것이라고는 오직 하나

님의 긍휼에 매달리는 것뿐이다(15절).

반론 2: 그럼 하나님이 자기 마음대로 하시는 분이라는 뜻인가?(19절)
답　　: 1) 자기가 하나님 앞에서 죄악된 피조물이라는 사실을 이해하지 못하는 사람만이 하나님께 이렇게 말할 수 있다 (20-21절).
　　　 2) 하나님의 목적을 이해하지 못하는 사람이 이렇게 말한다 (22절).

물론 바울의 주장을 제대로 이해하기 위해서는 본문을 더 주의 깊게 연구하고 이 개요를 좀 더 확장시킬 필요가 있습니다. 하지만 그의 진의는 이미 분명해졌습니다. 하나님께서 택하시는 목적을 보면 하나님의 성품을 알 수 있습니다. 하나님 은혜의 본질은 인간을 향해 값없이 주시는 무한한 사랑과 긍휼입니다. 이 빛은 너무나 밝아서, 여전히 '권리' 운운하며 자신을 '정당하게' 대해 줄 것을 요구하는 죄악된 인간이 웅크리고 있는 자존심과 교만의 마지막 은신처마저 환히 드러나게 합니다. 심지어 그리스도인이라고 하는 우리조차도 구원은 전적으로 하나님의 은혜라는 사실을 얼마나 더디 믿는지 모릅니다! 우리는 이렇게 노래합니다.

제 손의 수고로는
주님의 율법의 요구를 이룰 수 없습니다.
쉼 없이 힘쓰고

제 눈에서 눈물이 영원토록 흘러내린다 해도

전혀 죄를 구속할 수 없습니다.

주님이 구원하셔야 합니다.

주님만이 구원하십니다.

—어거스터스 탑레이디

로마서 9장은 선택 교리와 관련된 아주 중요한 진리를 말해 주고 있습니다. 바로 우리의 구원은 오직 우리를 택하시고, 아들을 보내사 대신 죽게 하시고, 성령으로 우리를 그분의 나라로 이끌어 들이시는 하나님께 달려 있다는 것입니다!

3. 에베소서 1:4-14. 오늘날 대부분의 학자들은 에베소서가 원래 소아시아에 있는 몇몇 교회에 보내진 회람 서신 가운데 하나라는 사실에 동의합니다. 이 회람 서신의 사본들 가운데 하나를 에베소에 사는 성도들을 위해 보낸 것입니다. 이렇게 보면 에베소서와 같이 따뜻한 편지에 왜 바울 개인의 인사말이 없는지 쉽게 이해가 갑니다. 왜 바울이 이 편지를 시작하면서 에베소에 있는 성도들뿐 아니라 모든 믿는 사람에게 공통적인 구원에 대한 감사를 언급하는지도 분명해집니다. 바울은 본문을 통해 구원의 준비(엡 1:4-5), 구원의 성취(엡 1:6-7), 구원의 선포(엡 1:8-10)와 적용(엡 1:11-14)을 노래합니다. 여기서 분명히 드러나는 두 가지가 있습니다. 첫째, 그리스도인이 된다는 것은 위대하고 신령한 복을 받아 하나님의 은혜를 송축하는 데까지 나아간다는 뜻입니다(엡 1:6, 7, 12, 14). 둘째, 전에 언급

했던 것처럼 이 모든 신령한 복은 그리스도 안에서 발견되고, 하나님의 영원한 작정에 뿌리를 박고 있습니다(엡 1:4, 5, 9, 11).

바울은 지금 하나님께서 그분의 아들 안에서 우리에게 주신 신령한 복 꾸러미를 풀어 우리에게 보라고 내밉니다. 용서, 구속, 용납하심, 그리고 주를 기뻐하며 이 세상을 사는 데 필요한 모든 것들 말입니다. 바울이 이런 복 꾸러미를 하나 둘 풀어 갈수록, 그것들은 우리가 태어나기도 전부터 이미 하나님께 있었던 구원 계획이라는 것이 점점 분명해집니다. 심지어 세상의 기초를 놓으시기 전부터 하나님은 이 모든 복 꾸러미를 싸서 그리스도께 맡겨 두셨고 그 위에 우리 각자의 이름을 붙여 두셨습니다!

위의 세 본문은 바울의 글 가운데 이 주제와 관련하여 가장 인정받는 진술입니다. 그러나 이 교리는 그가 쓴 서신서 전반에서 볼 수 있습니다(고전 1:26-31, 엡 2:10, 골 1:27, 3:12, 살후 2:13, 딤후 1:9). 바울에게 '선택'은 복음에 나타난 가장 탁월한 말입니다. 복음에 처음 등장하는 단어가 바로 선택이기 때문입니다!

바울이 로마서 9-11장을 다루면서 선택에 대해 강조한 것이 많은 반론을 불러일으켰다고 했습니다. 많은 사람들이 예수님을 떠나게 된 것 역시 부분적으로는 예수님이 이 부분을 강조해서 가르쳤기 때문이라는 말도 했습니다. 지금도 여전히 이 가르침은 많은 반대를 불러옵니다.

선택과 예정에 제기되는 문제

1. **예정은 자유의지를 부정합니다.** "하나님께서 우리를 택하셨다면 어떻게 우리가 진정한 의미에서 하나님을 택했다고 할 수 있는가?" 하는 반문은 오랫동안 계속되었습니다. 이와 관련하여 세 가지를 말할 수 있습니다.

첫째, 영원 전부터 하나님께서 그분의 믿는 백성을 택했다고 성경이 가르친다면, 아무리 신비하고 이해가 되지 않더라도 우리는 이 사실에 안도할 수 있어야 합니다. 온 마음으로 하나님의 선택을 기뻐하고 노래하기까지는 아직 신약성경의 가르침을 제대로 아는 것이 아닙니다.

둘째, 우리 개인의 신앙 체험을 통해 하나님의 뜻과 우리 의지의 조화를 맛봅니다. 그리스도를 믿는 것은 우리입니다. 우리의 힘을 다해 믿는 것입니다. 하나님이 우리를 대신해 믿는 것이 아닙니다! 믿음에 이르는 것은 우리입니다. 그러나 동시에 하나님께서 우리를 만지시고 그분께로 이끌어 주신 것을 감사하고 찬양합니다. 다른 사람의 구원을 위해 기도할 때 우리는 "오 주님, 그를 주님께로 이끌어 주십시오!" 하고 기도합니다. 우리가 믿는 바가 무엇인지 알아보기 위해 누군가 우리의 기도를 뽑아 본다면, 신약성경의 가르침과 거의 일치하고 있다는 결론을 내릴 것입니다!

셋째, 사람들이 당연하게 믿고 있는 인간의 '자유의지'에 대해 문제를 제기해야 합니다. 성경에서 이 말은 오직 청지기적인 책무 안에서만 사용될 뿐, 믿음으로 그리스도께 나아오는 것을 이야기하면서 쓰인 적은 한 번도 없습니다. 다양한 해석이 있을 수 있지만, 하나님의 목적을 이야기할 때만큼은 자유의지가 무의미해집니다. 사실 성경에서 인간의 자유의지가 강조되는 때는 의지의 자유가 아닌 노예 된 인간의 의지를 언급할 때입니다. 성경의 거울 한 면 한 면을 통해 우리 안에 있는 어둠의 형상을 점점 더 인식해 갈 때 비로소 우리는 어떻게 해서라도 자신의 보잘것없는 공로를 구원에 슬쩍 끼어 넣으려는 본성적 사고의 마지막 한 조각까지 하나님께 내어드리게 될 것입니다.

2. **예정은 사람을 교만하게 하고 자긍하게 합니다.** 예정에 대한 성경의 가르침을 심각하게 오해하는 때가 종종 있었습니다. 로버트 번즈Robert Burns라는 시인이 살았던 18세기 스코틀랜드에서는 윤리적이고 도덕적인 적용을 하지 않은 채 이 교리를 설교했고 사람들도 이 교리를 그렇게 이해했습니다. 이로 인해 어떤 비참한 결과가 있었는지 그가 쓴 '홀리 윌리의 기도Holy Willie's Prayer'—그리스도인이라면 누구나 가슴 아파해야 할 시입니다—에 잘 드러납니다. 홀리 윌리는 이렇게 기도합니다.

> 당신은 하늘에 거하십니다!
> 당신 앞에 잘 살든 못 살든
> 한 사람을 천국에 들일 때
> 열 사람을 지옥으로 보내는 것이
> 당신의 뜻이고 당신의 영광입니다!

이 시를 계속 읽어 보면(모든 스코틀랜드 아이들은 다 알고 있겠지만) 이 기도를 드리는 윌리가 '택함 받은 자' 가운데 하나로 드러나고, 그가 저지른 죄악들—성경에 따르면 여기에 나열된 죄를 짓는 사람은 더 이상 그리스도인일 수 없고, 애초에 그리스도인이 된 적도 없는 사람입니다—이 나열됩니다. 그런데 윌리는 자신이 선택받았기 때문에 모든 것이 괜찮다고 생각합니다. 이는 심각한 오해입니다.

제가 무엇이라고, 혹은 저희 세대가 무엇이라고
이렇게 잘 대해 주십니까?

윌리는 자기 만족에 빠져 있는 사람의 전형입니다. 이것은 성경의 가르침을 왜곡하는 것입니다. 성경의 유대인들이 그랬습니다. 하지만 선택을 제대로 이해하면 더욱더 겸손해질 수밖에 없습니다. 우리가 구원에 기여할 수 있는 바가 전혀 없다는 사실을 분명하게 못 박는 것이 바로 선택이기 때문입니다. 그러므로 선택을 제대로 이해해도 시를 쓸 수밖에 없습니다. 이 시는 겸비함으로 넘쳐흐릅니다.

제가 주님을 택한 것이 아닙니다.
저는 그렇게 할 수도 없습니다.
주님이 저를 택하지 않으셨다면
제 마음은 여전히 주님을 거부하고 있을 것입니다.
주님께서 저를 깨끗하게 하시고
주님께서 저를 자유롭게 하셨습니다.

오래전에 저를 예정하셔서

주님을 위해 살도록 하셨습니다.

주권적인 긍휼로 저를 부르셨고

저를 가르치사 마음을 여셨습니다.

그렇지 않았으면 세상에 사로잡혀

하늘의 영광에는 소경이었을 것입니다.

제 마음에는 주님밖에 없습니다.

주님의 풍성한 긍휼에 목이 탑니다.

저는 압니다.

제가 만약 주님을 사랑하는 것이 맞다면

그것은 주님께서 저를 먼저 사랑하신 것이 분명합니다.

―조시아 컨더 Josiah Conder

3. **예정은 도덕적인 노력을 저해합니다.** 하나님이 우리를 택했다면 우리가 어떻게 사느냐 하는 것은 이제 더 이상 별 문제되지 않는다는 생각입니다. 하지만 신약성경은 분명히 그 반대편에 서 있습니다! 선택은 거룩의 토대입니다. 바울이 로마서 12:1-2과 같이 촉구할 수 있는 것은 그가 로마서 9-11장을 통해 설명한 대로 하나님께서 택하시는 목적이 있기 때문입니다.

> 그러므로 형제들아, 내가 하나님의 모든 자비하심으로 너희를 권하노니 너희 몸을 하나님이 기뻐하시는 거룩한 산 제물로 드리라. 이는 너희가 드릴 영적 예배니라. 너희는 이 세대를 본받지 말고 오직

마음을 새롭게 함으로 변화를 받아 하나님의 선하시고 기뻐하시고 온전하신 뜻이 무엇인지 분별하도록 하라.

아래 인용한 말씀에서 보는 바와 같이 이 주제는 신약성경에서 일관되게 드러납니다.

곧 창세전에 그리스도 안에서 우리를 택하사 우리로 사랑 안에서 그 앞에 거룩하고 흠이 없게 하시려고(엡 1:4).

우리는 그가 만드신 바라. 그리스도 예수 안에서 선한 일을 위하여 지으심을 받은 자니 이 일은 하나님이 전에 예비하사 우리로 그 가운데서 행하게 하려 하심이니라(엡 2:10).

그러므로 너희는 하나님이 택하사 거룩하고 사랑받는 자처럼 긍휼과 자비와 겸손과 온유와 오래 참음을 옷 입고(골 3:12).

곧 하나님 아버지의 미리 아심을 따라 성령이 거룩하게 하심으로 순종하고 예수 그리스도의 피 뿌림을 얻기 위하여 택하심을 받은 자들에게 편지하노니 은혜와 평강이 너희에게 더욱 많을지어다(벧전 1:2).

성경이 가르치는 핵심은 하나님의 선택이 변화된 삶을 낳는다는 것입니다. 거룩의 토대가 되는 선택은, 성령 충만하게 하나님 말씀에 순종하면서 일구어 가는 도덕적으로 변혁된 삶을 통해 줄기차게 확증됩니다. 하나님께서 이미 선택하셨기 때문에 인간은 도덕적으로 노력할 필요가 없다는 말처럼 진리와 동떨어진 말도 없습니다. 오히려 선택으로 인해 도덕적인 노력을 훨씬 더 경주하게 됩니다. 하나님께서 우리를 선택하셨다면, 어떻게 살아야 하나님 영광의 찬송이 되겠습니까?

4. **예정은 전도를 약화시킵니다.** 하나님께서 주권적으로 선택하신 사람만 구원받는다면 전도할 필요가 없습니다! 앞서 말했지만, 선택 교리를 잘못 알고 있기 때문에 이런 결론이 납니다. 구약의 하나님 백성은 이방의 빛이 되어 그들을 섬기고 하나님을 증거하기 위해 자신이 택하심을 입었다는 사실을 깨닫지 못했습니다. 이런 오해는 진정한 전도의 열정을 현저히 약화시켰습니다. 기독 교회도 마찬가지입니다. 선택 교리를 오해하면 전도의 책임을 소홀히 할 수밖에 없습니다. 그러나 이런 주장만으로는 부족합니다. 이와 전혀 다른 생각을 가진 사람들 역시 전도하지 않기 때문입니다. 이렇게 민감한 분야를 논의할 때는 동시에 이럴 수도 있고 저럴 수도 있다는 애매한 주장을 해서는 안됩니다. 오히려 우리 자신에게 이렇게 물어봅시다. "성경에서 선택과 예정 교리를 말하는 것이 맞다면, 이 교리들은 전도와 어떤 연관이 있을까?"

이 질문을 생각하면서 신약성경의 몇몇 구절들을 살펴보면 큰 도움이 됩니다. 성경을 살피다 보면 우리는 초대교회가 선택을 생각하는 가운데 자연스럽게 전도로 옮겨 갔다는 것을 알게 됩니다.

틀림없이 그들은 우리가 이미 언급한 마태복음 11:25-28에 나온 주님의 말씀에서 이것을 배웠을 것입니다. 이 말씀에서 주님께서는 하나님의 영원한 작정의 신비를 말씀하시다가 수고하고 무거운 자들을 향한 자비로운 호소로 나아가십니다. 마찬가지로 로마서 8장에서 하나님의 미리 아심과 예정의 위대한 원리를 설명하던 사도 바울은 9장에서 보는 바와 같이 유대인을 향한 전도로 관심을 옮겨 갑니다. 로마서 9장의 이 대목은 그의 모든 서신 가운데 가장 감동적인 구절이라 할 만합니다.

> 내가 그리스도 안에서 참말을 하고 거짓말을 아니하노라. 나에게 큰 근심이 있는 것과 마음에 그치지 않는 고통이 있는 것을 내 양심이 성령 안에서 나와 더불어 증언하노니 나의 형제 곧 골육의 친척을 위하여 내 자신이 저주를 받아 그리스도에게서 끊어질지라도 원하는 바로라. 그들은 이스라엘 사람이라 그들에게는 양자됨과 영광과 언약들과 율법을 세우신 것과 예배와 약속들이 있고(롬 9:1-4).

> 형제들아, 내 마음에 원하는 바와 하나님께 구하는 바는 이스라엘을 위함이니 곧 그들로 구원을 받게 함이라(롬 10:1).

하나님께서 택하시는 은혜로운 목적을 제대로 이해하게 된 바울에게 전도에 대한 강렬한 마음이 일어났다고 보는 것이 더 맞습니다. 더구나 이것은 온갖 절망적인 반대에 직면하고 복음사역에 전혀 열매가 보이지 않을 때마다 바울이 딛고 선 반석이었습니다. 고린도의 유대인들로 인해 두려움에 사로잡혀 있던 어느 날 밤, 하나님께서 환상 중에 바울에게 이렇게 말씀하십니다.

> 겁내지 말라. 잠자코 있지 말고 전도를 계속하여라. 내가 너와 함께 있을 터이니 너에게 손을 대어 해칠 사람은 하나도 없을 것이다. 이 도시에는 내 백성이 많다(행 18:9, 공동번역).

어둡고 어려운 순간마다 선택하시는 은혜를 기억함으로 그는 큰 위로와 격려를 얻었습니다.

물론 이 말이 이 교리와 관련하여 우리 마음에 일어나는 모든 의문에 답해 주는 것도 아니고 모든 긴장을 다 해소해 주지도 않습니다. 하지만 우리는 선택은 만가輓歌가 아니라 기쁨의 노래요, 전도를 막는 것이 아니라 독려하고, 교만하게 하는 것이 아니라 겸손하게 하고, 도덕적 노력을 약화시키는 것이 아니라 하나님이 기뻐하시고 받으실 만한 삶이 되도록 모든 노력을 경주하라고 촉구한다는 것을 신약성경을 통해서 충분히 살펴보았습니다. 선택 때문에 우리가 하나님을 예배한다고 성경은 말합니다. 선택을 통해 죄인을 향한 하나님의 사랑이 위대하고 값없이 주는 것으로 드러나기 때문입니다. 마지막 날에 우리는 "감추어진 일은 우리 하나님 여호와께 속하였거니와 나타난 일은 영원히 우리와 우리 자손에게 속하였나니"라고 고백하게 될 것입니다(신 29:29). 우리는 또한 이렇게 고백할 것입니다.

찬송하리로다. 하나님 곧 우리 주 예수 그리스도의 아버지께서 그리스도 안에서 하늘에 속한 모든 신령한 복을 우리에게 주시되 곧 창세전에 그리스도 안에서 우리를 택하사(엡 1:3).

13장
종식된 죄의 지배

요한일서는 그리스도인이 되는 것에 관한 아주 중요한 통찰을 줍니다. 요한의 표현대로 하면, 그리스도인이 된다는 것은 곧 하나님께로부터 나는 것입니다. 출생의 이미지를 전개해 가면서 요한은 이렇게 말합니다. "하나님께로부터 난 자마다 죄를 짓지 아니하나니 이는 하나님의 씨가 그의 속에 거함이요 그도 범죄하지 못하는 것은 하나님께로부터 났음이라"(요일 3:9). 정말 놀라운 말입니다. 특별히 오래전에 번역된 영어 성경은 '하나님께로부터 난 자는 누구도 죄를 짓지 않는다'라고 번역하기도 합니다(RSV). 하지만 우리가 요한의 가르침이 얼마나 중요한지 깨닫기 시작하면, 이 말씀을 통해 요한이 말하고자 하는 것이 새로운 출생을 통해 그리스도인의 삶에서 일어나는 죄에 대한 근본적인 변화라는 것도 알게 될 것입니다. 이 말은 단순히 신자가 계속해서 죄를 짓지 않는다는 것보다 계속해서 죄를 지을 수 없다는 뜻으로 볼 수 있습니다!

요한의 말을 이해하기란 쉽지 않습니다. 현대의 주석가들이 이 말씀에 대한 많은 다양한 해석을 내놓고 있는 것도 바로 이 때문입니다. 하지만 분명한 사실은 새로운 출생은 죄에 대한 근본적인 단절을 가져온다는 것입니다. 그리스도인이 짓는 죄나 그가 하나님의 자녀가 되기 전에 지은 죄나 그 죄의 성격은 다르지 않지만, 죄의 상태나 위상은 완전히 달라졌습니다. 이 말이 뜻하는 바가 무엇인지, 이 말은 어떻게 적용될 수 있는지 본 장을 통해 계속해서 다루겠습니다. 이 글을 읽으면서 우리 마음에 벌써 제기되었을 법한 질문을 잠시 살펴보겠습니다. "정말로 신약성경은 그리스도인의 삶에서 계속되는 죄와의 싸움을 중요하다고 강조하고 있습니까?"

그리스도인의 삶에 대한 전통적 가르침을 보면 그리스도인의 삶을 성공적으로 살아 낼 수 있는 지름길이나 손쉬운 방법 같은 것은 없습니다. 그러나 어느 세대나 즉각적으로 결과를 볼 수 있고, 별천지에 있는 것과 같은 새로운 차원의 영적 체험으로 사람들을 고양시키는 특별한 비결이나 공식이 있다고 주장하는 사람들이 있었습니다. 이미 이 부분에서 고전이 된 「거룩」을 통해 J. C. 라일이 이 문제를 언급합니다.

가족이나 친구들이 볼 때 일상의 행실과 성품에서 진보와 변화가 나타나지 않는다면, 그리스도가 전파되는 데 막대한 해를 끼칠 뿐입니다. 사람들은 "자기를 내려놓는 헌신과 믿음으로 거룩하게 된다"는 요지의 열정적인 외침을 듣고 나서 "놀라운 은혜"를 받았다고, 드디어 "더 높은 수준의 삶"의 길을 찾았다고 떠벌립니다. 그러나 참된 거룩은 단지 내적인 감흥이나 감동으로 되는 것이 아닙니다. 눈물이 흐르고 탄식하고 흥분하고 맥박이 빨라진다고 되는 것도 아닙니다. 자기가 좋아하는 설교자와 교파에 대해 강한 애착을 느끼고, 우리와 의견이 맞서는 모든 사람과 기꺼이 싸우려는 분명한 태도가 있다고 되는 것도 아닙니다. 거룩은 "그리스도의 형상the image of Christ"을 덧입는 것으로, 자신의 개인적인 삶과 습관과 성품과 행실을 통해 다른 사람에게 나타내 보이는 것입니다(롬 8:29).[1]

라일의 말에 전적으로 공감합니다. 그리고 속성으로 거룩한 삶을 살 수 있다고 약속하는 모든 방법을 개탄합니다. 또한 비록 믿음의 삶을 성공적으로 살아 낸 그리스도인들이 그리 많지 않다고(지난 몇 세기만 봐도 그렇습니다!) 할지라도, 성화에 대한 신약성경의 가르침을 단지 죄와 치르는 지루하고 고된 싸움으로만 제시하는 것도 옳지 않습니다. 한쪽 위험을 강조하려다가 다른 쪽 위험에 빠져서는 안 됩니다. 신약성경은 성화에는 두 가지 국면이 있다고 합니다. 하나는 아직 오지 않은 것으로, 영광 가운데 그리스도와 같이 변화되는 것입니다(고전 15:51, 52). 다른 하나는 하나님 나라에 들어감과 동시에 그리스도인들이 이 땅에서 경험하는 것입니다. 성화의 교리와 거룩한 삶을 이해하는 '비결'이라고 할 만한 것이 있다면 바로 이것입니다. 바울이 그렇게 말하고 있습니다.

첫째, 신약성경은 모든 그리스도인을 '성도', 곧 '거룩한 사람'이라고 부릅니다. 점점 거룩해져 가는 것을 가리키기보다는 지금 이미 거룩한 상태를 누리고 있다는 뜻입니다.

둘째, 신약성경에는 성화를 이미 지나간 과거의 경험으로 볼 때에만 이해가 되는 몇몇 중요한 본문들이 있습니다. 고린도전서 6:11에서 바울은 성도들을 다음과 같이 말합니다. "너희 중에 이와 같은 자들이 있더니 주 예수 그리스도의 이름과 우리 하나님의 성령 안에서 씻음과 거룩함과 의롭다 하심을 받았느니라." 과거 시제를 사용한 이 문장에 열거된 사건의 순서가 일반적인 순서와는 다르다는 것을 알 수 있습니다. 보통 우리는 바울이 '의롭게 되고 거룩하게 되었다'는 순서로 말할 것으로 생각합니다. 왜 순서가 바뀌었을까요? 바울 신학에서 순서는 아주 중요한 진리를 담고 있습니다. 성화는 칭의를 따라 일어날 뿐 아니라 칭의 이전에도 일어납니다. 사도행전 20:32에서 성도를 가리켜 "거룩하게 하심을 입은 모든 자"라고 말한 바울의 말이 바로 이 경우를 가리킵니다. 베드로전서에서도 이 같은 순서의 역전을 볼 수 있습니다. "곧 하나님 아버지의 미리 아심을 따라 성령이 거룩하게 하심으로 순종함과 예수 그리스도의 피 뿌림을 얻기 위하여"(벧전 1:2). 일반적으로는 순종이 성령으로 거룩하게 되는 것보다 먼저 옵니다. 그러나 지금 베드로가 말하는 것은 그리스도인으로서의 모든 체험이 시작되기 바로 이전에 일어나는 근본적 성화critical sanctification입니다.

바울의 연구를 통해 신자와 죄의 관계에서 그리스도와의 연합이 얼마나 중요한지에 대한 생각이 완전히 정립되었습니다.

　신약성경에서 그리스도와의 연합으로 그리스도와 함께 장사된 신자들을 언급할 때는 대개 그리스도와 죄의 관계, 그분과 연합한 성도들과 죄의 관계에서 일어난 중요한 변화를 가리키는 경우가 많습니다. 골로새서 2:20-3:14, 갈라디아서 2:20과, 특히 이제 우리가 자세히 살펴볼 로마서 6:1-14이 그렇습니다. 이 구절들은 그리스도인이 죄와의 관계에서 갖게 될 새로운 위상을 가장 자세하고 명확하게 기술하고 있습니다.

죄에 대하여 죽음

> 그런즉 우리가 무슨 말을 하리요. 은혜를 더하게 하려고 죄에 거하겠느냐. 그럴 수 없느니라. 죄에 대하여 죽은 우리가 어찌 그 가운데 더 살리요(롬 6:1-2).

로마서에서 바울은 칭의를 다루면서 이 말을 합니다. 바울은 지금 불경건한 자를 의롭게 한다는 가르침은 그리스도인을 오히려 부주의한 삶으로 몰아간다는 비난에 맞서고 있습니다. 로마서 5:20에서 죄가 더한 곳(아담과 그 안에 있는 인류)에 은혜가 넘친다(그리스도께, 그리고 그분 안에 있는 우리에게)고 말할 정도로 바울은 이미 그리스도 안에 있는 하나님의 은혜를 강조했습니다. 이런 반론이 제기되는 것도 바로 그런 이유에서입니다. 죄가 더해 갈수록 하나님께서 진노하시지 않고 은혜를 더 많이 부으신다면 우리가 마음껏 죄를 지어도 되지 않느냐는 것입니다.

이어지는 말씀을 통해 반론에 대한 설득력 있는 바울의 답변이 계속됩니다. 이런 반론이 하나님의 진리를 심각하게 왜곡하는 말이기 때문에 바울은 온 힘을 다해 맞섰습니다. 우리를 의롭게 한 바로 그 은혜로 우리는 거룩하게 됩니다. 우리를 그리스도와의 사귐으로 이끌어 의롭게 한 바로 그 은혜가, 우리를 그리스도와 연합하게 하여 죄에 대해서도 죽게 한다는 것입니다(2절). 죄에 대하여 죽은 우리는 더 이상 죄 안에 살 수 없습니다!

바울의 주장의 핵심은 "죄에 대하여 죽은 우리"라는 말에서 함축적으로 드러납니다. 우리말 번역 성경은 바울이 말하고자 하는 뉘앙스를 제대로 살려 내지 못하는 경우가 많습니다. 여기서 바울이 사용하는 관계대명사는 '……한 본질을 가진 우리'라는 의미를 나타내기 때문입니다. 우리말에도 이런 경우가 있습니다. 어떤 사람에 대한 강한 실망을 나타낼 때 우리는 이렇게 말합니다. "다른 사람은 몰라도 어떻게 니가 그럴 수 있지? 너만은 안 그럴 줄 알았는데, 어떻게 니가……?" 이것은 어떤 사람의 신분이나 그 사람과의 관계에 비추어 보았을 때 도무지 납득이 안되는 행동을 가리킬 때 쓰는 표현으로, 신분과 행동의 근본적인 괴리를 말하는 것입니다. 그리스도인은 그리스도인이기 때문에 더 이상 죄에 머물 수 없습니다. 그리스도인이면서도 여전히 죄를 즐기는 것은 자신의 정체에 반하는 것입니다. 요한이 말하는 바가 바로 이것입니다. 우리는 하나님의 씨를 가진 사람들이기 때문에 계속해서 죄를 짓지 않습니다. 이것은 로마서 6장의 주제이기도 합니다. 우리가 계속해서 죄를 짓지 않는 이유는 간단합니다. 우리는 본질적으로 죄에 대하여 죽은 자들이기 때문입니다.

이어지는 구절에서 바울은 "그의 죽으심과 같은 죽음으로 그와 연합하는 사람이 되었으면"이라고 말함으로써 이 사실을 더욱 분명히 합니다(롬 6:5). 여기서 바울이 쓰는 말은 문자적으로 '……와 더불어 태어난', '본유적인', '……을 타고난' 것을 의미합니다. 다시 말하면 그리스도의 죽음은 영적으로 거듭난 그리스도의 삶의 일부라는 것입니다. 그리스도의 죽음이 죄에 대한 죽음이었기 때문에, 우리의 죽음 역시 죄에 대한 죽음일 수밖에 없습니다. 하나님의 전능하신 은혜로 위로부터 거듭난 날부터 우리는 죄에 대해 전혀 새로운 관계를 가지고 살아갑니다. 우리 가운데 너무도 많은 사람들이 이 사실을 알지 못하거나 알면서도 그렇게 살아가지 않습니다. 비극이 아닐 수 없습니다.

바울의 주장

이 시점에서 신자는 "죄에 대하여 죽었다"라고 말하는 로마서 6장의 가르침을 따라가 보는 것이 아주 중요합니다. "죄에 대하여 죽었다"라는 말은 우리를 해방하는 아주 위대한 진리입니다. 지난 몇 년 동안 내가 이 진리에 대한 많은 문헌들을 수집하는 이유가 바로 여기 있습니다. 나는 십대 때 위인들의 전기를 읽으며 큰 감동을 받았던 적이 있습니다. 하지만 심혈을 기울여 캐낸 성경주석에 기반하지 않은 그들의 경험과 묘사는 결국 희미한 기억 속으로 사라져 버렸습니다. 나를 받쳐 주고 나의 경험을 세워 갈 만한 견고한 기초도 없이 나는 홀로 남겨졌습니다. 힘든 일처럼 보이지만, 우리 모두는 곧 바울이 말하는 진리가 우리 마음을 지배하게 될 것이라는 확신을 가지고 이 진리에 대한 바울의 설명을 완전히 이해하려고 애쓰는 것이 필요합니다.

바울이 말하는 핵심은 그리스도인은 그리스도 안에서 죄에 대하여 죽고, 하나님을 향한 새로운 생명으로 부활했다는 것입니다. 다음 구절을 통해 바울은 세 단계로 이 사실을 확인합니다.

1. 그리스도와의 연합으로 우리는 죄에 대하여 죽었습니다.

> 무릇 그리스도 예수와 합하여 세례를 받은 우리는 그의 죽으심과 합하여 세례를 받은 줄을 알지 못하느냐. 그러므로 우리가 그의 죽으심과 합하여 세례를 받음으로 그와 함께 장사되었나니 이는 아버지의 영광으로 말미암아 그리스도를 죽은 자 가운데서 살리심과 같이 우리로 또한 새 생명 가운데서 행하게 하려 함이라. 만일 우리가 그의 죽으심과 같은 모양으로 연합한 자가 되었으면 또한 그의 부활과 같은 모양으로 연합한 자도 되리라(롬 6:3-5).

바울은 지금 그리스도인의 세례가 얼마나 중요한지 말하고 있습니다. 그리스도인은 그리스도와 합하여 세례를 받았습니다(그것이 성령의 세례든 상징적인 물세례든 요점은 같습니다). 하지만 그리스도와 합하여 세례를 받았다면, 죽으시고 부활하신 그리스도께 속했고 그의 죽음과 부활과 합하여 세례를 받은 것입니다. 그리스도께서 죽으심으로 하나님을 향한 새로운 부활 생명을 얻은 것처럼, 그와 연합한 그리스도인도 마찬가지입니다.

이 주장의 첫 번째 요점은, 그리스도와 합하여 죽고 그분과 함께 새 생명에 참여한 자들이 계속해서 죄 가운데 살 수는 없다는 것입니다. 계속 죄를 짓는다면, 그것은 곧 자신의 새로운 정체를 부정하는 것입니다(우리는 죄에 대하여 죽은 사람들입니다!).

2. 그리스도와의 연합은 "옛 사람"의 죽음을 포함합니다.

> 우리가 알거니와 우리의 옛 사람이 예수와 함께 십자가에 못 박힌 것은 죄의 몸이 죽어 다시는 우리가 죄에게 종 노릇 하지 아니하려 함이니 이는 죽은 자가 죄에서 벗어나 의롭다 하심을 얻었음이라(롬 6:6-7).

여기서 바울은 로마의 성도들이 이미 알고 있는 사실에 호소합니다. 모든 하나님의 백성이 로마의 성도들처럼 이 사실을 이미 알고 있으면 얼마나 좋겠습니까! 바울의 요지를 따라가는 것은 그렇게 어렵지 않습니다. 자세히 살펴보지 않아도 될 만큼 바울의 주장은 분명합니다.

바울의 두 번째 요점은, 만약 우리가 죄에서 자유롭게 되었다면 여전히 죄의 지배 아래 있는 것처럼 살아갈 수 없다는 것입니다.

여기서 바울이 자신의 주장을 전개해 나가는 방식이나 주장하는 핵심을 제대로 이해하기 위해서는 더 많은 것들을 살펴볼 필요가 있습니다. 바울은 지금 우리가 죄에서 자유롭게 된 사실을 말하기 위해 몇 가지 독특한 표현을 사용하여 목청껏 이 사실을 설명하고 있습니다!

"옛 사람"은 그리스도와 연합하기 전의 우리, 곧 예전의 우리 자신입니다. 한 걸음 더 나아가 바울이 여기서 말하는 옛 사람이란 아담 안에 있는 우리 자신일 것입니다. 로마서 5장에서 바울은 이미 이 부분에 대해 설명하고 있습니다(12-21절). 우리가 그리스도께 나아가 그와 하나가 되었을 때, "옛 사람"은 그리스도와 함께 십자가에 못 박혀 죽었습니다.

"죄의 몸"은 우리가 움직이며 살아가는 몸을 가리킨다고 보는 것이 가장 맞습니다. 죄가 도구로 사용하는 이 몸은 죄의 지배를 받는 것이 특징입니다. 이 "죄의 몸"이 무장 해제당했고, 멸망당했다고 말합니다. 바울은 지금 남아 있는 죄가 멸했다고 말하는 것이 아니라, 그리스도로 말미암아 우리 삶에서 왕 노릇 하던 죄의 지배가 끊어졌다고 말하는 것입니다(롬 5:21). 비록 죄가 우리 안에 여전히 남아 있을지라도, 이제 죄는 권좌에서 끌어내려졌기 때문에 더 이상 우리 삶을 주장하지 못합니다. 바울이 곧 이어 다음과 같이 우리에게 권면할 수 있었던 것도 바로 그런 이유입니다. "그러므로 너희는 죄가 너희 죽을 몸을 지배하지 못하게 하여 몸의 사욕에 순종하지 말고"(롬 6:12).

옛 사람이 십자가에 못 박히고 죄의 몸이 멸함으로 우리 삶에 큰 변화가 찾아옵니다. 우리는 더 이상 예전의 우리가 아닙니다. 이전에 우리가 죄와 맺고 있던 관계는 더 이상 없습니다. 우리가 좀 더 주의 깊게 살펴야 할 것이 바로 이 새로운 관계입니다. 옛 사람이 십자가에 못 박히고 죄의 몸이 무장 해제됨으로 우리는 더 이상 죄의 종이 아닙니다. 이로 인해 우리가 누리는 자명한 원리는 죄에 대하여 죽은 자는 누구든지 죄에서 자유롭게 된다는 사실입니다. 물론

한 가지 중요한 질문이 남습니다. '죄에서 자유롭게 된다'는 것은 어떻게 된다는 것입니까?

물론 이 말과 상관없는 사실들이 있습니다. 여기서 바울은 죄와의 싸움이 완전히 끝났다고 말하지 않습니다. 그렇다고 이미 승리한 특별한 부류의 그리스도인들에 대해서 말한 것도 아닙니다(실제로 이렇게 생각하는 사람들도 있습니다). 바울이 말한 것은 성도라면 누구에게나 적용되는 사실입니다. 그리스도인은 더 이상 죄를 짓지 않는다는 말도 아닙니다. 그의 주장이 계속될수록 우리가 죄와 싸울 수 있는 것은 우리가 이미 죄에서 해방되었기 때문이라는 사실을 알게 됩니다.

> 그러므로 너희는 죄가 너희 죽을 몸을 지배하지 못하게 하여 몸의 사욕에 순종하지 말고.

많은 사람들은 바울이 이 말씀을 통해서 신자가 '죄에서 의롭게 된' 것을 말하고 있다고 이해합니다. 여기서 바울은 '의롭게 되다'는 뜻을 가진 동사를 사용합니다. 지금까지 살펴본 것을 볼 때 이렇게 해석하는 것이 옳습니다. 이런 해석을 견지하는 사람들은 그리스도인은 죄가 없고 시험에 들지 않고 남아 있는 죄도 없다는 식으로 이 말씀을 해석하는 것에 반대합니다. 그리고 이런 반대는 정당합니다. 그러나 바울은 죄와 관련하여 그리스도인이 '의롭다 선언된' 것만을 말하지 않습니다. 그렇게 믿을 만한 충분한 이유가 있습니다.

바울은 칭의가 아닌 성화의 맥락에서 이 말을 하고 있기 때문입니다. 더구나 바울은 지금 죄의 종 된 것에 대해 말하고 있습니다. 이런 상황에서 구원이란 칭의 이상의 의미를 담고 있을 수밖에 없습니다. 다시금 바울은 18절과 22절에 우리가 죄에서 자유롭게 되었다고 말하면서, 일반적으로 '해방시키다*eleutheroo*'는 의미를 가진 동사를 사용합니다. 이렇게 볼 때 바울은 이전에 우리가 가졌던 죄와의 관계가 다했다는 의미로 '의롭게 하다'는 말을 사용한 것이 분명합니다.

그렇다면 죄에서 '자유롭게' 된 우리는 더 이상 죄의 종이 아니라는 바울의 말은 무슨 뜻입니까? 다음 두 가지 사실이 대답을 명확히 하는 데 도움이 됩니다. 먼저 로마서 5:12-6:23에서 바울은 죄를 우리를 부리는 폭군이자 주인으로 여깁니다. 바울이 죄를 가리킬 때마다 사람들의 삶을 지배하고 속박하는 권세를 의인화해서 죄라는 말을 사용한 이유가 이것입니다. 둘째로, 우리가 이전에 누렸던 죄와의 관계를 묘사할 때마다 바울은 노예라는 말을 사용합니다. 이런 사실들에 비추어 볼 때 그는 지금 신자의 삶에서 죄의 지배와 통치가 어떻게 변했는지 말하고 있는 것입니다. 죄의 지배와 통치는 그리스도 안에서 종식되었습니다. 비록 죄의 본질은 여전히 변하지 않지만, 더 이상 신자의 삶에서 이전과 같은 권세를 갖지 못합니다. 바로 이런 관점에서 신자는 자기 안에 남아 있는 죄를 이기는 것이 항상 가능한 것입니다.

3. 그리스도와의 연합이 그리스도 안에서 살아가는 새로운 삶으로 우리를 인도합니다.

만일 우리가 그리스도와 함께 죽었으면 또한 그와 함께 살 줄을 믿노니 이는 그리스도께서 죽은 자 가운데서 살아나셨으매 다시 죽지 아니하시고 사망이 다시 그를 주장하지 못할 줄을 앎이로라. 그가 죽으심은 죄에 대하여 단번에 죽으심이요 그가 살아 계심은 하나님께 대하여 살아 계심이니(롬 6:8-10).

바울은 자신의 진술에서 한 걸음 더 나아갑니다. 그리스도와 연합한 우리는 죽음에서도 그와 하나되었습니다. 그러나 그리스도의 죽음은 그분의 부활과 나누어 생각할 수 없습니다. 그러므로 죄에 대하여 단번에 죽으신(우리의 죄책을 짊어지고 죽기 위해 스스로 죄의 지배 아래로 들어오신) 그리스도와 합한 우리는, 또한 부활하셔서 하나님을 향한 영원한 새 생명 가운데 계시는 그리스도와도 하나된 것을 확신할 수 있습니다. 그리스도께 해당되는 것은 모두 우리에게도 해당됩니다. 죄에 대하여 이전과 전혀 다른 관계를 갖게 되었을 뿐 아니라, 지금 그리스도의 새 생명에 참여하는 것입니다!

바울의 세 번째 요점은, 우리가 계속해서 죄에 머물지 않는 것은 그리스도인으로서 죄에 대해서 죽었을 뿐만 아니라, 하나님의 영광을 향한 새 생명 가운데 살아가는 것이 새롭게 된 그리스도인의 본성이기 때문입니다.

실천적 적용

이제 바울은 적용으로 우리를 인도합니다. 이 모든 것이 사실이라면, 이 사실이야말로 우리 삶에 가장 실제적인 효력을 미치는 진리입니다. 죄는 더 이상 우리를 지배하지 못합니다! 그렇다면 우리는 죄와 관련된 모든 것과 대적해 싸워서, 죄가 이전에 우리를 지배하던 것처럼 제멋대로 우리 마음을 주장할 수 없다는 것을 분명히 해야 합니다. 바울이 주장하는 것처럼, 만약 우리가 스스로를 그리스도 안에서 사망에서 생명으로 옮긴 자들로 알고, 이 분명한 토대 위에서 우리 몸을 죄의 종으로 드리기를 거부하며 살아간다면, '죄가 더 이상 우리를 다스리지 못한다'는 바울의 확신을 날마다 체험하게 될 것입니다.

이 진리가 그리스도인의 삶에 불러오는 실제적인 변화는 무엇입니까?

다음의 예가 이 가르침의 중요성을 분명히 하는 데 도움이 될 것입니다. 내가 어렸을 때 BBC 라디오에서 하는 어린이를 위한 녹음 요청 프로그램이 있었습니다. 당시에 큰 인기를 끌던 이 프로그램은 끝날 때마다 어김없이 같은 노래를 틀어 주었습니다. 바로 대니 케이트가 부르는 '미운 오리새끼'였습니다. 사람들 앞에서 수줍음을 많이 타는 작은 오리새끼에 대한 이야기였습니다. 이 오리새끼는 다른 새들과 섞여 살면서 진갈색의 짧고 억센 깃털을 한 자신의 모습에 항상 자신이 없었습니다. 다른 새들에게 무시당하고 항상 자괴감과 실패 의식에 싸여 지냈습니다. 아름다운 모습을 한 다른 새들과 비교하며 그들을 부러워했습니다. 어느 날 헤엄을 치던 이 미운 오리새끼는 아래를 내려다보고는 소스라치게 놀랐습니다. 더 이상 갈색 깃털도 아니고 억센 깃털도 아닌 우아한 백조의 깃털을 입고 있는 자신을 본 것입니다! 이 오리새끼는 즉시로 물을 박차고 날아오르면서 이렇게 소리쳤습니다. "나는 백조다. 내가 백조야." 바로 그 순간까지도 여전히 자신을 미운 오리새끼로 생각하며 지냈지만, 사실 그는 한 번도 오리였던 적이 없었습니다. 그는 항상 백조였습니다. 그러나 진정한 변화는 자신이 누구인지를 정말로 알게 되었을 때 찾아왔습니다. 자신의 참된 정체를 알고 난 후 이 백조는 새로운 기쁨을 맛보기 시작한 것입니다!

본 장을 통해 말하고자 하는 것도 이와 다르지 않습니다. 우리 가운데 너무도 많은 사람들이 자신의 죄와 실패만을 주목하고 실망하면서 이렇게 자문합니다. "도대체 내가 무엇을 할 수 있을까?" 그러나 우리에게 필요한 것은 무엇을 하는 것이 아니라, 먼저 하나님께서 하신 일을 깨닫는 것입니다. 독생자를 통해 하나님께서 이루신 일을 자각하는 사람이 바로 그리스도와 더불어 죄의 지배에 대해 죽고 그분과 더불어 새 생명으로 살림을 받은 사람입니다. 우리는 더 이상 죄의 지배 아래 있지 않습니다. 이제 우리는 '미운 오리새끼'와 같이 말할 수 있습니다. "나는 더 이상 죄의 지배 아래 있지 않다! 나는 새로운 피조물이다! 나는 이전에 내가 생각했던 사람도 아니고 예전의 나도 아니다! 나는 미운 오리새끼 같은 그리스도인이 아니라 하나님의 자녀다!"

그리스도와 더불어 죄에 대하여 죽은 사람인 우리가, 그리스도와 더불어 새 생명으로 살아난 우리가 여전히 죄의 지배 아래 있는 것처럼 어찌 계속해서 죄를 지을 수 있겠습니까?

은혜를 넘치게 하려고
계속 죄를 지어야 하는가?
위대하신 하나님, 제 마음에 이런 생각은
절대 자리하지 못하게 하소서!

그리스도와 함께 죄에 대해 죽고
그와 더불어 새 생명으로 살았으니
이미 시작된 이 생명은
하늘에서 온전하게 될 것입니다.

너무 오랫동안 사탄의 지배 아래 있었지만
이제 우리는 더 이상 노예가 아닙니다.
그리스도께서 사망과 죄를 이기셨고
우리에게 자유를 주셨기 때문입니다.

그러나 죄의 지배로부터 자유했다고 해서 곧 죄와의 싸움이 끝난 것은 아닙니다. 사실 지금부터 죄와의 새로운 싸움이 시작됩니다. 우리는 죄에 대하여 죽었지만, 우리 안에 있는 죄는 아직 죽지 않았습니다. 이제 우리의 남은 싸움, 새로운 싸움을 좀 더 자세히 살펴보겠습니다.

14장
그리스도인의 싸움

우리는 항상 그리스도인의 삶에 관한 교리를 자신의 느낌이나 만족감과 결부시켜 제한하려고 합니다. 그러나 그리스도인의 체험만을 강조해서는 참된 그리스도인이 누리는 조화로운 삶을 결코 유지해 나갈 수 없습니다. 이 땅에서 죄의 영향과 상관없이 평안히 자유를 누리는 것을 대단한 믿음으로 보는 그리스도인들이 있습니다. 반면에 이 땅을 지나가는 그리스도인의 삶을 어둡고 우울하게 여기고 내생에 누릴 구원만을 소중히 여기고 사모하는 사람들도 있습니다. 하지만 그리스도인이 되는 것이 현실 생활에는 기쁨이 없고 불확실한 장래의 기쁨에만 목을 매고 살아가야 하는 비참하고 슬픈 전주곡과 같은 것은 아닙니다!

둘 중 어느 쪽이든 이런 극단적인 입장은 참으로 서글픈 착각입니다. 항상 웃기만 하는 것이 그리스도인의 삶은 아닙니다. 그렇다고 하염없이 눈물 흘리며 사는 것은 더더욱 아닙니다. 항상 평강 가운데 지내는 것도 아니지만, 그렇다고 항상 좌절과 실패만 있는 것도 아닙니다. 그리스도인의 삶에는 "믿음에서 오는 모든 기쁨과 평화"도 있지만(롬 15:13, 새번역), 동시에 웨스트민스터 신앙고백에서 말하는 '멈출 수 없고 화해할 수 없는 전쟁'도 있습니다.[1]

신약성경은 그리스도의 오심(그분의 성육신, 삶, 죽음, 부활, 승천 등을 포함한)을 시간의 흐름을 극적으로 바꾸고 모든 현재를 특별한 의미로 채울 수 있도록 한 결정적인 사건으로 봅니다. 그리스도인은 성경이 말하는 '종말'의 때가 시작된 그리스도의 초림과, 세상의 마지막을 의미하는 그리스도의 재림 사이를 채우는 인간 역사의 독특한 시기를 살아갑니다. 그러므로 그리스도인의 삶은 그리스도의 사역과 승리의 열매가 교회라는 새로운 사회를 통해 공동체적으로뿐 아니라 개인의 삶과 세상을 통해 드러나기 시작하는 과도기의 특징을 고스란히 나타냅니다. 우리는 이미 은혜로 구원을 받았습니다(엡 2:8). 그러나 엄밀히 말하면 우리는 그리스도께서 우리 안에서 이루시는 역사를 통해 구원을 이루어 가고 있고, 더 나아가 그리스도께서 다시 오셔서 우리가 그분의 형상을 입기까지 완전히 구원받은 것은 아닙니다. 우리는 지금 이 두 시대 사이를 살아가고 있습니다.

그리스도인의 삶에 담긴 이런 역설을 제2차 세계대전에 빗대어 이야기하곤 합니다. 성경의 가르침에 따르면, 예수께서 십자가에 달리심과 동시에 그에 따라 계속해서 일어난 일련의 사건들은 전쟁의 승패를 가늠하는 결정적인 싸움이 일어나 승리한 D-Day입니다. 한편 우리는 D-Day에 이룬 일들이 완전한 실체로 성취되는 날인 V-Day를 고대합니다. 그리스도인이 모든 원수를 이길 승리의 확신을 누리고 있음에도 불구하고 원수들과의 무수한 작은 전투과 소탕작전은 일생 동안 계속됩니다. 지난 장에서 우리는 그리스도의 십자가 승리를 통해 그리스도인은 죄에 대해 죽었지만 죄 자체가 아직 완전히 없어진 것은 아니라고 했습니다. 여전히 죄는 남아 있습니다. 다음 장에서 살펴보겠지만, 우리는 이렇게 남아 있는 죄를 반드시 죽여야 합니다. 바울이 가르친 핵심 가운데 하나는 D-Day의 승리에 참여한 우리는 이제 죄에 대한 입장이 전혀 달라졌다는 것입니다. 하지만 죄를 완전히 박멸할 V-Day가 이르기까지는 죄와의 싸움을 멈출 수 없고, 끊임없이 싸워야 하는 자신을 발견할 것입니다. '안팎으로 온갖 싸움과 두려움'을 경험하면서 그리스도께 나아가는 것이 바로 그리스도인의 삶입니다. 도무지 '화해가 있을 수 없는' 이 싸움이 가진 몇 가지 특징을 주목합시다. 샬롯 엘리엇 Charlotte Elliott의 찬송인 '큰 죄에 빠진 날 위해 Just As I Am'(고린도후서 7:5에 나오는 바울의 고백을 따라 지은 찬송)가 잘 지적하는 것처럼, 이 싸움은 안팎에서 계속됩니다. 유혹의 원천으로서 그리스도인이 싸우는 세 가지 주된 영역은 세상과 육체와 마귀입니다. 이것들은 예수 그리스도와 상관없이 지배권을 행사하는 권세들입니다. 그리스도인이 되기 전의 에베소 성도들은 세상의 여느 사람들과 다르지 않았습니다. "이 세상 풍조"를 따라 살고, "공중의 권세 잡은 자⋯⋯ 곧 지금 불순종의 아들들 가운데서 역사하는 영"의 지배를 받고, "육체의 욕심을 따라 지내며 육체와 마음이 원하는 것을 하여 다른 이들과 같이 본질상 진노의 자녀"들이었습니다(엡 2:2-3). 도무지 끊을 수 없는 오래된 이 삼겹줄—세상, 육체, 마귀—은 요한서신에서도 계속 언급됩니다.

> 이 세상이나 세상에 있는 것들을 사랑하지 말라. 누구든지 세상을 사랑하면 아버지의 사랑이 그 안에 있지 아니하니 이는 세상에 있는 모든 것이 육신의 정욕과 안목의 정욕과 이생의 자랑이니 다 아버지께로부터 온 것이 아니요 세상으로부터 온 것이라. 이 세상도 그 정욕도 지나가되 오직 하나님의 뜻을 행하는 자는 영원히 거하느니라 (요일 2:15-17).

우리 밖에서 계속되는 싸움은 세상과 마귀와의 싸움이요, 우리 안에서 이어지는 싸움은 육체와의 싸움입니다.

세상

동료 그리스도인들에게 보낸 편지에서 사도 바울은 아주 의미심장한 인사를 건넵니다. 고린도 교회에 보낸 편지에서 바울은 "그리스도 예수 안에서 거룩하여지고 성도라 부르심을 받은 자들"이라고 인사합니다(고전 1:2). 에베소 교회에는 "에베소에 사는 그리스도 예수를 믿는 성도들"이라고 인사합니다(엡 1:1, 새번역). 빌립보서에서는 "그리스도 예수 안에서 빌립보에 사는 모든 성도"라고 인사합니다(빌 1:1). 그의 인사말에는 그리스도인으로서의 삶을 가능하게 하는 두 가지 실존이 사실적으로 결합되어 있습니다. 그리스도인의 궁극적 실존은 '그리스도 안에' 있습니다. 그리스도가 신자의 집이고, 신자는 그리스도 안에 머뭅니다. 신자는 D-Day의 관점으로 살면서 V-Day를 고대합니다. 동시에 신자는, 에베소와 고린도와 빌립보라는 지명에서 알 수 있는 것처럼, 예수 그리스도께 신실하지 못하도록 하는 유혹과 권세와 풍조가 넘실대는 이 땅에 발을 딛고 살아갑니다. 그리스도인의 소명은 예수님을 거부하는 세상에서 예수님과 더불어 살아가는 것입니다. 우리는 '그리스도 안에' 있으면서 동시에 런던이나 글래스고나 맨체스터나 뉴욕이나 홍콩이나 멜버른에 삽니다. 우리는 예수님을 사랑하고 예배하고 친근히 사귀지만, 동시에 우리를 꼬드기는 무수한 광고들을 지나치며 일자리를 오갑니다. 아침에 말씀을 통해 주신 약속을 기억하며 지하철 에스컬레이터를 타고 신선한 공기를 마실 수 있는 지상으로 올라가지만, 거기도 역시 우리의 약점을 정확히 꿰뚫고 우리가 강력하게 맞서지 않으면 우리를 즉시 사로잡아 가는, 주도면밀하게 마련된 많은 육체적이고 순간적인 쾌락들이 사방에 널려 있습니다. 우리는 '그리스도 안에' 있습니다. 하지만 동시에 우리는 '세상에서' 살아갑니다. 물론 우리를 세상에 두신 분이 다름 아닌 그리스도라는 사실에서 큰 위로를 얻습니다. 바로 그분께서 우리를 위해 이렇게 기도하셨습니다.

> 내가 비옵는 것은 그들을 세상에서 데려가시기를 위함이 아니요 다만 악에 빠지지 않게 보전하시기를 위함이니이다. 내가 세상에 속하지 아니함 같이 그들도 세상에 속하지 아니하였사옵나이다. 그들을 진리로 거룩하게 하옵소서. 아버지의 말씀은 진리니이다(요 17:15-17).

하지만 이 사실로 인해 긴장이 누그러지지는 않습니다. 오히려 긴장은 더해 가고, 싸움은 더 맹렬해집니다. 우리는 밖에서부터 맹렬하게 다가오는 공격을 끊임없이 받습니다. 세상은 정말 모든 유혹의 원천입니다. 세상은 우리를 자신의 주형틀에 넣고 그대로 찍어 내려고 혈안이 되어 있습니다. 때로는 이런 세상의 영향을 거부하며 맞서기가 너무 버겁게 느껴집니다.

신약성경은 세상이 사람들에게 영향을 미치는 방식을 다양하게 보여줍니다. 그중에 하나가 씨 뿌리는 자의 비유입니다. 이 비유에서 예수님은 '가시밭과 같은 마음'이 하나님의 말씀을 어떻게 받는지 말씀합니다.

> 그는 말씀을 듣기는 하지만, 세상의 염려와 재물의 유혹이 말씀을 막아, 열매를 맺지 못한다(마 13:22, 새번역).

세상 질서는 말씀에 있는 하나님의 은혜를 질식시킵니다. 예수님은 지금 말로만 신앙을 고백하는 제자들이 하나님에 대한 열심과 소유에 대한 애착(가진 것이 많든 적든 상관없이)을 마음에 나란히 두려고 할 때 일어나는 일을 말씀하십니다. 결국(비록 그 과정이 더뎌 잘 알아채지 못할지라도 피할 수는 없습니다) 우리 마음은 더 이상 하나님의 말씀으로 호흡하지 않게 되고, 이전에 알았던 모든 영적인 생명력도 사라집니다. 이 세대와 이 세대에 속한 모든 것으로서의 '이 세상'과 세상의 가치와 시간의 관점에 지배당하지 말아야 합니다. 그리스도인으로서 우리는 각자에게 있는 세상을 향한 애착을 끊어 버리기 위해 끊임없는 전투를 해야 합니다.

사람들이 자주 오해하는 고린도전서 7장 말씀이 이 부분을 이해하는 데 도움을 줍니다.

> 너희가 염려 없기를 원하노라. 장가가지 않은 자는 주의 일을 염려하여 어찌하여야 주를 기쁘시게 할까 하되 장가간 자는 세상 일을 염려하여 어찌하여야 아내를 기쁘게 할까 하여 마음이 갈라지며 시집가지 않은 자와 처녀는 주의 일을 염려하여 몸과 영을 다 거룩하게 하려 하되 시집간 자는 세상 일을 염려하여 어찌하여야 남편을 기쁘게 할까 하느니라. 내가 이것을 말함은 너희의 유익을 위함이요 너희에게 올무를 놓으려 함이 아니니 오직 너희로 하여금 이치에 합당하게 하여 흐트러짐이 없이 주를 섬기게 하려 함이라(고전 7:32-35).

이 말씀은 때로 결혼을 열등하게 보는 바울의 시각을 보여주는 말씀이라고 오해받기도 합니다. 그러나 고린도 교회 교인들이 경험했을 부흥의 날을 겪고 그리스도인으로서의 책임을 민감하게 느끼는 사람이라면 바울이 지금 자기학대가 아닌 현실주의를 말하고 있음을 알 것입니다. 바울은 결혼을 끊임없는 전쟁터로 봅니다. 결혼한 사람이 예수 그리스도에 대한 신실함을 지켜 가기 위해서는 내면의 싸움을 피할 수 없다고 생각합니다. 그렇기 때문에 (바울이 골로새와 에베소 성도들에게 보낸 편지에서 명시하는 것처럼) 결혼은 복인 동시에 또한 유혹거리가 될 수 있습니다. 이 땅에서 받는 복에 따르는 역설입니다. 어그러진 마음 때문에 우리는 선물을 주신 분을 예배하기보다 선물을 예배할 가능성이 다분합니다. 같은 장의 앞부분에서 바울은 세상에 매이지 않는 마음을 가지라고 호소합니다.

> 형제들아, 내가 이 말을 하노니 그때가 단축하여진 고로 이후부터 아내 있는 자들은 없는 자같이 하며 우는 자들은 울지 않는 자같이 하며 기쁜 자들은 기쁘지 않은 자같이 하며 매매하는 자들은 없는 자같이 하며 세상 물건을 쓰는 자들은 다 쓰지 못하는 자같이 하라. 이 세상의 외형은 지나감이니라(고전 7:29-31).

이 본문에 대한 칼뱅의 말이 도움이 됩니다.

> 이 땅에서 우리를 윤택하게 하는 모든 것은 하나님께서 주신 거룩한 선물이다. 그러나 우리는 그것을 오용하고 망쳐 놓는다. 우리가 이렇게 하는 이유는 이 세상에서 계속 살 것이라는 속임수에 항상 놀아나기 때문이다. 이로 인해 이 땅을 순례자로 살아가도록 돕기 위해 주어진 것이 오히려 우리를 이 세상에 잡아매는 사슬이 되어 버린다. 이런 어리석음을 떨쳐 버리기 위해 사도는 세상이 짧고 그 끝이 가까웠음을 상기시킨다. 이런 관점에서 바울은 우리가 어떻게 이 세상의 것을 대하고 누려야 할지를 말해 준다. 그것이 없는 자들처럼 살아가라는 것이다. 자신을 이 세상을 지나가는 나그네로 여기는 사람은 세상에 속한 것을 다른 사람의 소유로 여긴다. 잠시 빌려 쓰고 있는 것뿐이라고 생각한다. 그리스도인의 생각은 이 땅의 것으로 채워져서도 안되고, 그것에 만족해서도 안된다. 언제라도 이 땅을

떠나갈 수 있는 사람처럼 살아야 하기 때문이다.…… 사도는 지금 개인의 소유를 버리라고 하는 것이 아니다. 그것에 열중하지 말라는 것이다.[2]

세상은 우리를 질식시킬 뿐 아니라, 우리를 세상의 뜻대로 빚어 간다고 바울은 말합니다. 우리는 자기 방식대로 우리를 짜 맞추려는 세상의 손아귀를 벗어나기 위해 모든 노력을 경주해야 합니다. 세속성을 좋은 차나 휘황찬란하고 요란한 것 정도로 축소해서 생각해서는 안됩니다. 세속성은 훨씬 더 깊고 사악한 것—성경과 기독교 신앙에 미치지 못하는 가치관과 체계로 우리 인식의 실체를 파고드는 모든 것—입니다. 속으로는 세상의 정신을 따라가면서도 겉으로만 기독교인인 것처럼 살아갈 수 있습니다. 예수님 당시 일부 바리새인들의 큰 잘못이 바로 이런 것이었습니다. 그들은 가능한 모든 세속적인 방식으로 초超세속적 삶을 추구하는 사람들이었습니다. 세상은 극도로 기만적이고 위험하며 도저히 당해 낼 수 없는 혹독한 주인입니다. 혹시 자기에게 이런 것이 있나 하고 살피려고 하면 언제 그랬냐는 듯 어느새 교묘하게 빠져나가갑니다. 오늘날 복음주의적 기독교 주변에 도사리는 저주 가운데 하나가 바로 이것입니다. 우리 조상들의 역사를 살펴보면 세상을 사랑해서 생명력을 잃은 영혼은 자기 안에 있는 세상을 분별하지 못한다는 것을 보게 됩니다.

이 세상의 속임에 빠지면 그리스도와 소원해집니다. 데마가 바울을 버리고 떠난 이유를 우리는 정확히 알지 못합니다. 단순히 바울과 함께 있기를 포기한 것이 아니라 배교한 것인지 우리는 알 수 없습니다. 그러나 분명한 것은 그가 그리스도의 오심을 고대하며 살기보다(딤후 4:8) 세상을 사랑했다는 것입니다(딤후 4:10). 이 세상 질서와 이 세대에 속한 것이 그를 이끌어 그리스도를 향한 처음 사랑과 고난받는 그리스도의 백성을 저버리게 한 것입니다. 적어도 순간적으로 가끔씩 데마는 지금 자신에게 무슨 일이 일어났는지 느꼈을 것입니다. 그러나 때는 이미 너무 늦었습니다! 영적인 힘을 너무 많이 잃어버려서 사도 요한이 말한 진리에 대한 확신조차 잃어버렸습니다.

> 무릇 하나님께로부터 난 자마다 세상을 이기느니라. 세상을 이기는 승리는 이것이니 우리의 믿음이니라. 예수께서 하나님의 아들이심을 믿는 자가 아니면 세상을 이기는 자가 누구냐(요일 5:4-5).

마귀

세상은 살아 있는 원수는 아닙니다. 그러나 그리스도인에게는 살아 있는 원수와 벌이는 또 다른 차원의 전쟁이 있습니다. 사탄과의 전쟁입니다. 사탄과의 전쟁을 생각할 때 피해야 할 두 가지 위험이 있습니다. 하나는 사탄에게 너무 무신경하는 것이고, 다른 하나는 그리스도와 그분의 승리가 눈에 들어오지 않을 정도로 사탄에게 깊이 몰입하여 이상하리만큼 마귀의 능력에 주눅 들고, 마귀의 계략에 속수무책인 것처럼 무책임하게 살아가는 것입니다. 이런 태도 가운데 그 어느 것도 신약성경이 말하는 승리의 현실에 부합하지 않습니다. 신약성경은 사탄의 능력이 얼마나 강한지 충분히 인식하면서도 그리스도께서 이루신 승리의 관점으로 그것을 바라봅니다. 그리스도 안에서 밝히 드러난 하나님의 온전한 계시의 빛을 통해서만이 우리는 흑암의 나라와 그 권세를 제대로 이해할 수 있습니다. 다른 모든 기독교 교리도 마찬가지입니다. 구약성경에서 그리스도가 어슴푸레 드러난 것처럼, 사탄 역시 구약성경에서는 상대적으로 어렴풋이 언급됩니다. 그러나 신약성경으로 넘어가면 그리스도의 오심과 더불어 사탄의 정체도 분명해집니다. 신약의 많은 본문에서 사탄은 죄와 비참함을 가져오는 자로 나타납니다. 신약성경에서 드러난 사탄의 몇 가지 특징에 주목해 봅시다.

1. **사탄의 인격과 사역**. 성경은 사탄 역시 하나님께서 그분의 영광을 위해 만드신 피조물이라고 합니다. 구약성경의 이사야 14:12-17과 에스겔 28:11-19을 사탄의 기원과 타락을 언급하는 본문으로 보는 사람들이 많습니다. 하지만 이런 해석이 보편적으로 받아들여지는 것은 아닙니다. 예를 들어, 장 칼뱅은 두 본문에 대해 이렇게 적습니다.

> 이 본문들을 사탄에 대한 설명으로 보는 사람들이 있는데 이는 무지에서 비롯된 것이다. 문맥을 볼 때 본문은 바벨론 왕을 가리키는 말로 이해해야 맞다.[3]

그러나 신약성경에는 사탄의 타락을 가리키는 것으로 볼 수밖에 없는 언급들이 있습니다. 예수님은 사탄을 가리켜 이렇게 말씀합니다. "처음부터 살인한 자요 진리가 그 속에 없으므로 진리에 서지 못하고"(요 8:44). 자신의 첫 번째 서신에서 요한은 이렇게 말합니다. "마귀는 처음부터 범죄함이라"(요일 3:8). 인간의 타락이 있기 전 상상을 초월하는 반역이 하늘나라에서 있었던 것으로 보입니다. 하지만 마귀의 타락에 대해 우리는 더 이상 말할 수 있는 것이 없습니다. 더 이상 알 필요도 없습니다.

하지만 신약성경에 나오는 사탄을 가리키는 이름들을 통해서 많은 도움을 얻을 수 있습니다. 그리스도를 가리키는 이름들이 그분에 대해 많은 사실을 말해 주는 것처럼, 사탄에게 쓰인 이름들을 보면 그가 거짓말하는 자나 방해꾼 이상이라는 것을 알 수 있습니다(살전 2:18).

그는 **마귀** the Devil입니다. 헬라어 동사 '던지다'에서 온 이 말은 중상과 비방을 내뱉는다는 뜻입니다. 마귀의 이름이 그런 것처럼 본성도 마찬가지입니다. 마귀는 거짓을 일삼습니다. 마귀는 세상에서 제멋대로 그리스도와 하나님의 성품에 대한 진리를 왜곡할 뿐 아니라(인간을 향한 하나님의 사랑의 깊이와 거룩한 본성을 조금이라도 분명히 이해하는 사람이 얼마나 드뭅니까!), 그리스도인의 마음에서도 그렇게 합니다. 하나님 자녀들의 양심에다 대고 구주에 대한 이야기가 전부 맞는 것은 아니라고 교활하게 속삭입니다. 적당히 믿는 것이 더 안전하고 지혜롭고 편하다고 넌지시 말합니다.

그는 또한 **사탄** Satan이라고 불립니다. 이 말은 원래 몰래 매복해 기다리는 것을 가리킨다고 학자들은 주장합니다. 그 주장이 사실이라면, 이 말에는 그리스도인이라면 누구나 행하는 싸움의 공통적인 요소가 잘 드러납니다. 때때로 우리는 영문도 모르는 유혹과 스트레스와 갈등과 불쾌한 압박 같은 것을 느낍니다. 그리스도인이 합당하지 못한 두려움과 의심과 생각을 갖는 것도 사탄이 매복해 기다리고 있기 때문일 수 있습니다.

그는 또한 **속이는 자**Deceiver로 불립니다. 요한계시록 13:11에 보면 이런 말이 나옵니다. "또 다른 짐승이 땅에서 올라오니 어린양 같이 두 뿔이 있고 용처럼 말을 하더라." 요한계시록에서 어린양은 보통 그리스도를 가리킵니다. 이 악한 짐승이 외적으로 그리스도의 특징을 보이는 것도 우연이 아닙니다. 우리를 미혹하여 어그러진 길로 이끄는 것이 바로 원수가 바라는 일이기 때문입니다. '속이다'는 말은 기본적으로 '헤매게 하다, 옆길로 빗나가다, 잘못으로 이끌다'는 의미를 가지고 있습니다. 얼마나 정확한 묘사입니까! 우리가 아는 마귀의 다른 특징들과도 너무나 잘 들어맞습니다. 인간 역사가 막 시작한 때부터 마귀는 하와를 속이고 현혹시켰습니다. 바울은 이 사실을 분명히 말합니다. "여자가 속아 죄에 빠졌음이라"(딤전 2:14, 창 3:13). 마귀는 사람의 마음을 혼미하게 하여 그들을 타락한 길로 이끌어 갑니다(고후 4:4).

마귀는 **형제를 참소하는 자**Accuser of the brethren로 불립니다. 헬라어로는 카테고로스 *katēgoros*입니다. 이 말은 '법정에서 고소하다'는 의미를 가진 동사에서 비롯되었습니다. 하나님의 자녀가 저지른 죄와 악행을 법정으로 가져가 고소하면서 하나님의 앞에서 끊어져야 마땅하다고 요구하는 기소자 마귀의 모습을 볼 수 있습니다. 마귀는 신자의 죄책과 실패를 자기 재물로 삼는 자입니다.

> 무거운 죄 짐에 짓눌린 저를
> 사탄은 잔인하게 괴롭힙니다.
> 안팎으로 고달픈 싸움과 두려움에 시달려
> 쉬기를 바라고 주님께로 갑니다.
>
> 주님은 저의 방패요 은신처시니
> 주님 곁으로 피합니다.
> 저를 맹렬히 고소하는 자를 다시 만나면
> 이제는 말할 수 있습니다.
> 주님이 저를 위해 죽으셨다고.
> ─존 뉴턴 John Newton

2. **사탄과 그리스도를 분별함.** 사도 바울은 우리가 사탄이 누구인지 알 뿐 아니라 사탄의 책략도 알고 있다고 합니다(고후 2:11). 이미 주목한 것처럼 사탄의 책략 가운데 하나는 사탄을 알아보지 못하도록 하는 것입니다. 사탄은 광명의 천사를 가장합니다(고후 11:14). 이런 사실은 우리로 아주 실제적인 질문을 던지게 합니다. "우리 일상에서 사탄이 역사하는 것과 예수님이 역사하는 것을 어떻게 구별할 수 있을까? 사탄의 음성과 주님의 음성을 구별하는 법은 무엇인가? 어떻게 이 둘 사이의 차이를 분별하여, 사탄의 궤계로부터 자신을 보호하고 하나님의 전신갑주를 입을 수 있을까?" 그리스도의 참

된 인도하심과 사탄의 속이는 역사를 분별하는 네 가지 방법이 있습니다.

첫째, 그리스도의 음성은 항상 성경의 참된 의미와 적용이 일치하는 반면, 사탄은 성경을 잘못 해석하고, 본문의 원래 의도와 다르게 사용합니다.

둘째, 그리스도의 지혜는 그리스도 그분만의 성품을 잘 반영합니다. 성결하고 화평합니다(약 3:17). 반면에 사탄은 불안과 불만을 부추깁니다. 사탄이나 그의 하수인을 통해 부추기는 지혜는 우리와 하나님 사이뿐 아니라, 동료 그리스도인들 사이에도 분열을 조장하고 조화를 무너뜨립니다.

셋째, 그리스도의 호소는 그분의 성품과 마찬가지로 온유합니다. 그러나 사탄의 호소는 바울의 말대로 "불화살"입니다(엡 6:16). 마음에 두려움의 불을 지르고 믿음을 무너뜨립니다.

넷째, 그리스도께서는 그분의 고난에 동참하도록 우리를 부르십니다(빌 3:10). 그러나 사탄의 이끌림은 그리스도와 연합하지 못하게 하고 그분의 십자가에서 멀어지게 합니다. 광야의 시험과 베드로를 통해 주 그리스도를 미혹하여 십자가에서 멀어지게 하려 했던 것처럼(막 8:33), 할 수만 있으면 우리 마음을 십자가에 달리신 우리 주님과 멀어지게 해서 주님을 의지하거나 사랑하지 못하도록 합니다. 마귀는 십자가의 원리야말로 모든 영적인 유익함의 온상이라는 것을 잘 알기 때문입니다(요 12:24-26). 마귀는 우리가 십자가의 원리를 실제로 체험하지 못하게 하는 일이라면 무엇도 마다하지 않습니다.

그리스도로 위장한 사탄과 그리스도를 분별하기 위해서는 성숙한 영적 분별력이 필요합니다. 하지만 이 외에도 우리가 분별하고 지켜야 할 영역이 있습니다.

3. **사탄의 생각과 우리의 생각을 분별함.** 어떤 면에서 이 일이 더 어렵습니다. 우리 안에 남아 있는 죄와 마귀의 계획이 서로 내통하고 있기 때문입니다. 오늘날 교회에서 우리는 이와 관련된 영적인 지침을 얻으려고 하지만 대체로 헛수고로 끝날 때가 많습니다. 하지만 우리는 성도 간의 교통을 통해서 또 한 번 도움을 받을 수 있습니다. 17세기 중반 런던에 있는 스데반 월부룩 교회의 교구목사였던 토머스 왓슨은 지금 우리가 던진 질문과 똑같은 질문을 던지고 답합니다.

> 우리 마음에서 일어나는 생각이 사탄으로부터 주어진 것인지 아닌지를 어떻게 구별할 수 있는가?
>
> 버나드가 말하는 것처럼, 뱀이 문 것인지 우리 생각의 질병 때문인지, 사탄의 꼬드김인지 우리 마음에서 일어난 것인지를 분별하기란 결코 쉽지 않다. 하지만 나는 이 둘 사이에 세 가지 차이점이 있음을 발견한다.
>
> 첫째, 악을 향해 치닫는 우리 마음의 움직임은 천천히 조금씩 진행된다. 그래서 죄악된 생각이 일어나 마음의 동의를 얻기까지는 오랜 시간이 걸린다. 반면에 사탄이 주는 악한 생각은 급작스럽게 일어난다. 유혹을 불화살에 비유하는 이유는 그것이 부지불식간에 날아

오기 때문이다(엡 6:16). 다윗이 이스라엘 백성의 인구조사를 계획한 것은 마귀가 그의 마음에 급작스럽게 불어넣은 생각 때문이었다.

둘째, 자기 마음에서 일어나는 악한 생각에 소스라치게 놀랄 사람은 많지 않다. 자기 자식의 모습에 소스라치게 놀랄 부모가 거의 없지 않는가! 하지만 신성모독이나 자살과 같이 사탄이 주는 악한 생각은 훨씬 더 소름 끼치고 무시무시하다. 사탄이 주는 유혹을 불화살에 비유하는 이유는 그것이 영혼을 깜짝 놀라게 하고 두려워하게 만들기 때문이다(엡 6:16).

셋째, 지팡이가 뱀으로 변하자 모세가 소스라치게 놀란 것처럼 우리 마음에 악한 생각이 일어났을 때 그것이 혐오스럽고 그것을 멀리하고 싶고 빨리 벗어 버리고만 싶다면, 그것은 우리 마음에서 자연스럽게 일어난 것이 아니라 요압의 손이 그 일에 함께한 것이다(삼하 14:19). 사탄이 이런 더러운 감정을 불어넣은 것이다.[4]

물론 쉬운 방법은 없습니다. 우리의 순례 여정을 아무 탈 없이 이끌어 줄 만한 안전하고 확실한 공식 같은 것은 그 어디에도 없습니다. 우리가 아무리 많은 경험을 한다 해도 마찬가지입니다. 선한 목자를 따라가는 우리는 한 순간도 그분에게서 시선을 떼지 말아야 합니다. 은혜 안에서 자라고 성경과 하나님의 뜻을 아는 지식에서 자라 갈수록, 우리는 자연스럽게 우리 마음의 생각과 우리 마음에서 일어나는 유혹과 사탄의 역사와 그리스도의 분명한 음성을 더욱더 민감하게 구분할 수 있게 될 것입니다. 그리스도의 음성을 구별하고 알아듣는 것은 모든 그리스도인이 누리는 특권입니다(요 10:27). 그분의 음성에 순종할수록 그 음성을 더 잘 분별할 수 있게 됩니다. 하지만 우리가 그리스도의 음성에 귀 기울이고 따라갈수록 사탄도 우리를 혼란스럽게 하고 잘못된 길로 이끌기 위해 더욱더 날뜁니다. 그리스도인이 되는 것은 '화해할 수 없는 전쟁'에 돌입하는 것이 분명합니다! 다음 장에서는 이 전쟁에서 우리 밖에 있는 원수들과의 전투뿐 아니라 우리 마음에 있는 반역자들과의 전투가 어떻게 치러지는지 살펴보겠습니다.

15장

죄 죽이기

앞 장에서 우리는 그리스도인이 치르는 다양한 전투를 살펴보았습니다. 특히 우리 '외부로부터' 오는 여러 싸움에 대해 집중적으로 알아보았습니다. 물론 외부로부터 오는 싸움이라 해서 무슨 공중전이 벌어진다는 말은 아닙니다. 우리가 맞서는 원수는 우리 마음 밖에서 침투해 들어와 우리의 관심과 사랑을 예수 그리스도로부터 앗아가려고 온갖 노력을 다합니다. 그러나 원수의 전력은 사실 그가 우리 마음에 내려앉을 수 있도록 우리가 '착륙장'을 내어주느냐의 여부에 따라 현저하게 달라집니다.

우리 주님은 자신의 때가 이르러 사탄이 가까이 온 것을 아시고 "그는 내게 관계할 것이 없으니"라고 하셨습니다(요 14:30). 우리 주님의 성품에는 마귀가 발을 딛고 힘을 발휘할 만한 본성적 지지대가 없었습니다. 그러나 애석하게도 우리는 그렇지 못합니다. 이미 언급한대로, 그리스도인에게는 마귀가 마음에서 활동하도록 내통

하는 '배반자'가 활동하고 있습니다. 지금부터 우리가 살펴보려는 문제가 바로 이것입니다.

우리 '내부'에서 전투가 끊임없이 벌어지는 이유는 우리 안에 항상 남아 있는 죄 때문입니다. 우리는 그리스도인이 죄에 대해 죽었다고 하는 바울의 가르침을 살펴보면서, 이 말이 곧 그리스도인에게 있는 죄가 죽었다는 의미는 아니라고 했습니다. 죄는 여전히 죄로 우리 안에 남아 있습니다. 변한 것은 우리 마음에 남아 있는 죄가 아니라, 남아 있는 죄의 상태와 죄와 우리의 관계입니다(우리는 더 이상 죄의 노예가 아닙니다). 이 일이 얼마나 근본적인 변화인지, 그리고 이로 인해 우리가 누리는 구원이 얼마나 영광스러운 것인지도 살펴보았습니다. 그러나 우리가 이렇게 한 것은 그리스도의 승리를 힘입어 그리스도인의 삶에 남아 있는 죄를 처단하기 위함입니다. 죄와 우리의 관계가 달라졌을 뿐 아니라, 하나님께서 우리 안에 하나님의 씨를 심으셨습니다(요일 3:9). 우리 위에 군림하던 죄를 그 자리에서 끌어내리셨을 뿐 아니라 우리에게 힘을 더해 주신 것입니다! 우리는 승리를 낙관하며 죄라는 원수와의 싸움에 돌입할 충분한 이유가 있습니다! 그렇다고 해서 피와 땀과 눈물을 흘리지 않고도 항상 쉽게 이길 수 있을 것이라 생각하면 큰 오산입니다. 다시 한 번 말하지만, 남아 있는 죄가 이제 더 이상 우리를 지배하지는 못해도 여전히 실재하고 있습니다.

신약성경이 이 사실을 분명하게 보여줍니다. 우리 안에서의 싸움은 '육체flesh'와 '성령'의 반목으로 심화됩니다. 여기서 '육체'는 '몸body'이 아닙니다. 죄로 가득하고 연약한 피조물로서의 '전인全人'을 말합니다. 그렇기 때문에 성경에 나열된 육신의 죄의 목록에는 몸으로 짓는 죄뿐 아니라 마음으로 짓는 죄까지도 포함됩니다(갈 5:19-21). 레온 모리스Leon Morris는 말합니다. "이런 의미에서 육체는 하나님을 섬기기보다는 이 땅의 것을 추구하도록 그릇된 방향으로 조직된 인간의 전 존재를 말한다."[1] 한마디로, 육체는 죄의 지배를 받는 인간의 본성을 가리킵니다.

그러나 그리스도인은 "육체 안에" 있지 않습니다(롬 8:9). "성령 안에" 있습니다. 성령 안에서 그리스도의 지배를 받습니다. 하지만 죄가 그 속에 남아 있는 것처럼 육체도 그 안에 남아 있습니다. 이와 관련하여 두 가지를 더 언급해야겠습니다. 첫째, 육체가 남아 있는 한 하나님께서 우리에게 주신 새 생명을 통해 역사하시는 하나님의 성령과 육체의 전쟁은 계속됩니다(갈 5:17). 새로운 피조물로서 육체와 싸우는 우리에게 이 사실은 큰 격려가 됩니다. 둘째, "그리스도 예수에게 속한 사람들은 육체를 그 정욕과 욕망을 함께 십자가에 못 박은 사람들"이라고 바울은 말합니다(갈 5:24, 공동번역). 바울의 이 말은 로마서 6:1과 갈라디아서 2:20과 같은 말씀과는 분명히 구분되어야 합니다. 바울이 여기서 묘사하는 것은 그리스도와의 연합을 통해 우리 안에서 이루어지는 하나님의 결정적인 역사가 아니라, 믿음으로 그리스도께 참여함으로 단호히 죄를 거부하는 일상의 모습입니다. 여기서 사용된 말은 좀 거칠어도 아주 사실적입니다. 회심할 때뿐 아니라 신자의 모든 삶에서 자신이 그리스도인이라는 사실을 확증하는, 죄에 대한 가차 없는(평소와는 달리 아주 잔혹한) 태도를 말합니다.

지금까지 말한 신자의 상황을 다음과 같이 표로 요약해 볼 수 있습니다.

하나님을 위함	하나님을 대적함
새로운 피조물	육 체
성 령	마 귀
믿음으로 단호히 죄와 결별	세 상

각각의 경우마다 우리를 위하는 능력이 우리를 맹렬히 대적하는 세력보다 더 강하다고 성경은 확증합니다. 승리는 분명합니다. 다만, 하나님께서 우리를 불러 죄를 죽이라고 하실 때 이 싸움은 극으로 치닫습니다.

죄에 대한 태도

우리 조상들은 항상 죄 죽임mortifying sin에 대해 이야기했습니다. 죄 죽임이라고 하면 죄를 짓지 않기 위해 속세를 떠나 자기 몸을 학대하는 사람을 떠올리기 쉽습니다. 성경을 통해 우리는 죄 죽임이 무엇인지 잘 알 수 있습니다. 우리 몸은 죄의 도구가 될 수 있습니다. 하지만 몸이 죄의 원천은 아닙니다. 그러므로 몸을 학대하고 거칠게 다루는 것이 문제의 해결은 될 수 없습니다. '육체'는 단순히 '피와 살'을 말하는 것이 아닙니다! 하지만 이런 중세적인 요소로 인해 그리스도인들은 죄 죽임을 어떤 식으로든 율법주의나 율법의 의로움과 관련지어 생각하는 경우가 많습니다.

이와 관련된 그리스도인의 체험에서 우리가 분명히 해야 할 가장 중심적이고 실제적인 문제는 죄를 십자가에 못 박는 것입니다. 사람들이 그동안 소홀히 다루어 온 이 진리는 반드시 회복되어야 합니다. 오늘날과 같은 문화를 살아가는 그리스도인이라면 늙으나 젊으나 모두가 배워야 할 진리이기도 합니다. 일부 젊은 그리스도인들이 믿음에 파선하는 이유 중 하나는 자기 안에 남아 있는 죄를 어떻게 다루어야 하는지 알지 못하기 때문입니다. 더욱이 이것을 현실성 없는 비실제적인 문제로 여기도록 교육받습니다. 현대 교회가 죄 죽임의 교리에 대해 이렇게 모호한 태도를 취하는 것은 도덕적 혼란에 빠진 현대 교회의 모습을 단적으로 보여주는 것입니다. 성경에서 말하는 분명한 계명들을 확신하지 못하는 것입니다.

성경에는 '죽이다'는 말이 자주 나오지 않습니다. 옛날에 번역된 성경들도 이 부분에서는 별로 다르지 않습니다. 하지만 죄를 철저하게 다루라는 개념은 신약성경 전반에 걸쳐 드러납니다. 우리 주님께서는 산상수훈을 통해 그 필요를 언급하십니다.

> 만일 네 오른 눈이 너로 실족하게 하거든 빼어 내버리라. 네 백체 중 하나가 없어지고 온 몸이 지옥에 던져지지 않는 것이 유익하며 또한 만일 네 오른손이 너로 실족하게 하거든 찍어 내버리라. 네 백체 중 하나가 없어지고 온 몸이 지옥에 던져지지 않는 것이 유익하니라(마 5:29-30).

그분의 제자가 되고자 한다면 자기를 부인하고 십자가를 지고 그분을 따라야 한다고 하신 말씀에도 동일한 개념이 나타납니다. 서신서와 마찬가지로 복음서에서도 죽음을 상징하는 가장 생생한 말은 십자가입니다. 그리스도를 따르는 것은 죄에 대해 사형을 언도하는 것일 뿐 아니라, 우리 삶에서 하나님의 뜻을 거스르는 모든 것을 날마다 십자가에 못 박음으로써 죄에 언도된 사형을 계속해서 집행해 가는 것입니다. 예수께서 산상수훈에서 조건문의 형태로 말씀하신 것처럼("만일 네 오른 눈이 너로 실족하게 하거든⋯⋯"), 유혹의 원인은 사람의 기질과 성격과 환경에 따라 다 다릅니다. 힘든 일일 수도 있지만, 우리 각자는 자신이 개인적으로 취약한 부분이 무엇인지 알아야 합니다. 그러나 죄에 대해 자신의 느낌이 어떻든지 간에 모든 죄는 반드시 죽어야 합니다. 날마다 십자가를 지고 그리스도를 따라가지 않으면 그 누구도 그리스도의 제자가 될 수 없습니다. 그리스도 예수의 사람들은 육체와 함께 그 정욕과 탐심을 십자가에 못 박았습니다(갈 5:24).

사실 어떻게 죄를 죽일 것인가 하는 아주 실제적인 문제는 신약성경에서 계속 논의되고 있었습니다. 그리고 교회사를 보면 거짓 가르침이 교회에 이미 뿌리내리고 있었다는 것을 알 수 있습니다. 특히 골로새서는 이런 배경을 염두에 두면서 읽어 가야 합니다. 일단의 거짓 교사들이 교회에서 특별한 규칙을 강요했습니다. 어떤 음식은 절대 먹지 말아야 한다고 하고, 또 어떤 행동은 금기시했습니다. "죄를 다루고 거룩하고 완전한 삶을 살기 위해서는 이러이러한 방식대로 해야 한다"는 것이 당시 거짓 교사들이 교회에 퍼뜨리고 다닌 확신이었습니다. 바울은 그들의 기만을 통렬하게 비난합니다.

> 이런 것들은 자의적 숭배와 겸손과 몸을 괴롭게 하는 데는 지혜 있는 모양이나 오직 육체 따르는 것을 금하는 데는 조금도 유익이 없느니라(골 2:23).

이 본문에서 바울은 골로새 교인들을 위해 두 가지를 하고자 합니다. 먼저 하나님의 은혜 안에서 우리가 죄를 다룰 수 있는 합당한 근거를 제시하고, 다음으로 죄를 죽이는 것에 대한 실제적인 적용을 하려고 합니다.

죄 죽임의 근거

당시 거짓 교사들은 잘못된 근거를 가지고 골로새 교인들에게 죄를 죽이라고 몰아붙였습니다. 바울은 그리스도가 아닌 "사람의 전통과 세상의 초등학문"에서 비롯된 "철학과 헛된 속임수"에 사로잡히지 말라고 당부합니다(골 2:8). 존 오웬은 이 주제를 다루는 자신의 훌륭한 복음적 저작(중요한 것은 원래 이 책이 당시 십대 청소년을 위해 기록되었다는 사실입니다)에서 자의적인 죄 죽임에 대해 말합니다. "자기 의를 이루기 위해 자기가 고안한 방법으로 힘을 다해 죄를 죽이는 것은 세상에 만연한 모든 거짓 종교의 요체다."[2] 만약 우리가 사람이 만든 규칙을 토대로 죄를 다룬다면, 실제로는 외적인 습관을 바꾸는 것뿐인데도 마치 남아 있는 죄를 다루는 것 같은 기만에 빠집니다. 이것은 결코 영원한 토대가 될 수 없습니다. 악한 날이 도래하고 위기가 닥치면, 모래 구덩이 위에 서 있는 자신을 발견하게 될 것입니다(엡 6:13).

죄를 다루기 위한 참된 토대는 그리스도와의 연합입니다. 이 연합의 일반적인 특징(제11장)과 이 연합의 실제적 결과로 드러나는 한 부분(제13장)에 대해서는 우리는 이미 살펴보았습니다. 이제 바울은 이 두 요소를 결합하여 그리스도와 우리의 연합이 얼마나 광범위한 것인지 보여줍니다. 우리는 그리스도와 함께 죽었고(골 2:20, 3:3), 그분과 함께 다시 살았고(골 3:1), 그분이 다시 오실 때 우리는 결코 나누어질 수 없는 연합으로 그분과 함께할 것입니다(골 3:4). 사실 이것이 바로 우리가 죄를 도륙할 수 있는 근거입니다. 바울은 "지금 이것이 사실이기 때문에…… 그러므로" 우리는 이 땅에 속한 본성을 죽여야 한다고 말하고 있는 것입니다(골 3:1, 5).

그렇다면 이렇게 주장하는 바울의 중심논리는 무엇입니까? (우리가 제13장에서 본 것처럼) 그리스도와의 연합으로 우리의 정체가 새로워졌고, 이로 인해 죄와의 관계도 근본적으로 달라졌습니다. 그리고 우리는 그리스도 안에서 새롭고 존귀한 신분을 얻었습니다. 그리스도와의 연합으로 전혀 새로운 삶의 방식과 헌신의 토대가 놓인 것입니다. 새로 결혼한 신부에게 새로운 이름과 전혀 다른 신분이 주어지고, 이 새로운 신분은 바로 신부가 자신의 남편만을 사랑할 수 있는 토대가 됩니다. 이전에는 다른 사람들에게 여러 모양으로 사랑을 느꼈을지 모르지만, 이제는 오직 그녀의 남편만이 유일무이한 사랑의 대상이 됩니다. 이런 배타적인 사랑을 손상시키고 왜곡하는 것은 무엇이나 단호하고도 지조 있게 거부합니다. 은혜와 믿음으로 그리스도와 결혼한 사람도 마찬가지입니다(롬 7:4).

여기서 우리는 내용을 좀 더 분명해야 할 필요가 있습니다. 지금까지 우리는 "죄를 죽이라"는 바울의 말을 사용했습니다. 그럼 도대체 죄를 죽인다는 것은 어떻게 하는 것입니까?

어떤 면에서는 죄를 죽이지 않는 것이 무엇인지 말하는 편이 더 쉬울지도 모릅니다. 죄를 죽인다는 것은 죄를 완전히 박멸한다는 말이 아닙니다. 우리는 그런 구원을 고대하지만, 이 땅에서는 어느 신자도 남아 있는 죄를 완전히 없애 버릴 수 없습니다(요일 1:8). 또한 죄를 죽인다는 것은 하나의 죄에서 또 다른 죄로 옮겨 가는 것을 말하는 것도 아닙니다. 사람은 나이가 들고 환경과 패턴이 바뀌면서 이전에 자주 넘어지던 죄에 더 이상 시달리지 않게 되는 경우가 있습니다. 그러나 죄를 죽인다는 것은 이런 것이 아닙니다. 그렇게 생각하는 사람은, 마치 의식이 없을 정도로 술을 마셔서 빨리 잠자리에 들고 싶은 것 말고는 다른 생각이 없는 사람이 그런 자신을 보면서 이제 드디어 알코올 중독에서 벗어났다고 믿는 것과 같습니다. 그러나 바울이 죄를 죽인다고 했을 때, 이것은 현저한 죄의 습관에서 사회적으로 용인되는 덜 현저한 죄로 관심이 바뀌는 것을 두고 한 말이 아닙니다. 죄의 형태가 바뀐 것일 뿐, 죄의 본질이 사라진 것은 아니기 때문입니다. 죄를 죽인다는 것은 그런 것이 아닙니다. 단순히 좀 더 얌전하고 조용한 성격을 말하는 것도 아니고, '물리적'인 것보다 '지적인' 것에 관심을 갖는 것도 아닙니다. 신약성경에서 말하는 대부분의 '육체의 죄'는 물리적인 것이라기보다는 오히려 정신적인 것입니다.

그렇다면 죄를 죽인다는 것은 무엇일까요? 우리가 날마다 죄와의 사투를 계속해 가는 것을 말합니다. 우리를 그리스도로부터 멀어지게 하는 것을 향해 우리 마음이 치닫지 않도록 하고, 우리 눈이 그 주위를 배회하지 않도록 하고, 우리 생각이 그것에 머물러 있지 못하도록 하는 것입니다. 죄악된 생각과 암시, 죄악된 바람이나 욕구, 죄악된 행실과 환경과 자극을 깨닫는 즉시 그것들을 의도적으로 거부하는 것입니다. 우리 삶에서 드러나는 일반적인 죄의 영향력과 지배를 있는 힘을 다해 약화시키는 것입니다. 잘못된 것에 대해 단순히 "아니오"라고 말하는 것으로는 부족합니다. 영혼을 살찌게 하는 복음의 모든 선한 원리를 결연히 받아들여야 합니다. 굳은 결심으로 마음의 정원에 자라는 잡초를 뽑아 버릴 뿐 아니라, 그 자리에 기독교의 은혜를 심고 물을 주어 가꾸어 가는 것입니다. 그래야만 죄를 죽일 수 있습니다. 우리 마음에서 죄의 독초를 제거할 뿐 아니라, 은혜의 화초가 뿌리내려 성령의 임재의 자양분을 빨아먹고 자라는 것을 볼 수 있어야 합니다. 우리 마음이 이렇게 은혜로 우거질 때 죄가 숨 쉬고 자라날 여지가 줄어들게 됩니다.

골로새서 3:5-11이 특별히 흥미로운 점은 그리스도인으로서 죄를 다루어야 할 영역을 요약적으로 잘 보여주기 때문입니다. 행간에서 우리는 죄를 죽이는 방식을 깨달을 수 있습니다.

그러므로 땅에 있는 지체를 죽이라. 곧 음란과 부정과 사욕과 악한 정욕과 탐심이니 탐심은 우상숭배니라. 이것들로 말미암아 하나님의 진노가 임하느니라. 너희도 전에 그 가운데 살 때에는 그 가운데서 행하였으나 이제는 너희가 이 모든 것을 벗어 버리라. 곧 분함과 노여움과 악의와 비방과 너희 입의 부끄러운 말이라. 너희가 서로 거짓말을 하지 말라. 옛 사람과 그 행위를 벗어버리고 새 사람을 입었으니 이는 자기를 창조하신 이의 형상을 따라 지식에까지 새롭게 하심을 입은 자니라. 거기에는 헬라인이나 유대인이나 할례파나 무할례파나 야만인이나 스구디아인이 종이나 자유인이 차별이 있을 수 없나니 오직 그리스도는 만유시요 만유 안에 계시니라.

죄를 죽여야 할 영역

바울은 죄를 죽여야 할 영역으로 모든 그리스도인에게 공통적으로 해당되는 세 가지 동심원을 그려 보여주는 것 같습니다.

1. **개인적이고 은밀한 삶에서 죄를 죽여야 합니다.** 5절에 열거된 땅에 속한 지체들은 외적인 행위를 가리킬 뿐 아니라 크게는 내적인 동기들도 해당이 됩니다. 우리 마음은 그 자체로 하나의 우주입니다. 모든 종류의 악이 바로 마음에서 나옵니다. 여기서 바울은 우리가 거의 언급하지 않는 죄악된 욕망과 행위들을 공개적으로 나열합니다. 성적인 추잡함과 정욕이 일상적인 대화의 일부가 된다고 해서 그런 행위들이 정당화되는 것은 아닙니다. 이와 유사한 에베소서에서 바울은 그런 말을 가리켜 "더러운 말"이라고 합니다(엡 4:29). 바울이 여기서 이런 목록을 공개적으로 나열한 것은, 이것들이 많은 그리

스도인들이 심각하게 직면하는 시험이기 때문입니다. 가혹하고 힘든 시험이 없는 척해도 아무 소용이 없습니다. 경건한 로버트 머레이 맥체인은 자신의 일기에서 우리가 알고 있는 모든 죄악의 씨는 이미 우리 마음에 심겨져 있다고 했습니다. 우리가 이 사실을 깨닫기까지는, 그리고 하나님 앞에서 우리의 죄를 구체적으로 적시하기까지는 거룩함에 진보를 이루지 못할 수도 있습니다. 부끄러운 일이지만 '더러운 생각'이 계속된다면, 우리는 그것에 결연히 맞서서 그것을 그리스도의 십자가에 못 박아야 합니다. 정욕과 탐심에 대해서도 마찬가지입니다.

2. **날마다 일상에서 죄를 죽여야 합니다.** 8절에서 바울은 우리의 일터와 가정에서 드러나는 죄악들을 열거합니다. "분함과 노여움!" 우리가 경쟁심을 느끼고 질투하거나 싫어하는 사람에게 안 좋은 일이 닥쳤을 때 그것을 은근히 기뻐하는 "악의"도 있습니다. 그리스도인이 부끄러운 말을 해서 되겠습니까? 바울은 이렇게 말합니다. "이제는 너희가 이 모든 것을 벗어 버리라"(8절). R. C. H. 렌스키는 「골로새서 주석 Commentary on Colossians」에서 말하기를, 여기서 바울이 사용한 "노여움"이라는 말은 "격분 exasperation"으로 번역해야 한다고 했습니다. 얼마나 적절한 표현입니까! 이런 성마름과 조급함을 그리스도인의 미덕으로 보는 사람들도 있습니다만, 바울은 그것을 죽여 버리라고 합니다!

3. **교회 공동체의 교제 가운데 죄를 죽여야 합니다.** 구원받은 자들과

교제할 때도 공동체의 사귐을 무너뜨리고 분열시키려는 마음의 요소들에 대해서 항상 단호하게 거부할 수 있어야 합니다. "너희가 서로 거짓말을 하지 말라"(9절). 이 말은 에베소서 4:15의 "사랑 안에서 진리를 말하면서"라는 말씀을 소극적으로 표현한 것입니다. 진리를 말할 뿐 아니라 진실하게 살고 서로를 정직하고 투명하게 대해야 한다는 말입니다. 바울은 "서로에게 거짓말 하지 말라"고 합니다. 자기의 환경이나 배경을 핑계 대지 말아야 합니다. 당시 교회는 유대인과 이방인, 배운 사람과 못 배운 사람, 종과 자유자가 함께 어우러졌습니다. 오늘날은 교회 구성이 더 다채로워졌습니다. 하지만 이런 차이는 연합과 일치를 더 빛나게 하는 것이 되어야 합니다. 이렇게 다양한 사람들이 하나로 어우러질 때 사람들을 전도할 수 있습니다(요 17:23). 그러므로 학식이나 출신이나 거주 지역이나 옷차림이나 억양 등을 이유로 우월감을 갖는 것은 하나님의 집을 무너뜨리는 저주받을 태도입니다. 교회를 무너뜨리는 일은 교회를 사랑하사 자신을 내어주신 그리스도를 봐서라도 십자가로 끌어다가 잔혹하게 도륙해야 합니다. 모든 부요의 근원이신 그분이 교회를 위해 스스로 가난해지셨고, 하나님 백성의 일치와 사귐을 위해 사회에서 내쫓기고 죽임을 당했습니다. 마음속으로든 표정으로든 아니면 실제적인 말이나 행동을 통해서든 이음매 없는 그리스도의 홍포를 찢고 나누는 죄악들은 다 십자가에 못 박아야 합니다!

죄를 어떻게 죽여야 하는가

골로새서 3장에 나오는 바울의 가르침을 잘 읽어 보면 죄를 죽이기 위해 우리가 실제적으로 할 수 있는 일들이 나옵니다. 대략 다섯 가지로 정리해 볼 수 있습니다.

1. **죄의 정체를 알아야 합니다**(골 3:5, 8, 11). 심리학자들은 억제 suppression와 억압repression을 구분합니다. 억제는 어떤 것을 할 수 있는 기회를 거부하는 것이고, 억압은 하고 싶은 것을 강제로 못하게 하는 것을 말합니다. 전자는 정상적이고 건강한 행위입니다(물론 그리스도인에게 꼭 필요한 행위입니다). 후자는 모든 심리학적 혼란을 초래합니다. 그리스도인의 삶에서 이런 혼란은 심리학적으로뿐 아니라 영적으로도 심각한 영향을 미칩니다. 물론 우리에게 도움이 되는 것 같은 미묘한 압박도 있습니다. 하지만 강제된 억압으로 인해 그런 압박에 굴복하는 것은 치명적인 결과를 낳습니다. 사탄은 우리에게 남아 있는 죄를 최대한 이용해 먹으려고 할 것이 분명합니다. 우리 모두는 사탄의 고소에 부닥칩니다. "마음에 그런 생각을 가지고도 어떻게 네가 그리스도인이라고 할 수 있느냐?" 그렇게 되면 우리는 구원은 행위가 아니라 은혜로 말미암고, 개인의 의가 아니라 오직 믿음으로만 의롭게 되고, 나를 구원하는 것은 나 자신이 아닌 그리스도라는 사실을 얼마나 쉽게 놓쳐 버리는지 모릅니다. 하지만 다른 상황은 몰라도 이런 상황에서는 아무리 뻔뻔하게 들리더라도 이렇게 담대하게 말할 수 있어야 합니다. "비록 지금 네가 고

소하는 생각과 욕망이 내게 있다 해도, 지금 나는 더 이상 의로워질 수 없을 만큼 완전히 의롭다. 나는 여전히 그리스도를 의지하고 있고, 그분의 은혜로 이런 죄들은 곧 죽게 될 것이기 때문이다." 하지만 우리가 그런 죄악들의 추악하고 더러운 실체를 고스란히 직면하게 될 때라야 비로소 십자가만이 그것들에게 합당하다는 것을 알게 됩니다.

2. 우리 죄를 하나님의 임재의 빛으로 가져가야 합니다. 우리가 본성적으로 가장 나중에 하는 일이 사실은 우리가 영적으로 가장 먼저 해야 할 일입니다. 우리 죄에 대해 바울은 "이것들로 말미암아 하나님의 진노가 임하느니라"고 말합니다(골 3:6). 나의 죄를 분명히 알고 마음으로 그 죄를 끊기 위해서는 모든 불의와 불경건으로 촉발되는 하나님의 진노의 빛 아래서 그 죄악들을 비추어 볼 줄 알아야 합니다(롬 1:18). 그렇게 죄를 비추어 볼 수 있는 곳이 바로 십자가입니다. 마음의 눈으로 자신의 죄를 그곳으로 끌고 가야 합니다. 예루살렘 성문 밖에 드리운 한낮의 흑암 속으로 데리고 가서 그 죄로 말미암아 고난당하는 그리스도의 수치와 비참함을 똑똑히 보아야 합니다. 수치로 숨어 버린 태양과, 가슴을 치며 돌아가는 무리들(눅 23:48)을 보고 하나님의 진노를 담당한 이의 울부짖음을 들어야 합니다. "나의 하나님, 나의 하나님, 어찌하여 나를 버리셨나이까." 거기서 자신의 죄를 보고 통회하며 이렇게 말하십시오. "주 예수님, 여기에 답이 있군요. 나의 이 죄 때문에 주님께서 이렇게 큰 고통을 당하시다니요." 바로 여기까지 이르지 않고서는, 죄를 십자가에 못

박으려고 하지 않습니다.

3. 이전에 지은 죄들이 얼마나 수치스러운 것인지 생각해 보십시오. "너희도 전에 그 가운데 살 때에는 그 가운데서 행하였으나"(골 3:7). 이것을 우리는 그리스도인의 삶에 있는 '비교의 원리 comparative principle'라고 말할 수 있습니다. 과거를 돌이켜 보면서 자신의 영적 상태를 파악하는 것이 바람직하지 못할 때도 있습니다. 하지만 이 경우는 과거를 돌아보는 것이 은혜를 누리는 통로가 됩니다. 바울은 이렇게 말합니다. "그때에 여러분이 얻은 것이 무엇입니까?"(롬 6:21, 공동번역) 이와 똑같은 원리로 우리도 과거를 회상하는 것입니다. 영생의 기쁨으로 들어왔으면서 왜 다시 예전의 삶으로 돌아가려고 합니까? 그리스도 안에서 이전 것은 다 지나갔는데 왜 다시 옛 사람처럼 살고 있습니까?

4. 우리는 이미 그리스도와 연합한 사람임을 기억하십시오. 1-4절에서 바울은 이미 이것을 언급했습니다. 9-10절에서 다시 한 번 이 주제를 암시합니다. 신약성경에서 "옛 사람"과 "새 사람"은 거의 기술적 표현에 가깝습니다. "옛 사람"은 본성적으로 아담과 연합했던 우리 자신을 가리킵니다. "새 사람"은 그리스도와의 연합으로 그 안에서 새롭게 된 우리를 말합니다. 바울은 지금 이렇게 말하고 있는 것입니다. "그리스도 안에서 너희가 누구인지 생각해 보라. 그리고 너희가 누군지 알았다면 그 지식이 너희 삶에 강력하게 역사하도록 하자. 너희는 그리스도와 절대 떨어질 수 없도록 온전히 하나된 것을

기억하라." 우리가 죄를 짓는다고 해서 그것 때문에 그리스도와 멀어지는 것은 아니라고 말하는 고린도전서 6:7도 이와 동일한 의미의 말씀입니다. 죄를 지을 때는 그분이 가까이 계시지 않은 것처럼 느낄 수 있지만, 그때조차 우리는 여전히 그분과 하나입니다. 그러므로 죄를 지을 때 우리는 그리스도를 우리 죄 안으로 끌고 들어가는 것입니다. "너희 몸이 그리스도의 지체인 줄을 알지 못하느냐. 내가 그리스도의 지체를 가지고 창녀의 지체를 만들겠느냐"(고전 6:15).

5. **열심히 기도하는 가운데 성령의 열매를 구하십시오.** 이것은 이어지는 12-17절에 나타난 바울의 격려의 요지입니다. 존 플라벨John Flavel은 "물이 불을 끄는 것처럼, 은혜는 타락을 잠재운다"라고 했습니다. 성령으로 뿌리면 성령으로 거둡니다. 성령으로 죄악된 육체의 행실을 죽이면 우리가 산다고 성경은 약속합니다(롬 8:13). 그러므로 우리에게 절실히 필요한 것은 끝까지 참고 견디는 것입니다.

16장
성도의 견인

신학적 배경이 어떻든지 간에 그리스도인이라면 누구나 노예상이었다가 회심한 존 뉴턴의 찬송을 좋아합니다.

> 나 같은 죄인 살리신
> 주 은혜 놀라와
> 잃었던 생명 찾았고
> 광명을 얻었네.

뉴턴이 이 찬양을 통해 노래하고 있는 주제가 바로 지금까지 우리가 성경을 따라 살펴본 내용입니다. 주의 은혜가 놀라운 것은 이 은혜로 우리가 구원을 받았기 때문입니다. 내가 이전에 어떤 사람이었는지(잃어버린바 되고 눈먼 자였습니다), 그리고 지금 그리스도 안에서 어떤 사람이 되었는지(하나님 안에 발견되고 다시 보게 되었습니다)

를 생각할 때마다 이런 역사를 이룬 은혜에 놀라지 않을 수 없습니다. 신약성경에는 여러 가지 방식으로 이 주제가 반복해서 등장하지만, 하나님께서 우리를 그분의 나라에 들이시기 위해 하신 일이 무엇인지 조금이라도 절감하는 사람만이 이 은혜의 역사에 탄복합니다.

이 찬송의 다른 절은 하나님께서 우리 안에 시작하신 일을 반드시 이루실 것에 대해 노래합니다.

이제껏 내가 산 것도
주님의 은혜라.
또 나를 장차 본향에
인도해 주시리.

하지만 지금까지 우리가 살펴본 것처럼 모든 그리스도인이 여전히 세상과 육체와 마귀와 치열하게 싸우고 있는 현실을 생각해 볼 때, 뉴턴이 이렇게 노래한 것이 과연 합당한지 묻지 않을 수 없습니다. "또 나를 장차 본향에 인도해 주시리"라는 가사는 적어도 이런 세력들과 악전고투하고 있는 사람이 부르기에는 너무 성급한 것이 아닌가 하는 것입니다. 언뜻 보면, 이런 가사를 기쁜 마음과 즐거운 목소리로 부른다는 사실 자체가 살아가면서 많은 싸움을 싸워야 하는 그리스도인들과는 잘 맞지 않는 것 같습니다. 뉴턴이 그리스도인이 경험하는 '많은 위험과 싸움과 유혹들'을 조금만 더 진지하게 생각했다면 이렇게 확신에 찬 노래를 쓸 수 있었을까요?

이런 문제들은 다 성도의 견인과 관련된 것입니다. 그리스도인으로서의 삶을 시작한 나는 마침내 성공적으로 싸움을 마칠 것이라고 어떻게 확신할 수 있습니까? 존 번연이 「천로역정 *Pilgrim's Progress*」에서 말한 것처럼, 천국 도성으로 가는 첫 관문에서부터 멸망으로 인도하는 길이 나 있다면 내가 마지막까지 멸망의 길로 접어들지 않고 천국에 이를 것이라고 어떻게 확신할 수 있습니까? 더구나 천로역정을 썼던 당시의 목회 현실은 물론, 오늘날의 교회 상황을 볼 때 끝까지 이기지 못하고 실패하는 경우를 많이 보지 않습니까? 이탈리아에서 종교개혁이 한창이던 16세기, 베니스의 시타델라라는 마을 출신의 한 변호사가 종교개혁 신앙을 받아들였다는 이유로 종교재판을 받게 되었습니다. 이 종교재판에서 그는 자신이 고백했던 신앙을 공개적으로 부정하며 철회했고, 같은 해인 1548년에 용서받을 수 없는 죄를 범했다는 깊은 자책과 회한으로 숨을 거두었습니다. 그 후에 영국의 많은 복음주의 설교자들은 성도의 견인도 실패할 수 있다는 것을 주장하기 위해 프랜시스 스피라라는 남자의 어두운 시절의 기록을 단골로 인용했습니다. 이들이 그렇게 많이 인용하지 않았다면 그의 생애가 지금처럼 유명하게 될 일도 없었을 것입니다. 존 번연의 자서전인 「죄인 괴수에게 넘치는 은혜 *Grace Abounding to the Chief of Sinners*」에 보면 번연이 자신의 영적 여정을 묘사하면서 당시 스피라에 대해 읽은 것이 자기에게 어떤 영향을 미쳤는지 말하는 대목이 나옵니다.

절망감이 나를 집어삼켰다.…… 내가 넘어지도록 하나님께서 내버려 두셨다.······ 내가 지은 죄는 용서받을 수 없는 죄다.······ 이맘때쯤 나는 우연히 프랜시스 스피라라는 불쌍한 사람에 대한 소름 끼치는 이야기를 읽게 되었다. 마치 거친 바닥에 쓸려 쓰라려 하는 내 영혼을 굵은 소금으로 문지르는 느낌이었다. 그 책의 한 문장 한 문장, 그 사람의 신음 소리 하나하나가 그렇게 다가왔다.······ 특별히 자기 안에 죄가 일어나는 것을 빤히 알면서도 고스란히 그 죄로 빠져 들어 가는 것이 인간이라고 한 그의 말에 소름이 돋았다.······ 내가 지은 죄악들에 임할 하나님의 끔찍한 심판에 대한 생각에, 하루 온종일 내 마음은 고사하고 내 몸도 제대로 가누지 못한 채 떨면서 보내는 날이 많았다······.[1]

자신의 신앙 여정을 비극적으로 마무리하는 주변 사람들을 볼 때 우리 마음속에는 다음과 같은 의문이 떠오릅니다. '이 사람의 신앙 여정이 비극적으로 끝났다면, 그런 일이 나에게는 일어나지 말라는 법이 어디 있는가?' 우리는 이런 의문에 정직하게 대면해야 합니다. 이것이 바로 성도의 견인perseverance에 관한 문제입니다.

신약성경은 여러 가르침과 예를 통해서, 신앙을 고백하는 사람들 중에도 자신이 고백한 신앙을 끝까지 지키지 못하는 사람들이 있을 것이라고 경고합니다. 예수님과 함께 다녔던 제자들 가운데도 끝까지 신앙을 지키지 못하고 끔찍하게 생을 마감한 이가 있지 않았습니까? 바울의 동역자 중에도 바울을 저버릴 뿐 아니라 그리스도마저 저버린 사람들이 있었던 것 같습니다. 그러므로 이것이 쉽게 해결될 수 있는 문제라고 속단해서는 안됩니다. 씨 뿌리는 자의 비유에서 말씀을 듣는 사람들 가운데 세 부류의 사람들은 결국 그리스도인의 견인을 막아서는 악한 영향으로 실패하고 오직 한 종류의 사람만이 끝까지 결실하는 것을 볼 때, 예수님도 이것을 간단한 문제로 여기시지 않은 것 같습니다. 이런 맥락에서 볼 때 바울이 고린도에 사는 동료 그리스도인들에게 한 말이 제대로 이해가 됩니다.

> 그러므로 나는 달음질하기를 향방 없는 것 같이 아니하고 싸우기를 허공을 치는 것 같이 아니하며 내가 내 몸을 쳐 복종하게 함은 내가 남에게 전파한 후에 자신이 도리어 버림을 당할까 두려워함이로다 (고전 9:26-27).

마찬가지로, 히브리서에서도 끝까지 견디라는 격려와 경고의 말이 계속해서 강조되는 것을 볼 때 놀라지 않을 수 없습니다. 신약성경 저자들은 이 문제에 아주 비상한 관심을 가졌던 것이 분명합니다.

    반면에 같은 신약성경에서 그리스도인의 견인이 절대적으로 확실한 것을 강조하기도 합니다. 장래의 어떤 위험도 그리스도인의 경주를 방해할 수 없을 것이라는 뉴턴의 확신에 무게를 실어 주는 것처럼 보이는 최고의 확신이 신자들에게 주어지고 있습니다. 남에게 전파한 후에 자신이 도리어 버림을 당할까 두려워 자신의 몸을 쳐 복종했던 사도 바울도 마지막 날에 자기가 생명의 면류관을 받을 것이라고 거침없이 확신하고 있지 않습니까?(딤후 4:6-8)

최후의 승리를 확신함

성도의 견인 교리를 옹호하는 주장은 대개 객관적인 성경 주석에 근거를 둔 것이라기보다는 교리를 따라 논리적으로 내린 결론일 뿐이라고 생각하는 사람들이 있습니다. 이런 생각은 잘못된 것입니다. 예수님께서 친히 이 교리를 말씀하시기 때문입니다.

> 내 양은 내 음성을 들으며 나는 그들을 알며 그들은 나를 따르느니라. 내가 그들에게 영생을 주노니 영원히 멸망하지 아니할 것이요 또 그들을 내 손에서 빼앗을 자가 없느니라. 그들을 주신 내 아버지는 만물보다 크시매 아무도 아버지 손에서 빼앗을 수 없느니라. 나와 아버지는 하나이니라 하신대(요 10:27-30).

어떻게 예수님의 분명한 말씀을 보면서도 성도의 견인 교리는 단지 사람들이 말씀으로부터 추론한 것일 뿐, 성경에는 성도의 견인을 확신하는 말씀이 없다고 하는지 이해할 수 없습니다. 요한복음 10장에 나오는 예수님의 말씀보다 더 분명한 것도 없기 때문입니다.

바울 서신도 이 교리를 확증합니다. 빌립보 교인들에게 쓴 편지에서 바울은 "너희 안에서 착한 일을 시작하신 이가 그리스도 예수의 날까지 이루실 줄을 우리는 확신하노라"고 말합니다(빌 1:6). 물론 지금 바울은 개개인에게 말하는 것이 아니라 전체 빌립보 성도들에게 말하는 것이 틀림없습니다만, 이는 필연적으로 빌립보 성도 개개인을 포함할 수밖에 없습니다. 로마서 8장에서 하늘과 땅과 땅

아래 있는 그 어떤 권세도 그리스도의 사랑에서 하나님의 자녀를 끊을 수 없다고 외치는 바울의 가슴 벅찬 확신의 말 역시, 그리스도인 개개인이 그렇다고 말하는 것이 분명합니다. 모든 부르심 받은 자들을 의롭다 하고 또 영화롭게 하시는 하나님의 은혜의 역사가 바로 자신이 가진 확신의 근거라고 바울은 분명히 말했습니다. 그의 말에서 하나님의 뜻이 잘못될 수도 있다거나 "하늘과 땅을 하나로 묶는 거룩한 사슬이 끊어질 수도 있다"는 느낌은 전혀 찾아볼 수 없습니다. 하나님께서는 독생자도 아끼지 않으시고 십자가 죽음에 내어 주셨습니다. 그런 하나님께서 우리가 끝까지 견디고 이길 수 있는 은혜를 거두어 가신다는 것은 생각할 수도 없습니다. 정확히 말하면, 그리스도의 죽음이 성도의 견인을 보증합니다. 로마서 8:32에서 바울이 하는 말이 바로 그 뜻입니다.

더욱이 신약성경은 하나님께서 어떤 방해에도 불구하고 그분의 자녀를 끝까지 이기게 하실 것을 확증하는 중요한 교리적 이유들을 제시합니다.

먼저, 하나님께서는 그리스도 안에서 우리를 택하셨습니다. 복음의 모든 복은 여기로부터 흘러나옵니다. 성도의 견인을 확신하는 이유도 마찬가지입니다. 하나님의 선택을 예정이라고 부르는 것은 하나님의 작정이 실패하지 않는 한, 이 선택은 틀림없이 그 뜻하신 대로 이루어지기 때문입니다. 하나님께서는 우리를 사랑하실 뿐 아니라 그분의 백성으로 영원히 살도록 정하셨습니다. 바울이 같은 문단에서 말하고 있는 것처럼, 이것은 그분의 백성을 영화롭게 하시고자 하는 작정입니다. 그러므로 성도의 견인은 필연적입니다.

이것이 사실이라면, 하나님의 자녀는 분명히 끝까지 이길 것입니다. 하나님이 그와 함께 이기시기 때문입니다. 그는 이렇게 노래할 것입니다.

> 이기는 힘이 있는 믿음은
> 죽음의 순간에도 승리합니다.
> 우리 생명, 소망, 기쁨은 그리스도이시기에
> 원수는 우리가 가진 소망을 빼앗지 못합니다.
>
> 이 땅의 모든 사람들도
> 하늘과 땅의 그 어떤 권세도
> 우리를 향한 그리스도의 긍휼을 없애지 못하고
> 우리의 사랑이신 그리스도로부터 우리 마음을 빼앗지 못합니다.
> ―아이작 왓츠

베드로에 따르면 이렇게 우리는 믿음을 통해 하나님의 능력으로 보호받고 마침내 하늘에 예비된 기업을 얻습니다(벧전 1:4-5). 베드로가 성도의 견인에 있어서 믿음을 강조한다는 말에 이의를 제기할 수도 있을 것입니다. 그러나 성경에서 믿음이 없는 견인은 찾아볼 수 없습니다. 베드로는 또한 믿음이 있는 자는 끝까지 이길 것이라고도 합니다!

다음으로 견인을 확증하는 사실은, 하나님께서 성령으로 백성 가운데 거하신다는 것입니다. 예수님은 보혜사 성령을 보내사 "영원토록 너희와 함께 있게 하리니" 하고 말씀하셨습니다(요 14:16). 성령께서 우리 안에 거하시기 때문에 우리도 요한과 같이 확신에 찬 목소리로 우리 안에 계신 이가 세상에 있는 이보다 훨씬 크다고 자신에게 말할 수 있습니다. 성령께서 신자들 가운데 거하신다는 사실을 확증하면서 토머스 왓슨은 이렇게 말합니다.

> 집을 가진 사람이 자기가 사는 집을 항상 수리하고 유지하는 것처럼, 신자 안에 거하시는 성령께서는 우리에게 주어진 은혜를 항상 새롭고 온전하게 하신다. 생명수 강에 비유되는 이 은혜는 결코 마르지 않는다(요 7:38). 하나님의 성령께서 끝없이 솟아나는 샘이 되시기 때문이다.[2]

세 번째로 견인을 확증하는 사실은, 그리스도께서 신자를 위해 중보하신다는 것입니다. 오늘날 교회에서 등한시되는 이 진리는 성경이 말하는 견인 교리의 핵심입니다. 성경에서는 여러 번에 걸쳐서 그리스도 죽음의 능력과 백성을 위해 쉬지 않고 기도하시는 대제사장으로서의 사역을 긴밀하게 연결시킵니다. 그리스도는 죽으셨을 뿐 아니라 죽은 자 가운데서 일으킴을 받으셨고, 지금은 하나님 보좌 우편에서 우리를 위해 중보하신다고 말합니다(롬 8:34). 히브리서 기자는 그가 영원히 살아서 우리를 위해 중보한다고 합니다(히 7:25, 6:20). 그분은 하늘에 계신 우리의 중보자라고 요한은 말합니다. 요한복음 17장의 위대한 기도를 통해 우리의 왕이자 주이신 그분의 중보가 어떤 것인지 봅니다. 여기서 우리 주님의 관심은 온통 제자들이 끝까지 이기고 그들의 증거가 보전되는 것에 있습니다(요 17:11, 15). 찰스 웨슬리가 '어떻게 하나님께 나아갈까Wherewith, O God, Shall I Draw Near'라는 찬양에 담아내고 있는 것이 바로 이것입니다.

> 보좌에서 서신 그분을 보라.
> 창 자국 난 옆구리를 가리키며
> 못 자국 난 두 손을 높이 들고
> 그 손에 새겨진 나를 보이시며
> 효력 있는 기도를 쏟아 부으시네.
>
> 그가 항상 살아서
> 나를 위해 기도하시네.
> 그와 더불어 내가 왕 노릇 하기를 기도하시네.
> 내 주님의 기도에 아멘 할지어다.
> 주님의 기도가 반드시 이루어지이다.

시몬 베드로의 경험은 그리스도의 중보 사역에 대한 실제적인 본보기입니다. 그리스도를 부인하는 엄청난 실패를 경험하고도 그가 견딜 수 있었던 것은 하나님의 보좌 앞에서 그의 구주께서 드리는 중보가 그의 생명을 떠받치고 있었기 때문입니다. 예수님은 지금 그분 자신이 무엇을 위해 기도하시는지 베드로에게 설명해 주십니다. "시몬아, 시몬아, 보라. 사탄이 너희를 밀 까부르듯 하려고 요구하였으나 그러나 내가 너를 위하여 네 믿음이 떨어지지 않기를 기도하였노니 너는 돌이킨 후에 네 형제를 굳게 하라"(눅 22:31-32). 여기서도 믿음과 성도의 견인은 결코 분리되지 않는 것을 봅니다. 그리스도는 하나님의 도우심을 간구하사 가장 암담한 시간에도 믿음이 견딜 수 있도록 하십니다. 베드로가 그랬던 것처럼 우리 삶이 마귀의 올무에 빠져들어 갈 때, 우리는 자신의 힘은 물론 자신의 믿음조차 의지할 수 없습니다. 오직 그분의 연약한 형제들을 위해 중보하시는 그리스도의 신실함만을 바라볼 수 있습니다. 이런 지식이 있는 사람은 위로를 얻습니다. 또한 그 무엇도 그리스도 안에 있는 하나님의 사랑에서 우리를 끊을 수 없다는 확신도 누립니다.

그러므로 성경에서 성도의 견인과 믿음, 혹은 성도의 견인과 믿음의 싸움을 계속해 가야 하는 성도의 의무는 결코 분리되지도 않고 충돌되지도 않습니다. 이 두 가지는 택일의 문제가 아니라 항상 함께 가는 것입니다. 사실 우리는 믿음으로 끝까지 견디고 이깁니다. 믿음 없이는 결코 그럴 수 없습니다. 이것은 굉장히 역동적인 그림입니다. 항상 전심으로 우리를 붙드시는 하나님을 의지하는 삶으로 우리는 끝까지 이깁니다. 성도의 견인을 담보해 주는 요람 같은 것은 없습니다. 우리의 삶과 상관없이 항상 우리를 붙들어 주는 신자의 '안전' 같은 교리는 없습니다. 신자는 결국 구원받을 것이기 때문에 수없이 주어지는 경고들을 무시하면서 살아도 된다는 말은 신약성경에 나와 있지 않습니다. 이것은 믿음이 아닙니다. 초대교회 성도들 가운데 실제로 사회나 가정에서 쫓겨나 헐벗음이나 위험이나 칼조차 그리스도의 사랑에서 자기를 끊을 수 없다는 사실을 체험한 사람들일수록, 영적으로 잃어버린 바 되지 않기 위해 더욱 노심초사하고 애썼다는 것을 알 수 있습니다.

하지만 성경에서 발견하는 확신에만 몰두하는 것으로는 충분하지 않습니다. 우리가 주목해야 할 두 가지 다른 문제들이 있습니다. 인내하는 그리스도인들이 만나는 방해물과, 우리가 계속해서 믿음에 머물 수 있도록 하나님께서 정하신 방편들이 그것입니다.

견인의 방해물

씨 뿌리는 자의 비유를 통해 예수님은 이 주제를 말씀하십니다. 예수님이 네 가지 마음의 반응에 대해 설명해 주실 때 우리는 비로소 그 의미를 깨닫습니다. 우리는 말씀을 질식시킬 수도 있고(우리가 그리스도인이 되었다 할지라도 항상 그리스도인답게 사는 것은 아닙니다), 풍성한 결실을 맺게 할 수도 있습니다.

하나님의 말씀이 우리 마음을 뚫고 들어오지 못하고 사탄의 먹이가 되도록 하는 방해물이 있습니다. 하나님의 진리가 자기 삶의 견고한 박토를 뚫고 들어오지 못하면 사람들은 결코 끝까지 이길 수 없습니다. "길가"와 같은 마음이 바로 이런 마음입니다. 사람들이 많이 오가는 길 위에 씨를 뿌렸다는 것이 우리에게 조금 생소하기는 하지만, 영적으로 적용해 보면 그렇게 어려운 일도 아닙니다. 많은 사람들이 말씀을 듣기는 하지만 믿음으로 받지 않고 자기 마음을 굳게 하기 때문입니다(히 4:2). 이런 사람의 삶에서 말씀이 무성해지고 결실하기는 어렵습니다.

두 번째 마음은 "돌밭"입니다. 이런 마음은 생명의 말씀을 "기쁨으로" 받고 싹을 내기는 합니다만, 문제나 어려움이 닥치면 곧 말라 죽어 버립니다. 뿌리를 내리지 못했기 때문입니다. 끝까지 이기지 못하는 사람들의 공통적인 특징은 하나님의 말씀을 기쁨으로 받는다는 것입니다. 이런 모습은 목회 현장에서 흔히 볼 수 있습니다. 이 말씀은 설교를 마냥 기뻐하기만 하는 사람들에 대한 우려와 경고의 말씀이 분명합니다. 우리 마음에 기쁨과 슬픔이 공존할 때만 복음의 메시지에 진정으로 반응할 수 있다고 성경은 말하기 때문입니다. 심리학적으로 보더라도 죄악된 자신의 삶을 어느 정도 슬퍼하거나 아파하지 않는 사람이 죄 용서와 영원한 생명을 기쁨으로 받기란 불가능합니다. 마찬가지로 그리스도인의 체험이 자라갈수록 슬픔과 기쁨의 쌍곡선은 항상 함께 간다고 신약성경은 반복해서 말합니다. 세상에 사는 그리스도인들은 "근심하는 자 같으나 항상 기뻐"합니다(고후 6:10). 적어도 신자가 이 세상에 있는 동안 이 두 가지는 항상 함께합니다.

이런 사람들의 문제는 그들이 복음을 반쪽만 받기 때문이라고 말씀하시는 것 같습니다. 그러나 온전하지 못한 뿌리는 바람이 일고 핍박의 폭풍이 머리를 때릴 때 우리를 붙잡아 주지 못합니다. 그리스도인의 삶을 마냥 기쁘고 행복한 것으로만 생각한다면 미숙하고 조잡한 신앙에 머물고 말 것입니다.

말씀이 끝까지 결실하지 못하는 세 번째 마음을 예수님은 "가시떨기"에 비유합니다. 가시가 무엇입니까? "세상의 염려와 재물의 유혹과 기타 욕심"입니다(막 4:19). 이것들이 "말씀을 막아 결실하지 못하게" 합니다. 비유를 적용하시는 예수님의 이 가르침이 어떻게 사회 모든 계층에 들어맞는지 주목하여 보십시오. 이 가르침은 부자에게만 적용되는 말씀도 아니요, 가난한 자에게만 적용되는 것도 아닙니다. 배운 자나 못 배운 자도 마찬가지입니다. 사회에서 어떤 능력이 있고 무슨 위치에 있든 우리 모두는 이생의 염려가 어떤 것인지 잘 압니다. "남의 떡이 더 커 보인다"는 말이 어떤 느낌인지 우리는 잘 압니다(갑부들도 예외는 아닙니다!) 그러나 사람의 마음에 있는 이런 염려는 하나님의 말씀을 받아들이는 데 치명적일 뿐 아니라, 말씀을 막아 결실하지 못하게 합니다.

우리는 삶의 전 영역에서 이런 원리를 항상 적용하며 살아야 합니다. 지금까지 말한 것이 바로 끝까지 이기지 못하게 하는 방해물입니다. 예수님은 하나님의 말씀을 처음 받아들이는 순간부터 우리 마음에 나타나는 특징들을 제대로 다루지 못할 때 어떤 일이 일어나는지 강조하십니다. 이런 방해물이 끼치는 영향은 그 자리에서 바로 드러나지는 않습니다. 그러나 이것을 애초에 근절하지 않으면 우리는 끝까지 견디고 이길 수 없습니다. 그리스도인의 삶에서 많은 어려움이 초래되는 이유는 대개 시작을 잘못하기 때문입니다. 이에 대한 유일한 해결책은 처음으로 돌아가 그것을 깨끗이 정리하는 것입니다. 처음 우리 마음에 허용했던 것에 영적인 제초제를 뿌려 근절하는 것뿐입니다. 만약 그렇게 하지 않고 내버려 두면, 이 비유가 말하는 대로 우리 마음은 하나님의 뜻을 가로막는 것들로 무성해져 정작 하나님을 위한 자리는 없어지게 됩니다. 끝까지 견디고 이기는 유일한 마음의 토양은 단 한 가지뿐입니다.

좋은 땅에 있다는 것은 착하고 좋은 마음으로 말씀을 듣고 지키어 인내로 결실하는 자니라(눅 8:15).

문제는 우리가 어떻게 하면 말씀을 받고 끝까지 결실하는 마음을 가질 수 있느냐는 것입니다.

견인에 이르는 방편

하나님께서 우리와 함께 참고 견디신다는 사실을 아는 것만큼 우리에게 큰 위로는 없을 것입니다. 때로 우리는 자기 자신에게만 몰입하는 경향이 있습니다. 그럴 때마다 우리는 하나님을 향해 돌아서야 합니다. 그럴 때 우리는 말씀 가운데서 하나님께서 결코 우리를 떠나지도 버리지도 않으신다는 큰 확신을 얻게 됩니다. 그리스도의 손에 우리가 있고 그리스도의 아버지께서 우리를 배나 지키시고 붙드신다는 사실을 확신하게 됩니다.

> 우리의 느낌은 기쁨의 섬광과 의심의 구름 사이에서
> 개다 찌푸리다를 계속합니다.
> 쉼 없이 들고 나는 물살에
> 우리의 마음도 엎치락뒤치락.
> 어떤 생각이나 느낌도
> 하루를 온전히 배겨 나지 못합니다.
> 하지만 주님 당신은 변함이 없으시고

어제나 오늘이나 한결같으시지요.

주님의 힘을 부여잡고 제 것 삼을 때
마음은 평강을 누리지만
제가 손을 놓아 버리면
즉시 흑암과 차디찬 불안이 스며듭니다.
더 이상 저의 나약한 움켜쥠으로
위로를 삼지 말게 하소서.
주님이 저를 붙드시는 것만이
저의 유일한 기쁨입니다.

왔다가 금방 사라질
나약하고 불안정한 감정의 흐름 떨쳐 버리고
변치 않는 주님이 계시는 저 순결한 하늘을 향해
제 영혼이 날아오릅니다.
주님의 강한 손으로 저를 잡으시고
주님의 강한 팔로
제 연약함을 끌어안으시면
어떤 해가 와도 두렵지 않습니다.

영원히 선하신 주님의 작정을
저로 분명히 알게 하소서.
오직 그것만 의지하겠습니다.

> 변화무쌍한 감정과 느낌은
>
> 아무 때고 왔다가 사라지지만
>
> 주님의 햇빛이 제 영혼을 채울 때 제 영혼은 기쁘고
>
> 구름으로 뒤덮여도 외롭지 않습니다.
>
> 주님이 온전한 사랑으로
>
> 저를 붙드시기 때문입니다.
>
> ─존 캠벨 셔프 John Campbell Shairp

그러나 신약성경이 가르치는 것은 이것만이 아닙니다. 하나님께서는 우리의 삶을 통해 주권적으로 역사하시되, 여러 방편을 통해 역사하십니다. 하나님의 견인이 성도의 견인을 이끌어 냅니다. 우리가 끝까지 견디고 이기는 데 필요한 모든 것을 줍니다.

그렇다면 그리스도인의 견인을 일구어 내도록 하나님께서 우리에게 주시는 방편은 무엇입니까?

첫 번째 방편은 하나님의 말씀입니다. 우리는 죄를 짓지 않으려고 말씀을 우리 마음에 둡니다(시 119:11). 성경이 담고 있는 많은 경고의 말씀 때문에 우리는 믿음에 더 정진합니다. 성경을 통해 우리가 알게 되는 하나님의 뜻은 영적으로 메마르고 어려운 때를 지나갈 때 우리 마음을 다잡아 줍니다. 그리스도를 위한 싸움을 싸울 때 성경은 우리가 힘을 내고 확신에 거할 수 있도록 "보배롭고 지극히 큰 약속"을 줍니다(벧후 1:4). 그리스도께서 고난당하시던 날 밤에 베드로가 겪었던 뼈아픈 경험이 바로 이런 경우라고 할 수 있습니다. 베드로는 주님을 부인했고, 거의 배교의 문턱에까지 이르렀습

니다. 사탄의 강력한 공격 아래 있었습니다. 하지만 그때 떠오른 주님의 말씀이 그의 양심을 흔들어 깨웠습니다(눅 22:61). 회개의 눈물을 쏟았을 뿐 아니라 그리스도께서 하신 다른 약속의 말씀도 생각났을 것이 분명합니다. "내가 너를 위하여 네 믿음이 떨어지지 않기를 기도하였노니"(눅 22:32). 여기서 그리스도의 말씀은 베드로의 마음밭을 기경하는 데 있어서 이중적 기능을 했습니다. 그의 마음에 있는 무성한 가시덤불을 제거하고 장래를 위해 그를 견고히 붙잡았습니다. 이전에 베드로는 기쁨으로만 그리스도께 반응했습니다. "다른 사람은 몰라도 저는 결코 주님을 버리지 않을 겁니다"라고 반색할 정도였지만, 그리스도의 말씀이 자기 만족과 교만의 가시덤불을 치워 버리자 드디어 슬퍼할 줄 알게 되었습니다. 이제 베드로는 진정한 기쁨을 압니다. 회개의 눈물로 낳은 기쁨 말입니다. 이처럼, 신자는 말씀을 통해 보존되고 끝까지 이깁니다. 신자를 강건하게 하시는 하나님의 성령께서 계속해서 말씀을 사용하시면, 옳지 않은 것으로 그리스도를 섬기려는 그 무엇이라도 막아 설 수 있습니다.

신자가 끝까지 이길 수 있도록 하는 두 번째 방편은 신자로서의 의무를 성실히 이행하는 것입니다. 지난 몇 십 년 동안 그리스도인의 삶에서 '의무'라는 개념은 홀대를 받았습니다. 하지만 의무에 대한 관심이 반드시 회복되어야 합니다. 우리가 그리스도인답게 살지 못하는 가장 큰 이유는 바로 여기서 실패하기 때문입니다. 신자로서의 의무를 등한시하면 우리는 점점 영적으로 '문란하게' 됩니다. 아담과 하와가 하나님과 서로에 대한 의무를 저버린 창세기 3장의 처음 죄에서부터, 사무엘하 11-12장에 나오는 다윗이 왕으로서의 의무를 저버리고("다윗은 예루살렘에 그대로 있더라", 삼하 11:1) 안일하게 지내다가 짓게 된 엄청난 죄는 물론, 오늘날에 이르기까지 다른 어떤 부분보다 이 부분에서 실패할 때 신자는 영적으로 더욱 불행하게 됩니다. 무질서하고 문란한 생활을 할 때 가장 빠지기 쉬운 유혹은, 하나님 말씀과 기도를 멀리하고 복음 증거와 예배를 등한시하는 것입니다. 하지만 그 무엇보다도 급격히 빠져드는 것은 영적인 무감각과 무기력입니다. 그러므로 때를 얻든지 못 얻든지 우리의 양심을 그리스도인의 의무에 길들이는 것이 무엇보다도 중요합니다.

세 번째 방편은 그리스도인의 교제입니다. 예전 설교자들은 그리스도인의 교제를 설명하기 위해, 모닥불에서 홀로 떨어져 나와 타다가 점점 열기를 잃고 사그라지는 숯불을 예로 많이 들었습니다. 이 그림은 중심에서 뜨겁게 타오르는 그리스도인에게도 많은 것을 생각나게 합니다. 예배드리고 기도하고 복음을 전하고 마음과 영혼을 다해 서로 사귀는 것뿐 아니라, 하나님께서 은혜로 주시는 일반은총도 '시온으로 행진하는' 데 도움이 되도록 우리에게 약속하신 방편입니다. 로마서 12장, 에베소서 4장, 고린도전서 12-14장과 같은 말씀에서 볼 수 있는 것처럼, 우리의 영적 진보는 상당 부분이 우리가 다른 사람들을 섬기고 그들의 섬김을 받아들일 수 있느냐에 달려 있습니다. 바울이 말하는 것처럼 우리는 다 한 몸에 속한 지체입니다. 이 몸은 살아서 움직이고 서로 상합하고 연락하며 자라갑니다. 이것이 바로 우리가 기도하고 예배하는 하나님 백성의 일원으로 살아가는 이유입니다.

우리가 믿음으로 끝까지 견디고 이길 수 있도록 하나님께서 은혜의 방편을 주셨습니다. 하나님의 섭리 가운데 이런 복이 잠시 사라질 때에 우리는 비로소 그것이 얼마나 소중한지 절감합니다. 그러므로 우리는 은혜의 방편을 결코 소홀히 여기지 말아야 합니다. 이런 방편을 통해 우리가 끝까지 견디고 이길 수 있기 때문입니다.

17장
그리스도 안에서 죽음

죽음! 우리는 보통 죽음을 그리스도인 삶의 한 부분으로 보지 않습니다. 언젠가 죽음은 우리를 찾아오는데 우리는 죽음을 하나님의 은혜 가운데 맞이해야 하는 것으로 여기지 않습니다. 죽음을 그리스도인에게 실제적인 영향을 미치는 성경 교리로 생각하지 않습니다. 솔직히 말하면 현대 그리스도인들은 죽음을 썩 좋게 생각하지 않습니다. 죽음에 대해 생각하는 것을 오늘날 우리가 살아가는 시대정신에 반하는 '건강하지 못한' 것으로 여깁니다.

그럼에도 불구하고 조금만 생각해 보면 '죽음'이 그리스도인의 삶에서 얼마나 중요한 자리를 차지하는지 알 수 있습니다. 죽음은 사실 그리스도인의 삶에서 아주 중요한 국면이자 위대한 전환점입니다.

앞서 살펴보았듯이, 일반적으로 우리 삶에서 이루어지는 하나님의 역사는 순간적으로 갑자기 이루어지는 것이 아니라 오랜 시간에 걸쳐 점진적으로 이루어집니다. 하지만 그리스도인의 삶에는 여러 중대한 국면들이 있습니다. 그리스도인의 삶은 성결하게 하는 능력이 따르는 위대한 중생의 역사로 시작합니다. 이 능력을 통해 우리는 죄의 지배에서 단번에 풀려났습니다. 이후에 경험하는 싸움은 세상과 육체와 마귀를 향한 길고도 지루한 전투입니다. 그러나 이 전투에도 끝이 있습니다. 원수들이 그리스도인의 무덤까지 따라오지는 못합니다. 죽음은 우리를 전혀 새로운 차원으로 데리고 갑니다. 그러나 하나님의 형상을 회복하는 데 있어서는 죽음도 끝이 아니라는 것을 알게 됩니다. 아직 이루어지지 않은 일이 남아 있습니다. 그리스도인의 궁극적인 소망은 이 땅의 모든 수고가 끝나는 죽음이 아니라, 영광과 위엄 가운데 다시 오시는 그리스도 예수입니다. 죽음이 끝이 아닌 것은 바로 이런 이유 때문입니다. 그리스도의 재림과 더불어 끝이 옵니다! 하지만 우리가 이 땅에 살아 있는 동안 그리스도께서 다시 오시지 않는다면, 위대한 구원 여정을 마치기 전에 우리가 이 땅에서 보게 되는 마지막 표지판이 바로 죽음입니다. 그러므로 죽음에 대해 생각하고, 성경이 말하는 죽음을 이해하고, 그리스도 안에서 그분의 영광을 위해 죽을 준비를 하는 것은 아주 중요합니다.

죽음의 본질

지난 수십 년 동안 의학과 기술의 엄청난 발달로 인해 의료계에서는 '죽음의 시점'을 규정하는 문제를 두고 많은 실제적이고 윤리적인 논의가 활발히 진행되었습니다. 하지만 의학의 발달을 통해서도 죽음의 신비를 벗기지는 못했습니다. 어떤 면에서는 오히려 죽음의 신비를 더 증폭시켰습니다. 가족이나 사랑하는 사람을 떠나보낸 적이 있는 사람은 사랑하는 이의 죽은 몸을 대면할 때 갖게 되는 불가사의한 느낌을 잊을 수 없을 것입니다. 죽어 가는 사람(비록 연약함 그 자체이지만)과 죽은 사람 사이에는 무한한 차이가 있습니다. 죽은 사람의 몸이 그 자리에 있음에도 불구하고 그 '사람'은 더 이상 '그곳에 있지 않다'는 엄연한 사실은 정말 말로 설명할 수 없는 신비입니다. 물리적 몸을 통해서만 서로를 알고 서로의 인격을 경험하는 우리로서는 이런 차이에 간담이 서늘해질 수밖에 없습니다. 이때 비로소 사람은 몸으로만 이루어진 것이 아니라는 사실을 제대로 알게 됩니다. 물리적인 것을 넘어서는 무엇인가가 있는 것입니다.

성경은 죽음이 죄의 대가라고 합니다. 로마서의 중심본문에서 바울은 첫째 사람의 죄를 지적하면서 사람의 상태를 우주적인 차원에서 설명합니다. 그의 죄로 죽음이 세상에 들어왔고 모든 사람에게 전이되었습니다. 그를 통해 모든 사람이 죄에 참여했습니다. 모든 사람의 머리인 첫째 아담이 하나님께 반역하는 죄를 저질렀기 때문입니다(롬 5:12-21). 이것이 바로 아담과 같은 죄를 짓지 않은 사람에게도 사망이 왕 노릇 하는 이유라고 바울은 말합니다. 의식적으로 죄를 지을 수도 없고 죄가 무엇인지 알지도 못하는 갓난아이의 죽음에 대해서도 성경은 같은 말을 합니까? 우리 믿음의 조상들은 분명히 그렇게 생각했습니다. 죄의 삯은 사망이고 모든 사람에게 차별 없이 골고루 나누어졌습니다.

더구나 성경은 죽음을 죄가 불러온 저주의 일부로 여깁니다. 죽음은 우리가 흔히 말하는 복이나 놓임이나 평안한 임종 같은 것이 아닙니다. 물론 이 모든 것은 그리스도인이 죽음을 통해서 맛보는 것이기는 합니다만. 사실 죽음에 대한 이런 표현은 죽음이 가진 진정한 본질과는 차이가 있습니다. 죽음은 분리입니다. 하나님께서 창조하신 것들로부터 떨어져 나가는 것입니다. 그 자체로 죽음은 흉측하고 파괴적인 것입니다. 죽음은 '마지막 원수'입니다.

왜 그렇습니까? 죽음은 사랑하는 이들과 우리를 분리시킵니다. 물리적·정신적·영적으로 다른 사람들과 잇는 고리를 끊는 것입니다. 이 땅에서 우리가 가진 가장 귀중한 소유를 앗아 가는 것입니다. 사람들의 죽음은 그들을 우리와 분리시키고 우리가 교통할 수 없는 곳으로 데려갑니다. 나의 죽음은 사랑과 헌신으로 나의 일생을 드린 사람들을 남겨 두고 떠나가는 것입니다. 남편, 부인, 자녀들, 부모 형제들과의 결별이라는 의미에서 나 자신의 일부로부터 떨어져 나가는 것입니다.

죽음에는 또 다른 분리가 있습니다. 사랑하는 사람들을 떠난다는 의미에서 나 자신의 일부로부터 떨어져 나가는 것일 뿐 아니라, 나 자신과의 분리, 곧 나의 영혼과 육신이 분리되는 것입니다. 이 땅을 지나오면서 사용한 내 육신의 장막을 벗는 것입니다(고후 5:1). 나 자신을 알아 가고 다른 사람들과 사귀는 데 사용했던 나의 유일한 도구가 영원한 나의 영혼과 분리됩니다. 이 분리는 나의 보잘것없는 이해력을 넘어서는 엄청난 것입니다. 단순히 이렇게만 보면 아주 끔찍한 죽음이 우리를 기다리고 있는 것입니다. 이것은 저주입니다! 우리 주님께서 죽음 자체를 생각하시면서 마음이 슬픔으로 가득 찬 이유가 바로 이 때문입니다. 그분의 정신적인 상태를 묘사하는 표현을 보면 곧 다가올 자신의 죽음에 그의 전 존재가 떨고 있었다는 것을 알 수 있습니다. 겟세마네에서 예수님이 겪으신 죽음의 체험을 묘사하는 말을 보면 죽음 그 자체는, 슬픔, 수치, 절망과 같은 정신적 고통과 물리적 마비를 가져오는 당혹스럽고, 불안하고, 거의 미칠 것만 같은 상태라고 할 수 있습니다.[1] 이를 두고 루터가 "그 누구도 이 사람처럼 죽음을 두려워한 이가 없었다"라고 말하는 것은 당연합니다.

그러므로 그리스도를 바라볼 때 우리는 비로소 죽음의 본질을 알게 됩니다. 죽음의 문턱에 들어서면서 사람들이 보인 반응은 두려움에서 경박함, 비탄함에서 즐거운 기대에 이르기까지 아주 다양합니다. 사람들이 죽음에 대해 이렇게 다양하게 반응을 보이는 것은 대체로 죽음에 대해 나름대로 생각하는 것이 있기 때문입니다. 그러나 죽음을 마주 대하신 우리 주님은 그 참담한 광경에 움찔하지 않을 수 없었습니다. 그런 죽음을 자신의 두 어깨에 친히 짊어지고 가야 하는 것을 아셨을 때, 그 잔을 옮겨 달라고 하나님께 부르짖지 않을 수 없었습니다. 그러므로 우리는 죽음 그 자체의 모습에서 눈을 떼서는 안됩니다. 죽음은 실로 하나님께서 무한한 사랑으로 인간에게 주신 생명의 파괴자입니다. 그러므로 죽음은 우리의 마지막 원수이자 하나님의 원수입니다.

죽음의 죽음

우리가 지금까지 살펴본 것은 성경이 말하는 죽음에 대한 분명한 사실입니다. 그러나 적어도 그리스도인에게만큼은 이것이 전부가 아닙니다. 그리스도인은 더 이상 죽음 그 자체만을 생각하지 않습니다. 신자는 모든 것을 '그리스도 안에서' 바라보지만, 특히 죽음을 볼 때는 더더욱 그렇습니다. 죽음 자체는 정말 쳐다보기도 싫지만, 그리스도 안에서 죽음은 신자에게 전혀 다르게 다가옵니다. 우리가 신약성경에서 죽음에 대해 읽을 때마다 죽음이 패했다고 말하는 이유가 바로 여기 있습니다. 죽음을 대면한 순교자들의 승리도 이 때문이고, 크나 작으나 그리스도인들이 담담하게 죽음을 맞이하는 것도 이미 죽음이 패배했기 때문입니다. 일례로 초기 감리교도들은 이미 패한 원수들 앞에서 용감하고 당당하게 죽어 갔습니다. 만약 우리도 이런 죽음을 맞이하고 싶다면, 그리스도인에게 죽음이 한낱 패배한 원수에 불과한 이유가 무엇인지 알아야 할 것입니다.

> 오 사망아, 한 번 할 테면 해보라!
> 너보다 더 강하신 이가
> 너의 궁궐에 입성하셨으니
> 우리는 더 이상 너를 두려워하지 않는다!
> ─월리엄 플런킷William C. Plunket

그리스도께서 어떻게 사망의 궁궐에 입성하셔서 그 권세를 무너뜨리셨습니까? 성경이 이에 대해 몇 가지로 답을 줍니다.

첫째, 우리의 죽음을 담당하고 맛보시기 위해 우리와 같은 육신을 입으셨습니다. 히브리서가 강조하는 것은 그리스도께서 우리와 같이 연약한 사람으로 시험과 고난을 받고 죽으셨다는 사실입니다. 그렇게 하심으로써 우리 구원의 "창시자"가 되셨습니다(히 2:10). 자기 백성의 살아 있는 친구와 구원자가 되기 위해 죽은 자 가운데 다시 살리심을 받았고, 우리를 결코 떠나지도 않고 버리지도 않을 것이라고 약속했습니다(히 13:5). 우리가 사망의 음침한 골짜기를 갈 때 약속대로 그분이 우리와 함께할 것을 알기 때문에, 사망은 여전히 우리에게 패배한 원수로 남아 있을 뿐입니다. 우리는 혼자가 아닐 것입니다. 부활이요 생명이신 이가 나와 함께하실 것입니다. 이것이 바로 사망의 두려움을 이긴 우리의 승리입니다.

둘째, 그리스도께서 "죽음의 세력을 잡은 자"를 이기셨습니다(히 2:14). '파괴하다'는 뜻으로 자주 번역되는 히브리서에 쓰인 이 말은 기본적으로 어떤 것을 못쓰게 만든다는 뜻입니다(inoperative, hors de combat). 카타르게오 *katargeō*라는 헬라어는 열매도 맺지 못하면서 땅만 못쓰게 하는 잎만 무성한 무화과나무의 비유에서 사용된 말입니다(눅 13:7). 그리스도께서 흑암의 권세에게 하신 일이 바로 이것입니다(고전 2:6, 15:24). 여전히 존재하기는 하지만, 모든 권세와 효력을 잃었습니다. (항상 그러는 것처럼) 악한 권세는 신자들의 삶을 짓밟으려고 애를 쓰지만, 실제로 그럴 수 있는 권세가 없습니다. 악한 권세가 할 수 있는 일이라고는 신자들이 여전히 자신의 지배 아래 있는 것처럼 그들을 속이는 것뿐입니다.

그렇다면 어떻게 그리스도께서는 "죽음의 세력을 잡은 자"인 사탄을 이기셨습니까? 그분의 승리가 가져온 결과는 무엇입니까? 그분은 사탄이 우리 삶을 틀어 쥘 수 있는 근거가 되는 죄를 처리하심으로써 사탄을 이기셨습니다. 우리의 죄책과 심판을 십자가에서 담당하심으로 그리스도께서는 정사와 권세를 무장 해제하셨고, 십자가에서 그것들을 이기심으로 구경거리로 삼으셨다고 바울은 말합니다(골 2:15). 그 결과로 그리스도인은 마귀의 결박에서 풀어졌습니다. 더 이상 마귀의 종 노릇 할 필요가 없게 된 것입니다. 이 일로 인해 우리가 누리는 가장 주된 결과는 더 이상 사망의 공포에 매여 있지 않는다는 사실입니다! 우리의 죄책이 사라졌습니다. 우리는 더 이상 진노의 자녀도 아니고 이 세상 권세 잡은 자의 종도 아닙니다(엡 2:1-3). 사망의 쏘는 것도 그리스도로 말미암아 사라졌습니다(고전 15:55-57). 그리스도의 승리를 주목하는 한 우리는 아무것도 두려워할 것이 없습니다.

신약성경에서 죽음을 잠잔다고 말하는 이유가 여기 있습니다. (물론 어떤 신자들이 생각하는 것처럼 그리스도인의 영혼이 사망과 세상의 종말 사이에 잠자고 있다는 말은 아닙니다.) 그 쏘는 것이 사라지고 그 가진 강력한 두려움이 힘을 잃은 죽음은 단지 하나님의 임재 가운데 맞이하는 새날 아침에 우리를 깨우는 방편일 뿐입니다. 우리를 두렵게 하고 종 노릇 하게 하는 사망이 가진 모든 권세에도 불구하고 굳건한 믿음으로 그리스도를 바라보는 그리스도인들에게 죽는 것은 단지 잠자는 것에 불과합니다. 닻을 올리고 정박지를 떠난 배와 마찬가지로 우리 영혼이 계류되어 있던 이 세상이라는 정박지를 떠나(빌 1:23) 그리스도가 임재하는 끝없는 바다로, "그리스도와 함께" 있을 곳으로 들어가는 것입니다. 이것이 훨씬 더 나은 일이라는 것을 의심할 사람이 누구입니까?

물론 그리스도인이 죽는 경험은 잠자는 것과는 비교할 수 없을 만큼 다양하고 설명하기 어렵다는 사실을 무시하는 것은 아닙니다. 어떤 사람은 자기가 원하면 바로 곯아떨어질 정도로 쉽게 잠자리에 드는 반면, 잠자리에 들기 위해 전쟁을 치르는 사람도 있습니다. 죽음도 마찬가지입니다. 죽음에 대한 정해진 패턴이 성경에 나오는 것은 아닙니다. 죽음이라는 경험은 하나님께서 우리를 그분의 임재 앞으로 데려가기 위해 준비시키시는 방편의 한 부분입니다. 이 땅에 사는 동안 큰 확신을 누렸으면서도 확신의 태양 빛이 희미해진 것처럼 마지막 전투를 치르는 신자가 있는 반면, 어떤 신자는 살아 있는 동안 확신을 거의 누리지 못했으면서도 정작 마지막 순간에 아주 특별한 평정과 달콤함을 누립니다. 우리는 그 이유를 정확히 알지 못합니다. 그럼에도 불구하고 우리는 확신을 가지고 우리 영혼을 그분께 맡길 수 있습니다. 하나님은 자신의 계획과 목적과 일하시는 방식에 스스로 혼란스러워하시는 분이 아니기 때문입니다.

죽음을 준비함

그렇다면 그리스도인은 죽음을 어떻게 대해야 합니까? 죽음을 대수롭지 않게 여기거나 피상적으로 봐서도 안되고, 죽음에 대한 두려움 때문에 움츠리면서 살 필요도 없습니다. 우리는 죽음에 대한 바른 인식을 가져야 합니다. 그리스도인은 죽음이 원수라는 것을 정확히 인식하면서도, 죽음마저도 그리스도의 사랑에서 자기를 끊을 수 없다는 확신 가운데 기뻐합니다(롬 8:38). 그리스도 안에서 사망의 쏘는 것이 사라졌고, 설령 (그리스도의 재림이 오기 전에) 죽음을 당한다 해도 죽음이 자기를 해할 수 없기 때문입니다.

그렇다 할지라도 죽음에는 여전히 거북한 부분이 있습니다. 성경을 잘 배운 그리스도인조차도 쉽게 이해할 수 없고 익숙해질 수 없는 부분이 있습니다. 죽음은 우리가 살면서 사랑스럽게 여긴 모든 것을 일시적으로라도 파괴하고 분리시키는 것이기 때문에, 우리는 단순하게 죽음을 친구처럼 맞이할 수 없습니다. 그렇기 때문에 죽음이 임박했을 때 자기 마음을 지킬 수 있도록 영적인 훈련과 연습을 해두어야 합니다. 세 가지 연습을 예로 들 수 있겠습니다.

1. 우리 마음을 항상 그리스도와 그분 임재의 영광에 두어야 합니다. 바울이 그렇게 했습니다. 그는 그리스도와 함께 있는 것이 "훨씬 더 좋은 일"이라는 것을 알았습니다(빌 1:23). 그에게 사는 것이 그리스도였기 때문에 죽는 것도 유익이었습니다. 죽으면 자기의 주님을 더 친밀하고 완전히 알 수 있기 때문입니다. 이것은 지금 이 땅에서 그리스도를 사랑하는 사람들에게만 가능한 일입니다. 다른 모든 것보다 그분을 소중히 여기고 그분의 나라와 의를 먼저 구하는 사람에게는, 그분을 얼굴을 맞대고 뵐 것에 대한 기대가 이 세상에 남겨 두고 떠나는 모든 것을 보상하고도 남습니다. 보상이 어떻게 이루어지는지 정확히 말할 수 없지만 우리는 확신합니다. 하나님 아들의

임재는 결코 실망을 주지 않을 것입니다.

그리스도인들은 너무 쉽게 미혹을 받아 이 사실을 망각합니다. 이런 유혹은 너무나 교묘해서, 나중에 천국에 가면 그리스도와 교제할 시간이 많기 때문에 이 땅에서는 일을 더 많이 하고 봉사하는 데 힘써야 한다고 착각하게 합니다. 그러나 예수님과 우리의 관계는 너무나 중요한 문제라서 죽음의 천사가 다가올 때까지 도무지 기다릴 수 없습니다. 사람은 보통 자신이 살아온 대로 죽습니다. 우리가 이해해야 할 것은 우리 주님에 대한 사랑의 수준은 우리 안에 하나의 습관으로 자리한다는 사실입니다. 원한다고 금방 떨어지지도 않고 쉽게 고쳐지지도 않습니다. 물론 아주 불가능한 일은 아니지만, 나중에 우리가 지금보다 더 나은 그리스도인이 되는 것은 비교적 드문 일입니다. 그리스도인으로서 마지막 날에 맛볼 체험을 준비하는 일은 사실 그리스도인이 되는 첫날부터 시작됩니다.

2. **오는 세상에서 누리게 될 많은 복을 기억해야 합니다.** 거기에 그리스도께서 계십니다. 그리스도와 연합된 모든 지체를 만나게 될 것입니다. 우리가 아는 사람들도 있습니다. 친구, 사역자, 장로, 부모 형제를 비롯해서 이모저모로 우리의 신앙 여정을 도왔던 모든 사람을 만날 것입니다. 천국에 있는 교회는 얼마나 영광스러울까요! 이런 성도들의 모임에 참여하는 것은 또 얼마나 놀라운 특권입니까!(히 12:23)

장래에 우리가 누릴 이런 기쁨은 도무지 다 헤아릴 수가 없습니다. 궁금한 것은 많지만, 어렴풋한 대답밖에는 할 수가 없습니다. 천국에서 누리는 관계는 어떤 것일까요? 이 땅에서 우리가 알고 있는 즐거움이나, 하나님께서 우리 삶에서 맺게 하신 관계 없이 사는 것은 어떤 것일까요? 어려서 혹은 젊었을 때 우리보다 앞서 천국에 간 이들은 어떤 모습으로 자라 있을까요? 하나님을 아는 지식을 단번에 갖게 될까요? 아니면 영원토록 조금씩 알아갈까요? 우리는 서로를 알아볼 수 있을까요? 우리가 당연히 가질 수 있는 이런 질문들에 적어도 한 가지는 분명하게 대답할 수 있습니다. 영광스러운 그곳에는 더 이상 저주가 없다는 것입니다. 모든 것이 기쁘고 만족스러울 것입니다. 하나님의 복이 고스란히 그 백성에게 흘러가기 때문입니다. 이 땅에서 우리가 맛보는 모든 기쁨은 더 응축된 기쁨을 담고 있는 껍질로 드러날 것입니다. 모든 것이 실재하고 영속하게 될 것입니다! 이런 것들을 직접 맛보게 될 때, 모든 의문은 사라지고 우리 입술은 "내가 온전히 알리라"고 고백합니다(고전 13:12). 우리가 이런 확신을 가지게 되면 오는 세상을 향해 가는 이 땅에서의 여정을 전혀 새로운 눈으로 보게 될 것입니다.

3. **이 세상은 잠시 지나가는 것임을 알고 이에 걸맞게 살아가는 법을 배워야 합니다.** 날마다 이 세상을 떠날 때를 생각하며 살아야 한다는 말입니다. 우리가 다른 주제와 관련하여 이미 살펴본 본문에서 바울이 고린도 성도들에게 당부한 바가 바로 이것입니다. 그는 이렇게 쓰고 있습니다. "세상 물건을 쓰는 자들은 다 쓰지 못하는 자 같이 하라. 이 세상의 외형은 지나감이니라"(고전 7:31). 그리스도를 견고히 붙들기 위해 우리가 붙잡고 있는 이 세상 것을 느슨하게

쥐고 살아간다면, 언제가 되든지 이 세상을 떠나는 날 그것을 훨씬 더 쉽게 놓아 줄 수 있을 것입니다. 이 세상을 느슨하게 쥐고 살아갈 수 있을 때 오는 세상을 꼭 움켜쥘 수 있습니다. "나는 날마다 죽노라"는 바울의 말을 본문으로 C. H. 스펄전은 이렇게 설교합니다.

> 날마다 죽는 사람은 죽는 것이 그리 어렵지 않을 것입니다. 날마다 죽어 본 사람은 이제 한 번만 더 죽으면 되기 때문입니다. 리허설을 통해 자신의 파트를 완벽하게 준비한 가수는 공연 때도 리허설처럼 한 번만 더 하면 되는 것처럼 말입니다. 아침마다 자신을 십자가에 못 박고 그리스도의 죽음과 부활에 동참함으로 날마다 죽음의 요단강을 건너는 사람은 복이 있습니다. 이들이 자신의 비스가 산에 올라서면 오랫동안 죽음의 지도를 연구한 덕분에 눈앞에 펼쳐진 것들이 이미 눈에 익숙할 것입니다.…… 죽음을 준비하는 이런 기술을 우리에게 가르쳐 주신 분도 하나님이고, 이런 기술을 통해 영광을 받으실 분도 하나님입니다. 아멘.[2]

이런 은혜를 아는 사람은 자신도 「천로역정」의 정직 씨 Mr. Honest와 같은 체험을 하게 될 것이라는 기대에 마음이 들뜹니다.

> 떠날 날이 되자, 강을 건널 채비를 했다. 강물이 불 때가 되어서인지 둑 곳곳에서 강물이 범람했다. 하지만 정직 씨는 일생 동안 선한 양심 Good-Conscience이라는 사람에게 그곳에서 자기와 만나자고 했고, 과연 선한 양심 씨는 그곳에 나와 정직 씨가 강을 건널 수 있도록

도와주었다. 정직 씨는 "모든 것이 은혜로다"라는 마지막 말을 남기고 이 세상을 떠나갔다.[3]

"그때에는 얼굴과 얼굴을 대하여 볼 것이요"(고전 13:12).

18장

영화

"죽음이 전부가 아닙니다"라고 말하며 자기 자신과 서로를 위로하는 그리스도인들이 많습니다. 물론 맞는 말입니다. 그러나 이 말은 그렇게 말하는 많은 그리스도인들이 흔히 알고 있는 것보다 훨씬 더 심오한 진리를 담고 있습니다. 신약성경에 나오는 것처럼, 오는 세상에서 우리가 누릴 영광스러운 복음의 소망 때문만이 아닙니다. 우리가 죽더라도 성경에서 종말이라고 하는 때에 일어날 일련의 사건들이 여전히 남아 있기 때문입니다(마 10:22, 24:13, 14, 고전 15:24, 벧전 4:7). 그리스도인의 비전의 끝은 죽음이 아닙니다. 오히려 그것을 넘어서 있는 그리스도의 재림과 하나님 나라의 완성입니다. 모든 것의 마지막에 이루어질 중요한 사건이 남아 있습니다. 성경에서 다양하고 생생하게 묘사되는 이 사건은 최후의 '구원 사건'으로 하나님 자녀의 삶에 결정적이고도 중요한 영향을 미칩니다. 이 사건은 그리스도인이 가진 지식의 맨 끝자락에 위치합니다. 적어도 이 비전에 있어서 우리는 해변에 서서 저 멀리 수평선 너머 미지의 세계로 사라지는 배를 바라보며 그 너머에 있는 세상에서 겪을 일에 대해서는 짐작할 수밖에 없는 사람의 처지와 같습니다. 우리가 누리게 될 영화glorification가 바로 이런 사건입니다.

제11장에서 우리는 그리스도와 신자의 연합의 여러 측면들을 살피면서 이 현재적 연합이 얼마나 광범위한 것인지 보았습니다. 이 현재적 연합은 그리스도께서 이전에 이루신 것과, 그것을 기반으로 지금 이루고 계시는 것에 초점을 두었습니다. 그러나 아직 그리스도께서 이루실 일이 하나 더 남아 있다는 것도 보았습니다. 이 마지막 일을 통해서 그리스도와 자녀들의 연합이 얼마나 친밀하고 가까운 것인지 이전보다 더욱 분명하게 드러날 것입니다. 바울은 그것을 이렇게 말합니다.

> 우리 생명이신 그리스도께서 나타나실 그때에 너희도 그와 함께 영광 중에 나타나리라(골 3:4).

이 본문에는 아주 매력적인 교훈이 몇 가지 들어 있습니다. 그리스도인이 되는 것에 대해 온전히 이해하고 싶다면, 이 본문이 말하는 교훈을 그냥 지나쳐서는 안됩니다.

이 본문에서 "그때"는 죽은 자들이 부활하고 만물이 완성되는 그리스도의 마지막 재림의 때를 가리킵니다. 바로 그리스도께서 영광으로 임하시는 때입니다. 그렇다면 우리는 본문이 말하는 몇 가지 강조점을 반드시 짚고 넘어가야 합니다.

첫째, 그리스도인이 죽으면 즉시 하나님의 임재 앞으로 나아가지만(바울은 세상을 떠나 그리스도와 함께 있는 것을 말하고, 예수님도 강도에게 "오늘 네가 나와 함께 낙원에 있으리라"고 하셨습니다), 하나님께는 여전히 우리의 '온전한 구원'을 위해 하실 일이 있습니다. 지금 우리는 구원을 온전히 누리지 못할뿐더러, 우리가 죽는 순간에도 여전히 그렇습니다. 그리스도인에게는 "죽는 것도 유익"하다는 말이 틀렸다는 것이 아닙니다(빌 1:21). 하지만 하나님께서 계시하신 구원의 목적은 마침내 육신의 장막을 벗게 된 영혼을 구원하는 것으로 그치지 않습니다. 이런 구원은 도피일 뿐, 성경에서 말하는 구원이 아닙니다. 하나님의 목적은 영적인 존재만을 구원하는 것이 아닙니다. 육과 영을 가진 사람들의 온전한 구원입니다. 그렇기 때문에 그리스도의 완성된 사역을 적용하는 일은 하나님께서 우리 몸을 다시 살리시는 그날이 오기 전까지는 아직 끝난 것이 아닙니다.

물론 시간상으로 죽음과 부활은 서로 분리된 별개의 사건으로 보아야 합니다. 영원은 시간으로 잴 수 없습니다. 어떤 식으로든 영원을 시간과 관련하여 생각하는 것 자체가 영원한 실체를 너무 단순화하는 것입니다. 그럼에도 불구하고 성경은 도래하는 세상에 대해서 '현재와 미래', '이전과 이후'의 범주에서 생각하도록 하고 있기 때문에 우리도 그렇게 해야 합니다. 신자가 죽음을 통해 하나님의 임재를 직접 대면하는 것은 너무나 영광스러운 일임에 틀림없지만, 더 위대한 일이 여전히 우리를 기다리고 있다는 사실을 잊어서는 안 됩니다!

두 번째로 우리가 주목해야 할 점은 그리스도를 위한 위대한 일이 임박했다는 사실입니다. 한 사람이 회심할 때 천국에는 큰 기쁨이 있습니다. 수 세기에 걸쳐서 그리스도의 사역이 가져온 강력한 결과를 목도해 갈 때 천국의 기쁨은 더욱 커집니다. 그러나 천국이 목도해야 할 일이 아직 한 가지 더 남았습니다. 천사들이 예수님의 재림을 볼 날이 옵니다. 예수님은 수치를 당한 바로 그 세상에서 영광을 받으실 것입니다. 언제, 어떻게 그 일이 일어날지는 알지 못합니다. 하지만 그분이 오시는 것은 분명합니다. 하나님께서 그렇게 정하셨기 때문입니다. 그날에는 모든 무릎이 그 앞에 엎드리고, 원하든 원하지 않든 그분의 주되심을 고백합니다. 그분의 영광이 나타나고 영광을 받으십니다. 바로 그때 그리스도인들은 그분의 영광에 참여할 것입니다. 그들은 전혀 그리스도와 나누어질 수 없기 때문입니다.

우리가 주목해야 할 세 번째는 이런 일이 어떻게 일어날 것인가 하는 것입니다. 그리스도께서 나타나실 때 그리스도인도 그와 같이 변형될 것입니다. 그렇다고 해서 그리스도인이 이때만 정결하게 된다는 말은 아닙니다. 사흘 동안 분리되어 있던 그리스도의 몸과 영이 첫 부활절에 다시 만나 살아난 것처럼, 죽음으로 인해 수 세기 동안 나뉘어 있던 그리스도인의 몸과 영에도 똑같은 일이 일어날 것입니다. 물론 이것은 신비입니다. 또한 우리 믿음의 내용이기도 합니다. 물론 이런 부활은 '자연의 법칙'을 거스릅니다. 그러나 바로 이것이 핵심이고 우리가 고대하는 바입니다. 자연의 법칙도 죄의 영향 아래 있기 때문에, 그리스도로 말미암아 구원의 효력이 온 우주에 미치는 날, 자연 법칙마저 새로워질 것입니다! 마지막 날에 일어날 죽은 자들의 부활은 모든 부활의 원형이신 그리스도의 부활과 다르지 않을 것입니다. 그러므로 우리는 마지막 순간에 가서야 죄가 더한 곳에 은혜가 넘친다는 바울의 말을 분명히 이해할 것입니다. 그때가 되면 우리의 전인은 비로소 "그리스도와 같이" 될 것입니다.

우리가 주목해야 할 네 번째는 모든 교회가 동시에 이 일을 경험하게 된다는 것입니다. 신약성경이 이 사실을 강조합니다. 얼마나 흥분되는 일입니까! 이 땅에 사는 그리스도인들의 체험은 각기 다르고 수준도 다양합니다. 오랫동안 그리스도인으로 살아 온 사람이 있는 반면, 최근에 회심한 성도도 있습니다. 은사가 충만한 사람이 있는 반면, 은혜와 은사 모두 연약한 사람도 있습니다. 더욱이 얼마나 많은 하나님의 자녀들이 우리보다 앞서 이 세상을 떠났습니까? 하지만 그날에 우리는 모두 예수님의 영광에 참여하고 우리도 그분과 같이 영화롭게 될 것입니다. 마치 하나님께서 이렇게 말씀하시는 것 같습니다. "지금까지는 나의 자녀들에게 개인적으로 그리고 처소마다 개별적으로 복을 주었다. 하지만 지금, 내 아들이 공개적으로 드러나고 선포되는 이 결정적인 마지막 순간에는 나의 자녀 모두에게 나의 특별한 복을 모두 부어 주겠다!" (골 3:4, 살전 4:16, 요일 3:2 참조)

그러면 우리는 속으로 이렇게 물을 것입니다. '영화롭게 될 때 나에게 어떤 일이 일어날까?' 우리가 말한 일반적인 일 외에도 신약성경은 이때 일어나게 될 일 네 가지를 분명히 보여줍니다.

1. **부활**. 이미 살펴보았듯이, 인간은 영만이 아닌 몸을 가진 존재이

고 그리스도께서 인간의 죄로 일그러지고 잃어버린 것을 회복하고 구속하기 시작하셨기 때문에 부활이 필요합니다. 성령께서 그리스도의 삶의 마지막 순간에 이루신 위대한 일도 부활입니다(롬 1:4). 그리스도의 사역을 이제 우리에게 적용하여 그리스도 안에서 처음 이루신 그 일을 우리 안에서 이루시는 것입니다. 이것이 바로 성령께서 일하시는 불변의 방침입니다. 마지막 부활이 있기 전까지 이 방침은 바뀌거나 중단되지 않습니다.

마지막 부활에 대해 성경이 말하지 않은 신비하고 세세한 부분까지 몰입하는 것은 참 불행한 일입니다. 이 일이 역사의 마지막에 일어날 초자연적이고 유일한 사건이라는 사실은 필연적으로 이 사건에 포함된 신비한 일들을 이해할 수 있는 범주가 우리에게는 없다는 것을 의미합니다. 이 사건을 해석하기 위해 우리가 사용할 수 있는 유일한 범주는 그리스도의 부활뿐입니다. 이것이 바로 우리가 부활을 확신하는 큰 이유입니다. 그리스도께서 부활의 능력으로 살아나셨다면, 우리도 그렇게 살아날 것입니다. 한 번 죽으신 그리스도는 결코 다시는 죽지 않으실 것이기 때문입니다. 결코 멸하지 않을 생명의 능력으로 살아나셨기 때문입니다. 우리가 그분과 연합했기 때문입니다. 그분을 죽은 자 가운데서 일으킨 그 능력이 그분을 통해 우리의 죽을 몸도 일으킵니다(롬 6:8-10, 히 7:16, 롬 8:11). 자신의 죽음이 임박함을 느꼈던 사도 바울이 이 내용을 그림처럼 보여 줍니다(빌 1:20-26, 2:17).

그러나 우리의 시민권은 하늘에 있는지라. 거기로부터 구원하는 자 곧 주 예수 그리스도를 기다리노니 그는 만물을 자기에게 복종하게 하실 수 있는 자의 역사로 우리의 낮은 몸을 자기 영광의 몸의 형체와 같이 변하게 하시리라(빌 3:20-21).

이 본문에서는 변화는 물론 계속성도 강조되고 있습니다(신약성경 전반에 걸쳐 일관되게 강조됩니다). '연약한 몸'에서 그리스도와 같은 영광의 몸으로 바뀌는 놀라운 변화를 더 강조하고 있습니다.

사도 바울에게는 새롭게 된 영에 합당한 새로운 몸을 향한 갈망이 있었다는 사실을 잊어서는 안됩니다. 바울은 연약함과 질병과 죽음을 통해 육신의 방해를 받는 것이 무엇인지 잘 알았습니다. 그는 일생 동안 몸에서 떠나지 않는 "육체의 가시"를 안고 살아가는 것이 무엇인지 알았습니다(고후 12:7-9). 바울이 갈라디아 성도들에게 보낸 편지에서 자신이 고통 중에 설교했던 때를 상기시키는 것을 보면 그는 시력이 약했던 것 같습니다. 갈라디아 교인들은 가능하면 자신의 눈을 뽑아서라도 바울의 약한 눈을 대신해 주고 싶어 할 만큼 그를 마음 깊이 사랑했고 그에게 감사하는 마음을 가지고 있었습니다(갈 4:12-16). 다시 말해 바울은 하나님께서 다른 온전한 몸을 주셔서 하나님의 영광을 위해 마음껏 살도록 하시기를 바라는 그리스도인의 갈망을 이해할 만큼 육신의 고통을 잘 아는 사람이었습니다. 이런 바울에게 영혼뿐 아니라 육신까지 온전하게 하는 복음의 구원만큼 좋은 소식은 없었던 것입니다.

걷지 못하는 자가 걷게 되고, 보지 못하는 자가 보게 되고, 듣지 못하는 자가 듣게 되고, 죽은 자가 일어나는 때가 옵니다. 우리가 덧

입고 살아가고 때로는 고통을 받기도 하는 이 낮은 몸이 그리스도의 몸과 같이 변형될 것입니다.

2. 변형. 부활에 따르는 변형 역시 사도들의 중요한 가르침 가운데 하나입니다. 우리는 단지 '다시 몸을 입는' 정도가 아니라 부활하신 그리스도와 같은 몸을 입습니다. 이 마지막 변화는 하나님께서 처음부터 우리를 향해 가지신 뜻이 만개하는 것입니다. 아들의 형상을 본받게 하기 위해 하나님께서 우리를 예정하셨다고 바울은 말합니다(롬 8:29).

바울은 고린도전서 15장에서 부활을 설명하면서 이 변형에 대해 가늠해 볼 수 있는 세 가지 유비를 사용합니다.

첫째, 땅에 심기운 씨가 꽃을 피우고 결실하기 위해 죽는 것처럼, 우리의 죽을 몸도 전혀 새로운 생명으로 부활할 소망을 간직한 채 땅에 묻힙니다. 여기에는 연속성이 있을 뿐 아니라 변화가 따릅니다. 씨와 꽃의 연속성뿐 아니라 둘 사이에 일어나는 극적인 변화에 우리는 감탄합니다. 우리의 부활한 몸도 마찬가지입니다. 부활한 몸은(만약 예수님의 부활이 우리 부활의 원형이라면) 비록 여전히 알아볼 수 있는 몸이라 할지라도 우리의 죽을 몸에서 전혀 새롭게 변형된 것입니다(고전 15:35-39).

둘째, 같은 피조물이라도 생명을 가진 피조물의 몸과 사물이 다른 것처럼, 부활의 몸은 사망의 몸과 전혀 다릅니다. 사도는 행성을 예로 듭니다. 행성의 영광이 땅에 사는 짐승이나 새나 물고기의 영광과 다르고, 해의 영광이 달과 별의 영광과 다른 것처럼, 부활의 몸에도 사망의 몸과는 전혀 다른 극적인 변화가 있을 것입니다.

> 죽은 자의 부활도 그와 같으니 썩을 것으로 심고 썩지 아니할 것으로 다시 살아나며 욕된 것으로 심고 영광스러운 것으로 다시 살아나며 약한 것으로 심고 강한 것으로 다시 살아나며 육의 몸으로 심고 신령한 몸으로 다시 살아나나니 육의 몸이 있은 즉 또 영의 몸도 있느니라(고전 15:42-44).

셋째, 부활한 몸은 우리가 지금 덧입고 살아가고 있는 몸과는 다른 질서에 속해 있습니다. 지금 우리 몸은 이 땅의 질서에 속했지만, 부활한 몸은 하늘의 질서에 속할 것입니다(고전 15:48). 바울은 그리스도인이 속해 있는 두 가지 인성의 관점에서 설명합니다. 그리스도인은 아담 안에 있었기 때문에 사람과 죄인으로서 아담의 모든 성품을 나누어 갖습니다. 그래서 흙으로 된 본성적인 몸을 입고 살아갑니다. 아담과 같이 태어난 것입니다. 그러나 그리스도인은 또한 은혜로 두 번째 인간이자 마지막 아담이신 주 예수 그리스도의 형상을 닮습니다. 그러므로 그가 입을 새로운 몸은 현재의 몸과는 전혀 다를 것입니다. 모든 부분에서 부활하신 그리스도의 몸과 같을 것—전혀 새로운 존재에 걸맞은—입니다. (본성적 세상에 맞는) 자연적 몸이 아니라 (신자 안에서 성령이 다루시는 영역에 부합하는) 신령한 몸입니다.

바울이 즉각적으로 장래에 있을 부활의 날을 설명하는 이유가 바로 여기 있습니다.

보라, 내가 너희에게 비밀을 말하노니 우리가 다 잠잘 것이 아니요 마지막 나팔에 순식간에 홀연히 다 변화되리니 나팔 소리가 나매 죽은 자들이 썩지 아니할 것으로 다시 살아나고 우리도 변화되리라. 이 썩을 것이 반드시 썩지 아니할 것을 입겠고 이 죽을 것이 죽지 아니함을 입으리로다. 이 썩을 것이 썩지 아니함을 입고 이 죽을 것이 죽지 아니함을 입을 때에는 사망을 삼키고 이기리라고 기록된 말씀이 이루어지리라(고전 15:51-54).

"우리도 다 변화되리라." 이날에 우리에게 일어날 일을 이해하기 위해서는 유추하는 것 외에 다른 방법이 없습니다. 그러나 아무리 희미하게 보인다 해도 우리에게 일어날 일을 생각하는 것만으로도 큰 감동입니다.

3. 갱신. 신약성경에서 사용하는 용어를 보면, 그리스도가 개인의 삶을 다스리시기 시작하는 것과, 만물이 변화하는 것을 통해 그리스도의 통치가 우주적으로 드러나는 것 사이에는 긴밀한 관계가 있는 것 같습니다. 이런 일들을 '중생' 혹은 '새롭게 됨'이라고 부릅니다(마 19:28, 딛 3:5). 이 두 가지는 꽃과 꽃씨의 관계와 같습니다. 그리스도인이 영화롭게 되는 날은 그가 사는 우주가 새롭게 되는 날이라고 성경은 말합니다. 낡은 옷을 벗고 새 옷으로 갈아입는 것과 같습니다(시 102:26, 히 1:11-12). 신자가 변화되는 것처럼, 그를 둘러싼 환경도 신자의 새로운 상황에 맞게 변화되어야만 합니다. 그래서 베드로후서와 요한계시록은 의로 충만한 "새 하늘과 새 땅"을 말

하고 있습니다(벧후 3:13, 계 21:1). 이때는 "피조물도 썩어짐의 종 노릇 한 데서 해방되어 하나님의 자녀들의 영광의 자유에 이르는 것"입니다(롬 8:21). 바울은 현재의 자연 만물을 새 생명을 낳기 위한 해산의 고통 가운데 있는 여인으로 묘사합니다! 모든 것이 새롭게 되는 날에 새로운 탄생이 이루어질 것입니다. J. B. 필립이 바울의 말을 번역하면서 만물을 새롭게 하는 능력을 아름답게 그려 내는 것처럼, 우리도 이 장관을 느낄 수 있어야 합니다.

하나님의 아들들이 자신의 본래 자리를 차지하는 놀라운 광경을 보려고 만물이 까치발을 하고 서서 기다립니다. 창조된 세상이 아직 이 실체를 보지 못하는 것은 세상이 보지 않으려고 해서가 아니라, 하나님께서 정하신 때가 아직 오지 않았기 때문입니다. 하지만 세상은 소망을 갖고 기다립니다. 종국에는 모든 피조된 생명이 변화와 썩어짐의 압제에서 풀려날 것이고, 하나님의 자녀들에게만 주어지는 고상하고 놀라운 자유에 참여할 것이라는 소망 말입니다(롬 8:19-21).

그리스도께서 십자가에서 죽으심으로 사망의 쏘는 것을 없애셨기 때문에 이런 우주적인 전망이 가능해졌습니다. 그리스도께서 사람의 죄로 하나님과 멀어지게 된 근원을 처리하심으로 모든 만물이 포로 된 원인을 제거하셨습니다. 하나님의 뜻은 모든 자녀들이 죄의 존재와 지배로부터 자유를 누리는 것뿐 아니라, 모든 만물이 그분의 은혜를 기뻐하는 것입니다.

너희는 기쁨으로 나아가며 평안히 인도함을 받을 것이요 산들과 언덕들이 너희 앞에서 노래를 발하고 들의 모든 나무가 손뼉을 칠 것이며 잣나무는 가시나무를 대신하여 나며 화석류는 질려를 대신하여 날 것이라. 이것이 여호와의 기념이 되며 영영한 표징이 되어 끊어지지 아니하리라(사 55:12-13).

4. **자녀됨의 완성**. 하나님의 궁극적인 목적은, 우리가 지금까지 다양하게 살펴본 것처럼, 자녀들이 그리스도를 본받아 그리스도가 많은 형제들 가운데 장자요 맏형으로 드러나는 것입니다(롬 8:29). 그리스도는 하나님의 영원한 아들이라는 점에서 장자일 뿐 아니라, 그의 부활과 그 부활을 통해 영광에 들어간다는 점에서도 장자입니다. 이런 의미에서 "죽은 사람들 가운데서 제일 먼저 살아나신 분"(골 1:18, 새번역)이신 그리스도께서는, 그리스도인인 우리의 현재 삶이 이 땅에서의 그분의 삶을 따라 지어져 가는 것처럼 우리의 부활 생명도 자신의 부활을 따라 이루어지도록 정하셨습니다.

우리는 이미 하나님의 자녀이지만, 자연 만물은 "하나님의 아들들이 나타나는 것"만을 고대하고 있습니다(롬 8:19). J. B. 필립이 말한 것처럼, 하나님의 자녀들이 "자신들의 본래 자리를 차지"하기만을 기다립니다. 그러므로 중생과 양자됨 이상의 자녀됨이 아직 남아 있는 것입니다.

이런 자녀됨에 대해서는 요한일서가 정확히 짚고 있습니다. 양자됨을 통해 우리가 하나님의 자녀들로 선포되었다고 합니다. 더욱이 우리는 중생으로 말미암아 새로운 본성을 가졌습니다. 단순히 법적인 사실로만 우리가 하나님의 자녀라 불리는 것이 아니라는 말입니다. 요한의 말을 더 들어 보십시오.

> 보라, 아버지께서 어떠한 사랑을 우리에게 베푸사 하나님의 자녀라 일컬음을 받게 하셨는가. 우리가 그러하도다. 그러므로 세상이 우리를 알지 못함은 그를 알지 못함이라. 사랑하는 자들아, 우리가 지금은 하나님의 자녀라 장래에 어떻게 될지는 아직 나타나지 아니하였으나 그가 나타나시면 우리가 그와 같을 줄을 아는 것은 그의 참 모습 그대로 볼 것이기 때문이니(요일 3:1-2).

그때 하나님께서 우리 안에 시작하신 일이 끝이 나고, 우리는 하나님과 더불어 가족의 친밀한 사귐을 충만히 누리고 나타냅니다. 죄나 육신의 연약함이나 육체의 생각은, 예배하는 가운데 하나님께 우리의 온전한 사랑을 나타내고 순종과 섬김으로 우리가 가진 충성의 깊이를 드러내는 것을 더 이상 방해하지 못합니다! 정말 영광스러운 모습입니다. 육신의 아버지를 사랑했지만 살아생전에 사랑의 마음을 제대로 보여드리지 못한 자녀들이 이제 제대로 그렇게 해드리고 싶어도 기회가 없는 경우가 얼마나 많습니까? 그러나 하나님의 자녀는 다릅니다. 그의 생명이 은혜의 지배를 받고 하나님을 향한 사랑을 나타내기 시작합니다. 하지만 아직은 얼마나 미약한지요! 그러나 육체의 모든 방해를 벗어 버리고 하늘 아버지를 진정으로 사랑하고 높여 드릴 수 있는 날이 도래하고 있습니다.

비록 장래에 우리가 어떻게 될지
육신의 눈에는 여전히 감추어 있지만
지금 우리가 가진 신분도 존귀하고
장래에는 더 존귀해질 거라네.

그가 나타나시면
온전한 그의 영광이
눈앞에 모두 펼쳐지고,
우리 영혼은 그의 형상으로 빛날 거라네.

모든 그리스도인은 성경의 이런 가르침을 따라 영광스러운 그날이 밝아 오기를 기다리면서 웨슬리와 같이 이렇게 노래합니다.

그날이 오면 주님의 새 창조를 마치시고
우리로 순전하고 흠이 없게 하소서.
주님 안에서 온전히 회복된 우리로
주님의 위대한 구원을 보게 하소서.
하늘에 마련된 우리 처소에 이르기까지,
놀라움과 사랑과 찬양에 겨워
면류관을 주님 앞에 벗어 드리기까지,
영광에서 영광으로 변해 갑니다.

바울은 "그 후에는 마지막이니"라고 합니다(고전 15:24). 그러나 우리의 온전한 자녀됨에 이어질 만물의 갱신과, 우리가 그리스도와 같이 변화된 부활의 몸을 입고 설 것을 곰곰이 생각해 본다면 우리는 바울의 말을 이렇게도 바꿔 볼 수 있을 것입니다. "그 다음에는 새로운 시작이니." 이제 영원한 빛과 영광과 희락의 나라가 시작되는 것입니다!

하지만 신약성경은 이 영광스러운 소망을 내다보는 데서 그치지 않습니다. 이 소망은 우리에게 실제적인 적용을 요구합니다.

> 주를 향하여 이 소망을 가진 자마다 그의 깨끗하심과 같이 자기를 깨끗하게 하느니라(요일 3:3).

이것은 신약성경에서 우리 구원의 종국에 이루어질 극적인 사건들을 말할 때마다 어김없이 강조되는 부분입니다. 그때에 일어날 일들에 걸맞게 **지금부터** 우리 삶이 변해 간다는 것입니다. 그리스도의 온전한 형상으로 변화될 것이라는 소망에 따라 변화된 삶을 살지 않는 자는 누구도 이런 영광스러운 변화가 자신에게 일어날 것이라고 기대할 수 없습니다. 다른 모든 교리들과 마찬가지로, 영화에 대한 성경의 가르침 역시 실제적인 목표가 있습니다. 바로 "그리스도인의 삶"을 살아가도록 우리를 격려하고 도전하는 것입니다.

주

1장 삶을 위한 지식

1. B. B. Warfield, *Selected Shorter Writings*, ed. J. E. Meeter, Presbyterian and Reformed, Phillipsburg, N. J., vol. 1., 1970, pp. 383-384.

2장 파괴된 하나님의 형상

1. J. C. Ryle, *Holiness*, James Clarke, Cambridge, 1952, p. 1. (「거룩」 복 있는 사람)
2. J. Calvin, *The Epistles of Paul the Apostle to the Galatians, Ephesians, Philippians and Colossians*, trs. T. H. L. Parker, eds. D. W. and T. F. Torrance, Oliver and Boyd, Edinburgh, 1965, p. 191.

4장 하나님의 부르심

1. 웨스트민스터 신앙고백의 경우, 부르심에 대한 교리가 그리스도인의 삶에 대한 교리에서 가장 먼저 나옵니다—옮긴이.

5장 죄를 깨달음

1. C. H. Spurgeon, *Autobiography*, vol. ii, The Full Harvest, Banner of Truth Trust, Edinburgh, 1973, p. 235.
2. John Owen, *Works*, ed. W. H. Goold, Banner of Truth Trust, London, 1966, vol. III, pp. 360-361.
3. Thomas Watson, *The Lord's Prayer*, Banner of Truth Trust, London, 1965, p. 72. (「주기도문 해설」 기독교문서선교회)

6장 거듭남
1. C. S. Lewis, *The Last Battle*, Bodley Head, London, 1956, pp. 134-135. (「최후의 대결」 시공주니어)

7장 그리스도를 믿는 믿음
1. 다른 영역본들과 달리 ESV 성경(English Standard Version)에서 전자는 'faithfulness'로, 후자는 각주에 'faithfulness'로 제시하고 있습니다—옮긴이.
2. B. B. Warfield, *Studies in Theology*, Banner of Truth Trust, Edinburgh, 1988, p. 314.
3. *Collected Writings of John Murray*, Edinburgh, 1977, vol. 2, p. 237.

8장 참된 회개
1. John Calvin, *Institutes of the Christian Religion*, ed. J. T. McNeill, trs. F. L. Battles, Westminster Press, Philadelphia, 1960, III. iii. 5. (「기독교강요」)

9장 칭의
1. James Buchanan, *The Doctrine of Justification*, Banner of Truth Trust, London, 1961, p. 234. (「칭의 교리의 진수」 지평서원)
2. J. C. Ryle, *Old Paths*, James Clarke, Cambridge, 1977, p. 228.

11장 그리스도와의 연합
1. L. Berkhof, *Systematic Theology*, Banner of Truth Trust, London, 1958, p. 451. (「조직신학」 크리스챤다이제스트)
2. D. Bonhoeffer, *The Cost of Discipleship*, S.C.M. Press, London, 1959, p. 79. (「나를 따르라」 대한기독교서회)

12장 선택
1. C. S. Lewis, *The Lion, the Witch and the Wardrobe*, Bodley Head, London, 1950, p. 148. (「사자와 마녀와 옷장」 시공주니어)

13장 종식된 죄의 지배
1. J. C. Ryle, *Holiness*, James Clarke, Cambridge, 1952, p. xv.

14장 그리스도인의 싸움
1. *The Confession of Faith*, 1647, XIII.ii.

2. J. Calvin, *The First Epistle of Paul the Apostle to the Corinthians*, trs. J. W. Fraser, eds. D. W. & T. F. Torrance, Edinburgh, 1960, pp. 159-160.
3. J. Calvin, *Commentary on the Book of the Prophet Isaiah*, trs. W. Pringle, Calvin Translation Society, Edinburgh, 1850, vol. I, p. 442.
4. Thomas Watson, *The Lord's Prayer*, Banner of Truth Trust, London, 1965, p. 261.

15장 죄 죽이기

1. *The New Bible Dictionary*, ed. J. D. Douglas, Inter-Varsity Press, London, 1965, p. 426.
2. John Owen, *Works*, vol. p. 7.

16장 성도의 견인

1. John Bunyan, *Grace Abounding to the Chief of Sinners*(1666), Penguin Books, Harmondsworth, sections 163-4, pp. 41-42. (「죄인 괴수에게 넘치는 은혜」 규장)
2. Thomas Watson, *A Body of Divinity*, Banner of Truth Trust, London, 1965, p. 281.

17장 그리스도 안에서 죽음

1. J. B. Lightfoot, *St. Paul's Epistle to the Philippians*, Macmillan and Co., London, 1913, p. 123.
2. C. H. Spurgeon, *Metropolitan Tabernacle Pulpit*, Pilgrim Publications, Pasadena, 1970, vol. xiv, pp. 491-492.
3. J. Bunyan, *The Pilgrim's Progress*, Banner of Truth Trust, Edinburgh, 1977, p. 375. (「천로역정」)